Inhalts-Verzeichnis

AF194890

Impressum:

Bibliografische Information der Deutschen Nationalbibliothek: Die Deutsche Nationalbibliothek verzeichnet diese Publikation in der Deutschen Nationalbibliografie; detaillierte bibliografische Daten sind im Internet über www.dnb.de abrufbar.
© Mai 2020, Christoph Tschaikner
Herstellung und Verlag: BoD – Books on Demand, Norderstedt
ISBN: 978-3-75195-985-8

Auch vor den Römern führten Wege über die Alpen. Die Räter und Kelten benötigten aber keine breiten, komfortablen Straßen. Sie hatten keinen gemeinsamen, straff geführten Staat, sondern waren stammesmäßig organisiert. Sie produzierten und transportierten auch nicht in Massen, wie die Römer. Die Wege in der Ur- und Frühgeschichte darf man sich deshalb in Tälern als Karrenwege vorstellen, die die Siedlungen miteinander verbanden, über Pässe oft auch nur als Saumpfade, auf denen Tragetiere die Ware transportieren.

So darf man sich vorrömische Saumpfade vorstellen.

Schon die Etrusker, Veneter, Räter und Kelten standen miteinander in Kontakt und benutzten dafür den Fern- und Reschenpass.

Celtae (Galli)

Raeti

Veneti

Ligures

Etruscis

Geschichte(n) der Via Claudia Augusta: Der Ausbau zur antiken Alpen-Autobahn

Schon während des Alpenfeldzuges begannen Augustus' Stiefsöhne Drusus und Tiberius die bestehenden Wege für den Militärtross auszubauen. Bis 46 n. Chr. wurde die Via Claudia Augusta immer wieder verbessert. Die erste europa-verbindende Straße über die Alpen war schließlich in der Regel 6 – 8 Meter breit und erlaubte somit auch Gegenverkehr. An Engstellen gab es sogar Verkehrsregelung. Sie war in der Mitte gewölbt und viel nach außen hin, zu den Straßengräbern rechts und links, ab. Somit war sie nach Regen oder Schnee schnell wieder trocken. Das war wichtig, diente sie doch der raschen Bewegung der Truppen. Die antike Alpen-Autobahn ermöglichte und förderte aber auch einen regen Handel ohne Zölle und Maut. Wenn man so will, war das Imperium Romanum der erste europäische Binnenmarkt. Die Via Claudia Augusta war nicht umsonst über längere Zeit die wichtigste Straße über die Alpen. Sie verband den äußersten Norden mit dem Süden Europas, ja sogar mit dem Süden und Osten des Reiches, das bis Nordafrika und in den Nahen Osten reichte. Wenn Claudius Paternus Clementianus, der in Nordafrika wirkte, bevor er Statthalter in Noricum war, in seine Heimat, im heutigen Epfach / Denklingen / Bayern reiste, setzte er vermutlich mit dem Schiff zum damaligen Adriahafen Altinum über und fuhr dann auf der Via Claudia Augusta über die Alpen. Als Kaiser Claudius Britannien eroberte, kehrte er vermutlich auf der Via Claudia Augusta nach Rom zurück. Und auch auf den Balkan und weiter in den Nahen Osten reiste man das erste Stück über die Via Claudia Augusta.

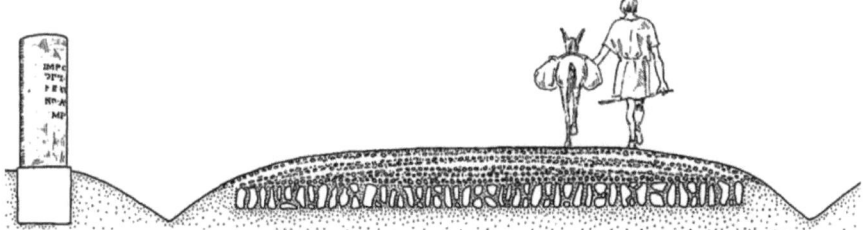

Profil einer römischen Schotterstraße.

Der Verlauf und die Bedeutung der Via Claudia Augusta

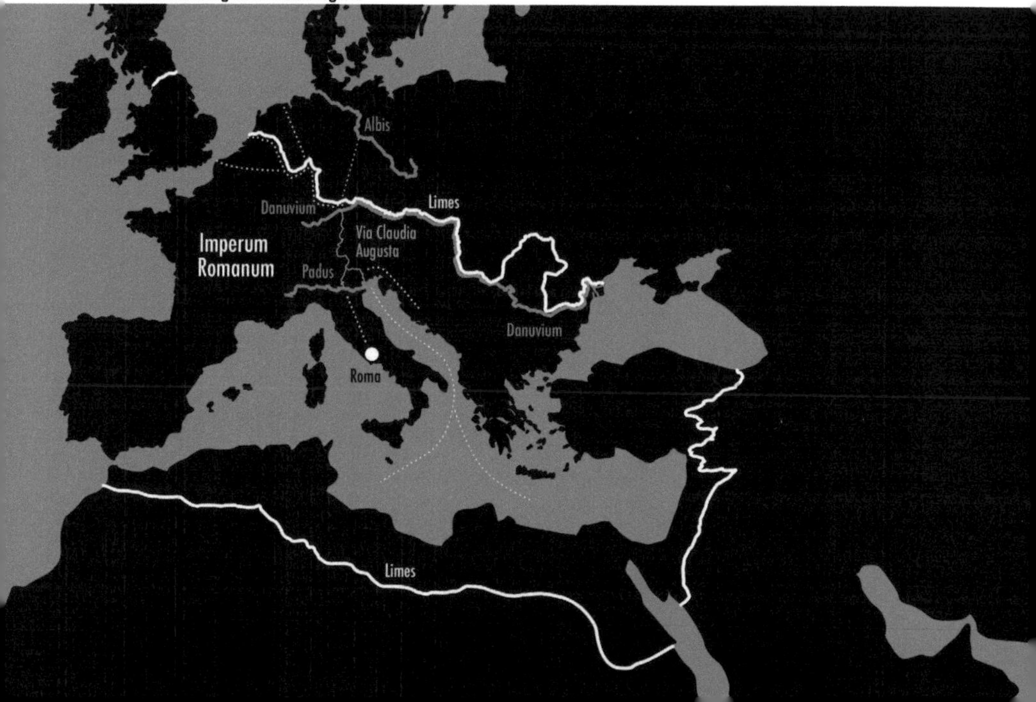

Nach dem Niedergang des römischen Reiches wurden die Römerstraßen weitergenutzt. Sie wurden aber nicht mehr regelmäßig gepflegt und in Stand gesetzt, wie in der Römerzeit. Entsprechend schlecht war der Zustand der Straßen. Durch die mit angezogenen Bremsen bergab rutschende Wagen wurden die in der Mitte gewölbten Straßen der Römer sukzessiv zu Hohlwegen. Aufwändige Straßenabschnitte, wie die schwimmend auf Holzstämmen verlaufende „Prügelstraße" zwischen Lermoos und Biberwier, wurden aufgelassen. Die Straße durch die Talenge nördlich von Bozen, die die Brenner-Route ab 200 n. Chr. erstmals zur einfachsten und meistbefahrenen Straße über die Alpen gemacht hatte, verfiel. Die Reisenden mussten wieder eine dritte Passhöhe, den Ritten, bewältigen und die Via Claudia Augusta war wieder für Jahrhunderte die bedeutendste Straße über die Alpen.

Zum schlechten Zustand und der Gefährlichkeit der Straßen kam auch noch die Unsicherheit dazu, ausgeraubt zu werden. Entsprechend spärlich war der Handelsverkehr. Die Wirtschaft siechte dahin.

Überfall auf Reisende durch Straßenräuber.

Typischer Hohlweg am Fernpass.

Gegen Ende des Mittelalters und zu Beginn der Neuzeit begannen Adelige und Kaufleute wieder in eine Verbesserung der Straßen zu investieren, um die Wirtschaft zu beleben und die Steuer-Einnahmen zu entwickeln. Der Bozner Kaufmann Kunter kümmerte sich um die Erneuerung der Straße durch die Talenge nördlich von Bozen. Im Unterschied zur Römerzeit war es üblich, für die Benützung der Straßen Maut zu kassieren. Die Starkenberger, ein bedeutendes Geschlecht aus Tirol, das in die Sanierung der Via Claudia Augusta zwischen Fernpass und Landeck investierte, galt als „Raubritter", weil sie ihre Investitionen über Maut wieder hereinholten. Zusätzlich kassierten die Fürsten Maut. Gewisse Waren wie Salz unterlagen sogar den Regeln des sogenannten Rodfuhrwesens. Sie durften nur von lokalen Fuhrunternehmern transportiert werden und mussten an Orten mit Niederlagerecht ab- und umgeladen werden. Ein gänzlich anderes System als der erste europäische Binnenmarkt, ohne Maut und Zölle, der Römer. In beiden Systemen lebten aber viele Menschen entlang der Route von und mit der Straße. Die Via Claudia Augusta war nicht mehr die wichtigste und meistbefahrene Straße, war aber weiter ein bedeutender Alpenübergang. Endgültig von der Brennerroute überflügelt wurde sie erst mit dem Bau der Brennerbahn und dann mit der Brennerautobahn.

An der Klause im Süden des Piave-Tales.

Die Salzstraße beim Schloss Fernstein.

Wagen entlang der Salzstraße.

Der Reise-Leitfaden für eine gelungene Radreise entlang der Via Claudia Augusta ist so einfach und übersichtlich wie möglich aufgebaut.

Die Route

Die Route wird mit
- Karten-Seiten
- Text-Seiten und
- Bilder-Seiten

dargestellt.

KARTEN-SEITEN

Die Karten-Seiten im Maßstab 1:50.000 dienen der Orientierung und dem Finden der Route. 2 Centimeter auf der Karte entsprechen 1 Kilometer in der Realität. Kreuzungen werden nicht mit verwirrendem „links und rechts" beschrieben, sondern sind in der Karte ersichtlich und auch noch hervorgehoben. Neben der Rad-Route zeigen die Karten auch die Original-Trasse der Römerstraße, damit Sie wissen, wann Sie sich direkt auf der Römerstraße befinden oder in ihrer Nähe. Auch Sehenswürdigkeiten und Gastbetriebe sind direkt in der Karte zu finden und werden in einer Legende erklärt. Während des Tages finden Sie also durchaus mit den Karten alleine das Auslagen, die Sie auch auf der Internet-Plattform der Via Claudia Augusta downloaden und in A4 ausdrucken können. Damit erhöht sich der Maßstat auf ca. 1:35.000 und die Karten-Inhalte sind noch besser zu erkennen sowie zu lesen. Die Karten-Seiten downzuloaden, mit den selbst gedruckten Karten zu fahren und den Führer in der Tasche zu lassen, ist übrigens auch ein guter Tipp für Regentage oder wenn ihr Führer möglichst wenig Gebrauchs-Spuren haben soll.

TEXT-SEITEN

Zur Orientierung genügen die Karten. Die Text-Seiten zu jedem Teilabschnitt dienen dem Einlesen und Nachlesen. Sie beschreiben das Gebiet sowie die Rad-Route im Teilschnitt. Außerdem finden sich auf den Text-Seiten ergänzende Informationen zu einigen Sehenswürdigkeiten, für die in der Legende der Karten zu wenig Platz ist.

BILDER-SEITEN

Die Bilder-Seiten ergänzen den Text mit bildlichen Eindrü-cken und sind somit ideal zur Einstimmung auf die Radtour oder einzelne Etappen.

Gastgeber

Im Gastgeberteil im Anhang werden außerdem Übernachtungs-Möglichkeiten vorgeschlagen, die sich in der Jahrtausende alten Gastlichkeits-Tradition auf Rad-Reisende entlang der Via Claudia Augusta eingestellt haben.

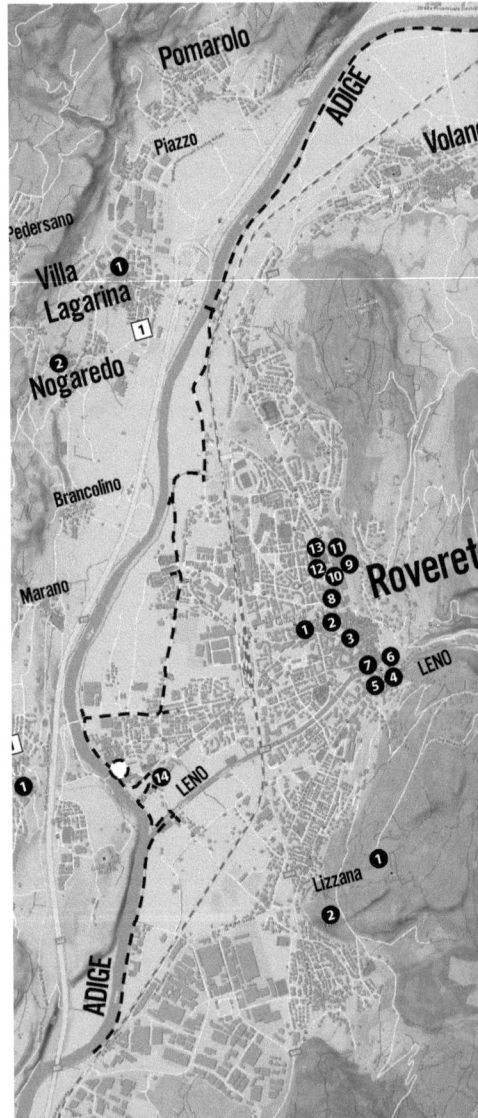

❶ Das romantische Bayern

Von Donauwörth geht es durch die Lechauen in die einstige römische Provinzhauptstadt Augsburg. Übers Lechfeld führt die Route weiter nach Landsberg am Lech und dann über den römischen Militärstützpunkt Epfach nach Schongau und zur Peitinger Villa Rustica. Schließlich geht`s über das Auerbergland nach Füssen und zu den Königsschlössern.

❷ Malerische Tiroler Bergtäler

Wie durch ein Tor führt die Route zwischen den Bergen hindurch in die Naturparkregion Reutte in Tirol. Weiter geht es über die Burgenwelten Ehrenberg, über den Fuß von Deutschlands höchsten Berg, die Zugspitze, und den Bergsturz Fernpass nach Imst. Durch's Inntal radelt man schließlich nach Landeck und durch die Dörfer des Tiroler Oberlandes hinauf nach Nauders und aufs Dach der Tour, dem Reschenpass.

❸ Vom Reschenpass der Etsch entlang nach Trento

Ab dem Turm im Reschensee gehts stetig bergab. Das von Apfel- und Weinbau geprägte Etschtal besticht auch mit Orten wie Laas und Schlanders im Vinschgau oder Algund und Marling an der Therme Meran. In Bozen besteht die Möglichkeit, dem Etsch oder der Weinstraße nach Kaltern am See zu folgen. Durch die Weingärten der Piana Rotaliana geht es schließlich nach Trient.

❹ₐ Die Via Claudia Augusta „Altinate"

Über die Valsugana und die Hochebene Tesino geht es ins historische Städtchen Feltre. Über den Praderadegopass gelangt man schließlich in die ausgedehnte Ebene Venetiens, die mit den Weinhügeln der Altamarca beginnt. Das Ziel der Tour bildet das Archäologische Museum am Areal des römischen Hafens in Altino.

Alternative „Padana"
❹ₚ über Verona nach Ostiglia am Po
(eigener Führer von der Donau an den Po)

Alternative folgt man in Trento weiter der Etsch. Zunächst geht es durch die Weingärten der Vallagarina mit ihrem Zentrum, der einstigen Stadt der Seide, Rovereto. Das Ende des Etschtals bildet die Klause von Ceraino, wo ein Abstecher an den Gardasee lockt. Nach Verona mit seiner Arena geht es durch das größte Reis-Anbau-Gebiet Europas nach Ostiglia am Po, dem einstigen römischen Flusshafen.

Steckbrief der Rad-Route "Via Claudia Augusta"

Kaiser Claudius ließ die Via Claudia Augusta zur ersten europa-verbindenden Straße über die Alpen ausbauen, die den Adriahafen Altinum und den Flusshafen Hostilia am Po mit der Donau verband. Entlang der Rad-Route Via Claudia Augusta wird der uralte Kultur- und Handelsweg des Römischen Reiches wieder lebendig. Vielfalt ist ihr Trumpf. 3 Staaten, die Alpen, 10 Regionen, 3 Klimazonen vom Norden in den Süden Europas bringen eine einzigartige Abwechslung an Landschaften mit sich. Alle zwanzig, dreißig Kilometer erwartet den Radfahrer eine neue Landschaft. Ende April / Anfang Mai kann es sogar vorkommen, dass man 3 Jahreszeiten während einer Radreise erlebt: Ein letztes Schneefeld in schattigen Teilen des Fernpasses, ein Sonnenbad an der Adria und dazwischen alle Facetten des Frühlings. Neben dem bunten Reigen an Landschaften, warten rege Städte, beschauliche Dörfer, hunderte Zeugnisse wechselvoller Geschichte, Menschen und ihre Kulturen darauf entdeckt zu werden. Danach locken Köstlichkeiten aus Küche und Keller. Einige Betriebe bieten als besonderes Erlebnis sogar wieder Gerichte an, wie Sie in der Römerzeit gewesen sein könnten. Kulinarisch besonders reizvoll ist der Herbst. Damit sind wir wieder bei der Vielfalt, nämlich bei der Vielfalt an typischen Lebensmitteln, welche die Regionen zu bieten haben. Genießen Sie den leichtesten Alpenübergang für Touren-Radfahrer

2 VARIANTEN
Ab Trento teilt sich die Route in die Via Claudia Augusta „Altinate" über Feltre nach Altino bei Venedig, der dieser Reise-Leitfaden gewidmet ist, und die Via Claudia Augusta „Padana" nach Verona und Ostiglia am Po

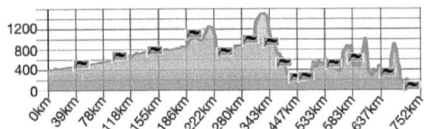

Höhen-Profil der Via Claudia Augusta „Altinate"

STRECKE
752 km von Donauwörth an der bayerischen Donau über die Alpen nach Altino bei Venedig.

VERKEHRS-ANBINDUNG
Die Bahnhöfe Donauwörth, Augsburg, Landeck, Bozen, Trento und Vendig-Mestre sind optimal ans internationale Bahn-Netz angebunden; fast durchwegs öffentlicher Verkehr parallel zur Route; optimale Anbindung ans europäische Fern-Rad-Wege-Netz

KOSTENLOSER PARKPLATZ
in Donauwörth während Ihrer Radreise

LOGISTISCHE UNTERSTÜTZUNG
Radshuttle über alle Pässe; Rück-Transport-Shuttle von Italien nach Deutschland an 6 Tagen in der Woche (nur der „Stautag" Samstag wird ausgelassen)

ROUTEN-PROFIL
Auf fast durchwegs asphaltierten Radwegen und ruhigen Nebenstraßen; Höchster Punkte: Fernpass (ca. 250 Meter höher als Biberwier), Reschenpass (ca. 500 Meter höher als Pfunds); nimmt man über die Pässe die Radshuttle in Anspruch, bleiben nur wenige Steigungen

BESCHILDERUNG
Größtenteils beschildert; trotzdem ist es ratsam, auch ein Tourenbuch oder ein GPS-Gerät mit dabei zu haben, am Besten beides

REISE-UNTERLAGEN
Neben Tourenbüchern gibt es eine interaktive Karte zur individuellen Reise-Planung auf www.viaclaudia.org und Apps mit denen man nach dem individuell geplanten Reise-Plan der Route entlang-navigieren kann und auch alle Infos zu Sehenswertem mit dabei hat

AUSZEICHNUNGEN
Laut repräsentativer Erhebung beliebteste grenzüberschreitende Radroute der Deutschen; Vom allgemeinen deutschen Fahrradclub mit 4 Sternen ausgezeichnet; jährlich ca. 40.000 Radreisende von allen Kontinenten und von 5 bis 93 Jahren

Rad-Shuttle an den Pässen

Die Rad-Shuttle über die Pässe machen die Via Claudia Augusta zum leichtesten Alpenübergang für Touren-Radfahrer. Sie transportieren Radfahrer und Radler. Dank dieses Services ist die Fahrradroute auf den Spuren der Römer auch für Familien und fitte Pensionisten geeignet.

Der Rad-Shuttle über den Fernpass fährt mehrmals täglich, aber nur, wenn min. eine Person 24 Stunden vorher bucht. Die Bergsturz-Landschaft Fernpass ist besonders reizvoll, deshalb ist es auch möglich, nur das Gepäck über den Pass zu schicken.

Den Rad-Shuttle über den Reschenpass übernimmt der öffentliche Busverkehr. Sinnvoll ist der Abschnitt zwischen dem Dorfzentrum von Pfunds-Stuben und Nauders.

Rad-Shuttle gibt es auch über die restlichen 4 Pässe zwischen Trento und Altino bei Venedig – zwischen Trento und der Valsugana, von der Valsugana in das Hochtal Tesino, von Ponte Oltra (zwischen Lamon und Sovramonte) auf den Croce D'Aune-Pass und auf den Praderadego-Pass. Sie verkehren zwei Mal täglich, wenn es min. eine Buchung gibt.

Alle Pass-Shuttles, die nur bei Bedarf verkehren, werden per SMS gebucht. Am Reschenpass gilt bei knappen Plätzen das Prinzip, wer zuerst kommt ... Die jeweils aktuellen Informationen zu den Pass-Shuttles finden Sie auf www.viaclaudia.org. In der interaktiven Karte sind auch die Einstiegs-Stellen noch genauer zu erkennen als in den Karten dieses Führers.

Buchung gibt. Um sicherzustellen, dass die Fahrt stattfindet und Sie sicher eine Platz haben, ist es sinnvoll zeitgerecht zu buchen.

Gebucht wird der Shuttle Italien > Deutschland online auf www.viaclaudia.org, wo auch alle aktuellen Informationen zu finden sind.

Sie haben die Möglichkeit umzubuchen. Sollte sich Ihre Radreise verzögern oder sollten sie schneller vorankommen, können Sie auf alle Fälle an einem Einstiegspunkt weiter nördlich zusteigen, auf Anfrage auch weiter südlich. Weiters ist es möglich, kurzfristig auf einen Radshuttle an einem anderen Tag umzubuchen, für den es noch Plätze gibt.

Rad-Shuttle Italien > Deutschland

Der Rad-Shuttle Italien > Deutschland ist die unkomplizierte und komfortable Variante, um nach der Radreise wieder vom Süden in den Norden zu kommen. Er startet mehrmals wöchentlich von Altino bei Venedig und fährt über Mestre, Verona Richtung Norden, mit Ausstiegsmöglichkeiten unter anderem in Innsbruck, in München und entlang der Radroute Via Claudia Augusta, bis Donauwörth, wo es einen Parkplatz gibt, wo Sie während der Reise Ihr Auto parken können, und auch eine gute ICE-Bahn-Anbindung. Je nach Bedarf wird ein großer Bus oder Kleinbus mit Radtransport-Möglichkeit eingesetzt. Der Rad-Shuttle Italien > Deutschland verkehrt in der Regel vom Frühjahr bis in den Frühherbst, wenn es mindestens eine

Geschichte und Kultur

Am Beginn der Einleitung dieses Buches findet sich eine kurze Einführung in die mehrere 1000 Jahre umfassende Geschichte der Via Claudia Augusta. Wenn Sie die Geschichte der Via Claudia Augusta, der Regionen und Orte entlang der ersten trans-europäischen Straße über die Alpen, sowie die kulturelle Vielfalt interessiert, die die Via Claudia Augusta mit-geprägt hat, dann empfehlen wir Ihnen die entsprechenden Seiten auf www.viaclaudia.org. Dort finden Sie zu jedem Teilabschnitt, geschichtliche und kulturelle Besonderheiten, als Hintergrund-Info aber auch als Anstoß, sich mit dem einen

29 Ausgaben „4 Karten durch die Jahrtausende"

Die 4 Karten durch die Jahrtausende stellen jede Region entlang der ersten europa-verbindenden Straße über die Alpen zu vier unterschiedlichen Zeitpunkten dar. 3 der 4 Karten sind der Geschichte der Regionen gewidmet. Ausgewählt wurden jeweils die Zeitpunkte in der Geschichte, die in der jeweiligen Region besonders interessant sind. Somit können Sie sich rasch einen Überblick verschaffen, wie sich die Region über die Jahrtausende entwickelt hat. Die vierte der 4 Karten zeigt die Region in der heutigen Zeit. Die 4 Karten sind nicht nur für jene spannend, welche die Geschichte etwas näher

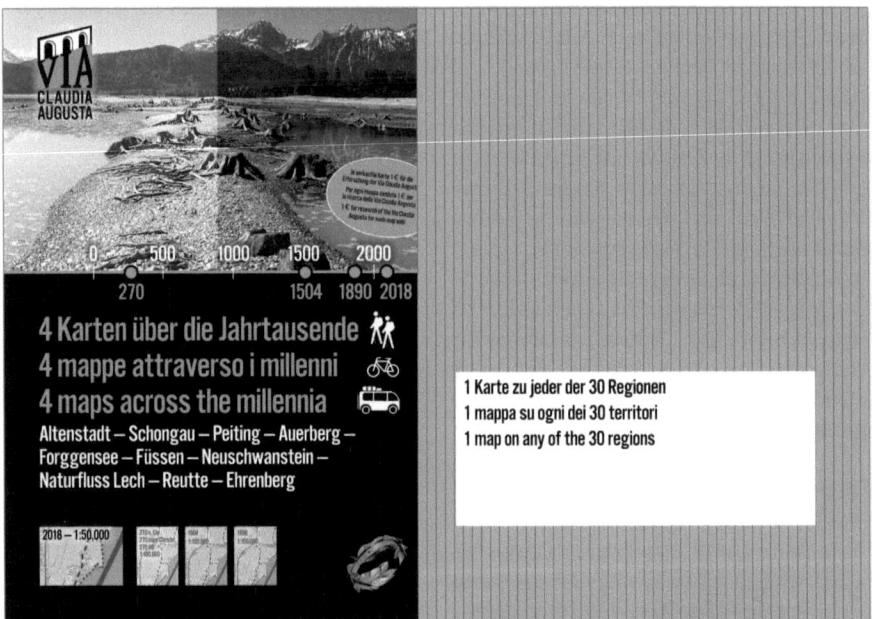

4 Karten über die Jahrtausende
4 mappe attraverso i millenni
4 maps across the millennia
Altenstadt – Schongau – Peiting – Auerberg –
Forggensee – Füssen – Neuschwanstein –
Naturfluss Lech – Reutte – Ehrenberg

1 Karte zu jeder der 30 Regionen
1 mappa su ogni dei 30 territori
1 map on any of the 30 regions

oder anderen näher auseinanderzusetzen. Manche stimmen sich gern vor der Reise oder einer Etappe auf das ein, was sie erwartet. Manche lesen gern nach der Reise oder einer Etappe nach, um das eine oder andere besser zu verstehen. Auf der Geschichte-Seite gibt es auch eine historische Datenbank, in der sukzessiv historisches Wissen zur Via Claudia Augusta zu finden ist. Schließlich sind „4 Karten durch die Jahrtausende" für jede Region entlang der Via Claudia Augusta in Ausarbeitung.

interessiert, als sie in einem Radführer dargestellt werden kann, sondern es ist auch spannend mit Kindern gemeinsam die Unterschiede in den Karten zu entdecken. Die „4 Karten durch die Jahrtausende erhalten Sie in digitaler Form auf www.viaclaudia.org. in gedruckter Form gibt es sie unter anderem in den jeweiligen Tourist-Infos der Region. Sukzessiv werden die Karten auch gesammelt zum Sonderpreis über den Online-Buchhandel angeboten.

Reiseplanung mit der interaktiven Karte & Navigation mit der App

Römer und moderne Technik sind kein Widerspruch. Auch in der Antike wurden alle Dinge genutzt, die das Leben einfacher, komfortabler, sicherer und rationeller machten. Für alle die moderne Medien verwenden möchten, um sich schon von zu Hause einen Eindruck von der Reise zu machen bzw. um die Reise zu planen, steht auf www.viaclaudia.org eine interaktive Karte zur Verfügung, mit der eine individuelle Reise geplant werden kann. Der Reiseplan kann entweder als PDF downgeladen werden oder in die Navi-App am iPhone oder Android-Handy übertragen werden.

So planen Sie Ihre individuelle Reise

Öffnen Sie das interaktive Reiseplanungs-Tool, das sich auf mehreren Seiten der Homepage www.viaclaudia.org befindet. Wählen Sie ihre Reiseart, damit Sie die Richtige der unterschiedlichen Routen am Bildschirm haben. Wählen Sie dann wie viele Kilometer am Tag Sie ungefähr zurücklegen möchten und setzen Sie mit Rechtsklick einen Start- und einen Endpunkt. Das Reiseplanungs-Tool berechnet auf dieser Basis einen entsprechenden Etappen-Vorschlag. Als Nächtigungsort werden jeweils Orte gewählt, in denen Sie Quartiere vorfinden, die sich speziell auf Reisende entlang der Via Claudia Augusta eingestellt haben. Davon abweichend können Sie die Etappenorte auch selbst setzen. Ein Höhenprofil informiert Sie über die Topografie. Um sich einen besseren Eindruck von den durchreisten Gebieten und Orten zu verschaffen, können Sie sich nun in die Karte hineinzoomen. Ab einem gewissen Zoomlevel erscheinen die Gastbetriebe, Sehenswürdigkeiten und sonstigen Besonderheiten in der Karte, die Sie durch anhaken im Menü ausgewählt haben. Wollen Sie nähere Informationen zu einem Gastbetrieb, zu einer Sehenswürdigkeit oder zu einer Besonderheiten, so klicken Sie einfach auf das Symbol in der Karte. Die Information erscheint rechts in der Randspalte. Wollen Sie sich etwas für Ihre Reise vormerken, dann setzen Sie den jeweiligen Punkt einfach auf die Merkliste. Wenn Sie Ihre individuelle Reise fertig geplant haben, dann können Sie den Reiseplan als PDF downloaden und ausdrucken, die Route als GPX-File downladen oder den Plan durch Eingabe eines Kürzels oder per QR-Code auf Ihr Smartphone übertragen.

Unterwegs mit den Navi-Apps

Die Navi-Apps der Via Claudia Augusta für iPhone und Android-Handys funktionieren auch offlffllline. Sie haben dann zwar weniger Zoomlevel zur Verfügung und es werden zu den Points of Interest aus Kapazitätsgründen keine Bilder angezeigt, aber sie brauchen keine Internetverbindung und es werden keine Daten downgeloadet. Sobald Sie eine Internetverbindung zur Verfügung haben, stehen Ihnen alle Zoomlevels und Bilder zur Verfügung, die in der Folge bis zu einem gewissen Maße ohne Internet in ihrem Cache für weitere Verwendung zur Verfügung stehen.

Führer-Karten zum Downloaden

Die Karten in diesem Führer gibt es auch als Download auf www.viaclaudia.org. Sie können die Karten somit größer ausdrucken. Wenn Sie während der Reise die Ausdrucke verwenden, wird Ihr Führer weniger strapaziert und es besteht auch keine Gefahr, dass er bei Regen Schaden nimmt. Der eine oder andere macht sich auch gern Notizen, möchte das aber nicht in einem Führer machen.

Weitere gedruckte Füher

Radführer (2/2) „Padana"   Führer für Auto, Camper, Bus.

Je ein Wander-Führer für (1) Bayern, (2) Tirol, (3) Reschen bis Trento, (4) Trento-Altino und (5) Trento-Ostiglia

Der Startpunkt der Via Claudia Augusta liegt in der Stadt Donauwörth. Gründe dafür sind die Donau, die beim Weitertransport schwerer Güter half, und die Nordgrenze des Römischen Reiches, die zu Beginn und nach dem ersten Rückzug vor den Germanen dort verlief. Der nördlichste Teil der Römerstraße liegt heute im Landkreis Donau-Ries, der im Norden bis fast zum Limes reicht. Neben der Donau wird das Land vom 25 km Durchmesser großen Ries-Krater geprägt, den ein Meteoriten-Einschlag vor 14,5 Mio. Jahren geformt hat. Der Name „Ries" soll von der römischen Provinz Rätien stammen. Die Stadt Donauwörth, auf deren Gebiet das Ende der Römerstraße liegt, gab es zur Römerzeit noch nicht. Anstatt dessen machten sich dort immer wieder die Wasser von Donau, Wörnitz, Zusam, Schmutter und Lech breit, die sich im Raum Donauwörth vereinen. Die Entwicklung der Stadt begann mit einer Fischer-Siedlung auf der Insel Ried in der Wörnitz. Heute liegt der Großteil der Altstadt nördlich des Flusses. Dieser Teil lockt mit einem der schönsten Straßenzüge Süddeutschlands, der Reichsstraße.

Anreise-Tipps

Am Besten reist man schon mit dem Rad nach Donauwörth, das gut ans internationale Radwege-Netz angeschlossen ist, oder man fährt mit dem Zug bis zum IC-Bahnhof Donauwörth. Es gibt aber auch einen Parkplatz in der Neuen Obermayerstraße, auf dem man während der Radreise sein Auto abstellen kann. Um gemütlich sowie gut ausgeschlafen zu beginnen und auch ein wenig von der schönen Stadt zu haben, empfiehlt es sich schon am Vortag anzureisen. Mit Uhl und Brachem gibt's übrigens auch zwei gute Rad-Geschäfte, falls noch etwas fehlt.

Radroute in Donauwörth

Vom Bahnhof aus führt die Route über die Insel Ried, wo die Besiedelung von Donauwörth ihren Anfang nahm, ins heutige Stadtzentrum mit der prächtigen Reichsstraße. Hier kann man sich in der Tourist-Info noch die letzten fehlenden Infos und Unterlagen holen, bevor es über die Donau und dann stetig südwärts geht.

Nach der Radtour retour nach Donauwörth ...

... gelangt man mit der Bahn oder, am Bequemsten und komfortabelsten, mit dem Radshuttle, den man auf www.viaclaudia.org online buchen kann.

Mehr Info zu einigem Sehenswerten in den Karten

- Die Tourist-Info bietet zahlreiche Führungen.
- Das Rieder Tor, in dem sich das Haus der Stadtgeschichte befindet, verbindet die historische Hauptstraße Reichsstraße und die Altstadtinsel Ried, wo die Entwicklung der Stadt ihren Ausgang nahm. ■ Spitalstraße 11, 0049 906 789–170 oder –151, öffnet auf Anfrage.
- Auf der Insel Ried befindet sich das Heimatmuseum ■ Museumspl. 2, 0049906 789–170 oder –151, geöffnet Mai – Okt. Di – So 14 – 17 Uhr, Nov. – Apr. Mi, Sa, So und Fei 14 – 17 Uhr.
- Das Käthe-Kruse-Puppen-Museum erzählt in der Heimatstadt der berühmten Puppen deren Geschichte. ■ Käthe-Kruse-Puppen-Museum: Pflegstr. 21a, 0049906 789-170 oder – 151. geöffnet Mai – Sept. Di – So 11 – 18 Uhr, Okt. – April, Do – So 14 – 17 Uhr, 25. 12. – 6. 1. tägl. 14 – 17 Uhr, geschlossen 24. 12. und Karfreitag.

Tipp für die Fahrt aus der Stadt

Am Ortsrand von Nordheim führt ein Fußweg, gleich nach der Brücke links, zur Nachbildung eines Meilensteins der Via Claudia Augusta, der den Startpunkt der Römerstraße markiert.

Übernachtungs- und Camping-Möglichkeiten in den Karten und im Anhang

---

Fragen und Auskunft zum Teilabschnitt

■ Städtische Tourist-Information Donauwörth, Rathausgasse 1, 0049906 789 151

■ Hotline Ferienland Donau-Ries, 0049906 74 211

■ Hotline Via Claudia Augusta, 0043664 27 63 555

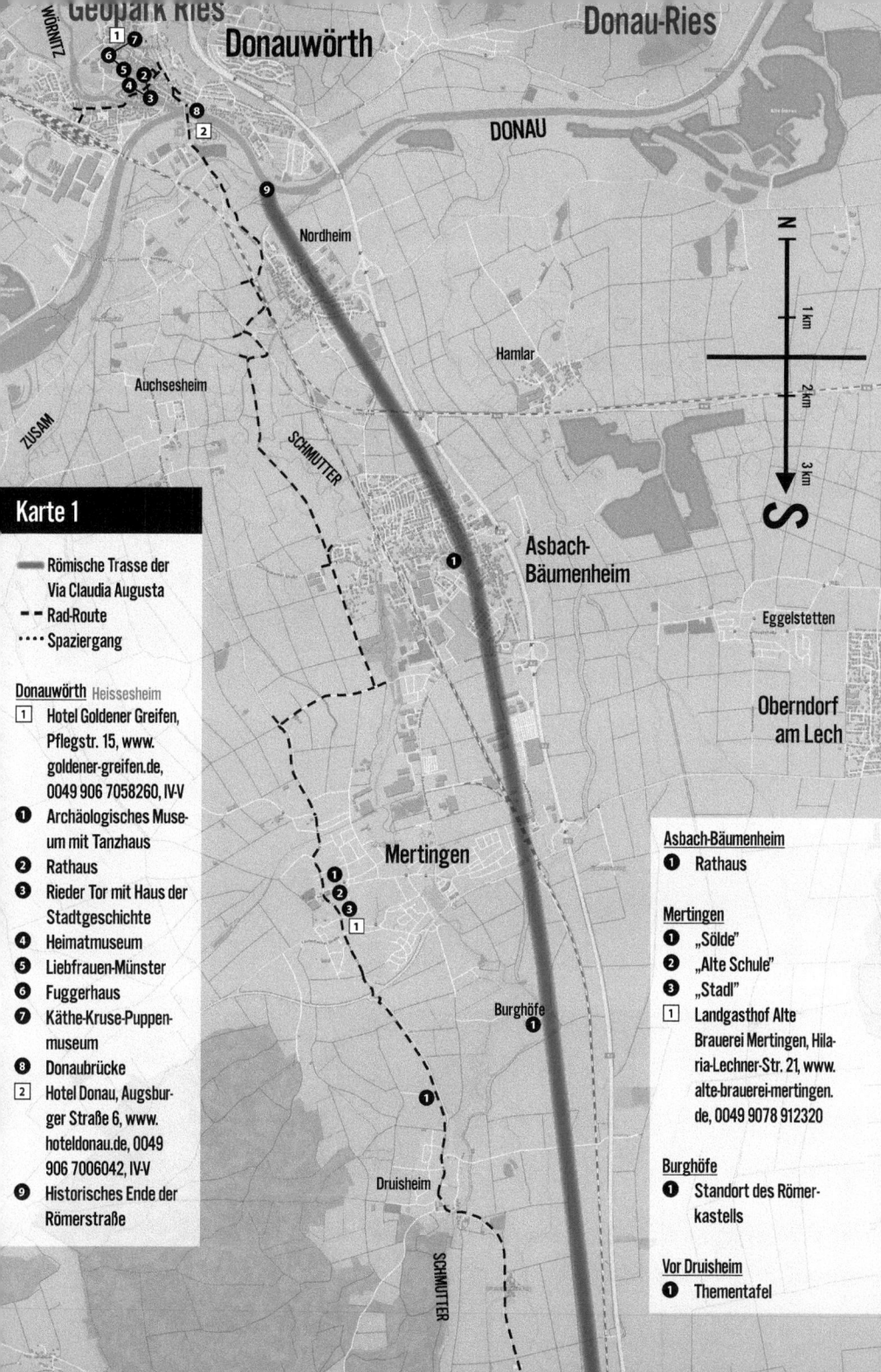

Geopark Ries
Donau-Ries
Donauwörth
WÖRNITZ
DONAU

Nordheim

Hamlar

Auchsesheim

ZUSAM

SCHMUTTER

N
1 km
2 km
3 km
S

Asbach-
Bäumenheim

Eggelstetten

Oberndorf
am Lech

Karte 1

— Römische Trasse der
Via Claudia Augusta
- - Rad-Route
···· Spaziergang

Donauwörth Heissesheim
1 Hotel Goldener Greifen,
Pflegstr. 15, www.
goldener-greifen.de,
0049 906 7058260, IV-V
❶ Archäologisches Muse-
um mit Tanzhaus
❷ Rathaus
❸ Rieder Tor mit Haus der
Stadtgeschichte
❹ Heimatmuseum
❺ Liebfrauen-Münster
❻ Fuggerhaus
❼ Käthe-Kruse-Puppen-
museum
❽ Donaubrücke
2 Hotel Donau, Augsbur-
ger Straße 6, www.
hoteldonau.de, 0049
906 7006042, IV-V
❾ Historisches Ende der
Römerstraße

Mertingen

Burghöfe

Druisheim

SCHMUTTER

Asbach-Bäumenheim
❶ Rathaus

Mertingen
❶ „Sölde"
❷ „Alte Schule"
❸ „Stadl"
1 Landgasthof Alte
Brauerei Mertingen, Hila-
ria-Lechner-Str. 21, www.
alte-brauerei-mertingen.
de, 0049 9078 912320

Burghöfe
❶ Standort des Römer-
kastells

Vor Druisheim
❶ Thementafel

Mündung der Wörnitz in die Donau .

Blick durch das Rieder Tor auf die Insel Ried. Fotos (3): Lois Lammerhuber

Die Reichsstraße.

Ballonmuseum Gersthofen.

Kloster Holzen.

Der Standort des Kastells Submuntorium. Foto: Deininger

Das Mündungsgebiet von Wörnitz, Schmutter und Lech und das Lechtal bis Augsburg waren schon in der Römerzeit besiedelt. Auf der unscheinbaren, ersten kleinen Anhöhe zwischen Mertingen und Druisheim befanden sich die römischen Festungsanlagen Submuntorium-Burghöfe. Auch in Langweid am Lech soll sich ein Militärlager befunden haben. Die Orte bis Druisheim zählen noch zum Landkreis Donau-Ries. Dann beginnt das Augsburger Land. Die größten Orte sind das 1989 zum Markt erhobene Meitingen und Gersthofen, das seit 1969 Stadt ist. Die Römerstraße führt zielstrebig am Lech in Richtung Augsburg. Teilweise ist sie noch ein Weg. An einigen Stellen zeichnet sie sich als Damm im Gelände ab. Ein Großteil ist heute Trasse der Bundesstraße 2. Die Aulandschaft des Lech, die die Römerstraße streift, teilt das Augsburger Land und das Wittelbacher Land.

Radroute von der Donau nach Augsburg

Bevor es richtig losgeht, lockt in Nordheim noch ein Abstecher an die Mündung der Zusam in die Donau, wo einst die Römerstraße Ihr Ende hatte und heute eine Nachbildung eines Meilensteines daran erinnert. Durch Wiesen, Felder und schmucke Dörfer führt die Radroute anschließend südwärts. Zwischen Mertingen und Druisheim liegt der Standort des Römerkastells Submuntorium, auf das eine Thementafel hinweist. In Ostendorf wechselt die Radroute auf die andere Lechseite und führt dort durch die Lechauen. Zwischen Stettenhofen und der Stadt Gersthofen wartet ein Teilabschnitt, der weitgehend auf der Originaltrasse der Römerstraße, auf der linken Lechseite, verläuft. Anschließend geht es auf der rechten Lechseite nach Augsburg.

Mehr Info zu einigem Sehenswerten in den Karten

- Im Rathaus von Asbach-Bäumenheim dokumentieren mehrere Vitrinen die Römerzeit in der Gegend.
- Mertingen hat einen rührigen Museumsverein. In der „Sölde" in der Mardostraße 10 erfährt man einiges über die Wohnkultur in einem bäuerlichen Anwesen im 18. und 19. Jh. Die „Alte Schule" hinter dem Rathaus in der Fuggerstraße 3 zeigt Funde aus römischer und vorrömischer Zeit, sowie Exponate zur alamannischen Gründung bzw. Besiedlung des Ortes. Im „Stadl" in der Hilaria-Lechner-Straße 13 ist schließlich eine große Sammlung bäuerlicher Geräte,

Kutschen, Räder und Schlitten zu sehen. ■ 00499078 9600 18, Öffnung auf Anmeldung, www.museumsfreunde.mertingen.de.

- Auf einer Anhöhe zwischen Mertingen und Druisheim informiert eine Thementafel über den Standort Submuntorium-Burghöfes und erklärt seine Funktion als Teil einer Feuerzeichenkette.
- Das Benediktinerinnenkloster Holzen wurde im 13. Jh. gegründet und Ende des 17. Jh. neu errichtet
- In der Außenmauer der Kirche St.–Michael in Ostendorf ist ein Stein aus frühchristlicher Zeit eingemauert.
- Am Lech vor Langweid findet sich ein Kraftwerk aus 1907 mit dem Lechmuseum Bayern. ■ Lechwerkstraße 19, 86462 Langweid am Lech, 0049821 328–1658, geöffnet am 1. So im Monat, 10 – 18 Uhr oder nach Anmeldung.
- In einem kleinen Park im Norden Gersthofens ist ein Heiligtum mit einer Statue des Gottes Merkur eingerichtet. Ihn baten Händler und Reisenden um eine gute Reise.
- In Gersthofen erwartet den Reisenden das Ballonmuseum Gersthofen. Es erzählt die Entwicklung der Ballonfahrt. ■ Bahnhofstraße 12, 86368 Gersthofen, 0049821 2491 ext. 506, geöffnet Mi, Fr 13 – 17 Uhr, Do 10 – 19 Uhr, Sa, So, Feiertag 10 – 17 Uhr, www.ballonmuseum-gersthofen.de.

Regionale Küche wie vor 2000 Jahren

■ Gasthaus Alte Brauerei Mertingen, Hilaria-Lechner-Straße 21, 0049 9078 912 320

■ Restaurant Guava, Mertingen, Gewerbepark Ost 15 0049 163 791 82 43

Übernachtungs- und Camping-Möglichkeiten in den Karten und im Anhang

---

Fragen und Auskunft zum Teilabschnitt

■ Bis Mertingen: Hotline Ferienland Donau-Ries, 0049906 74 211

■ Ab Allmannshofen: Hotline Regio Augsburg Tourismus GmbH, 0049821 50 20 70

■ Hotline Via Claudia Augusta, 0043664 27 63 555

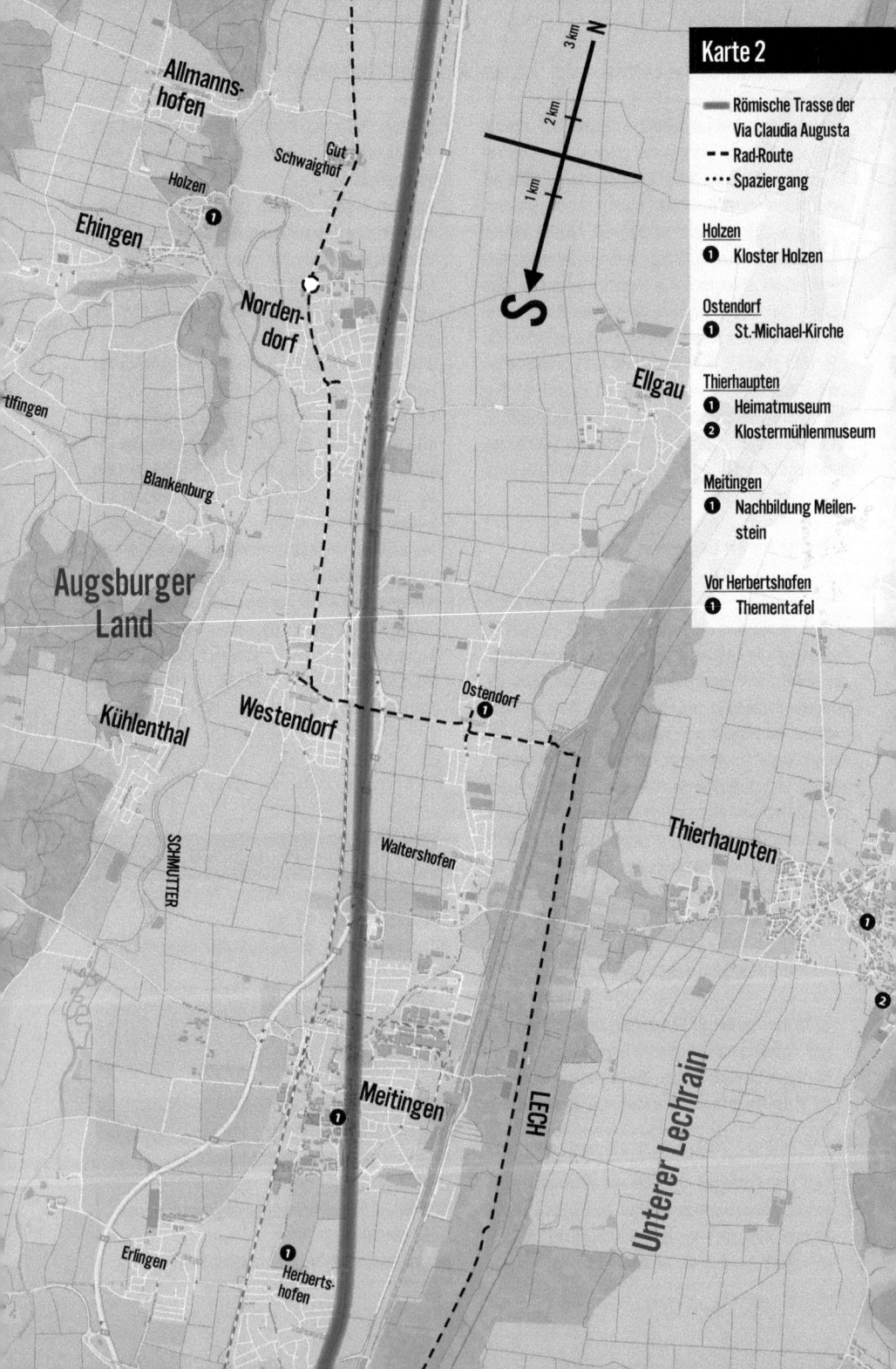

Karte 2

Römische Trasse der
Via Claudia Augusta

- - - Rad-Route

..... Spaziergang

Holzen
❶ Kloster Holzen

Ostendorf
❶ St.-Michael-Kirche

Thierhaupten
❶ Heimatmuseum
❷ Klostermühlenmuseum

Meitingen
❶ Nachbildung Meilen-
  stein

Vor Herbertshofen
❶ Thementafel

N

3 km

2 km

1 km

S

Allmanns-
hofen

Gut
Schwaighof

Holzen
❶

Ehingen

Norden-
dorf

...tlfingen

Blankenburg

Augsburger
Land

Kühlenthal

Westendorf

Ostendorf
❶

Ellgau

Waltershofen

SCHMUTTER

Thierhaupten
❶

❷

LECH

Meitingen
❶

Unterer Lechrain

Erlingen

Herberts-
hofen
❶

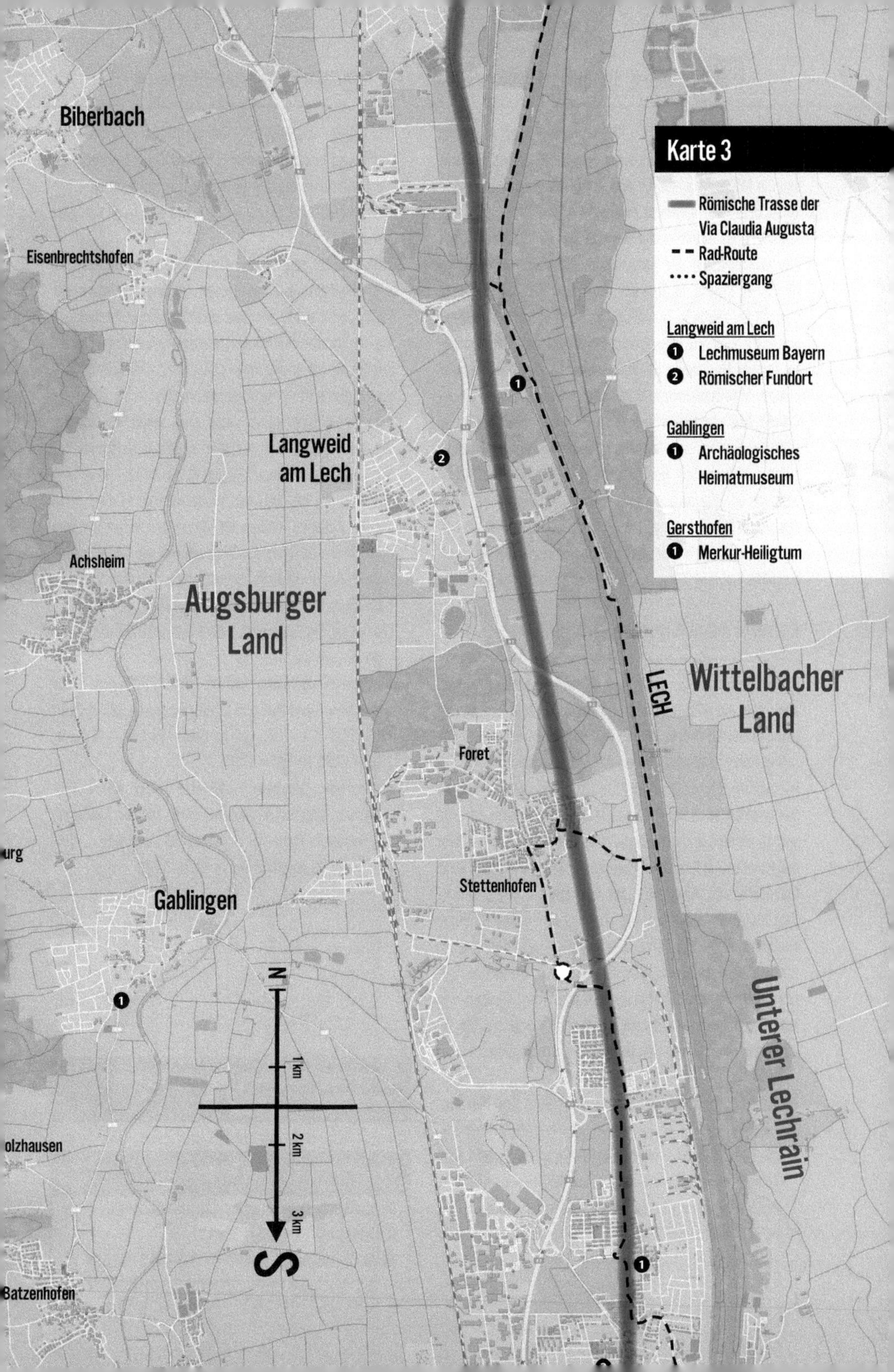

Biberbach

Eisenbrechtshofen

Langweid
am Lech

②

Achsheim

**Augsburger
Land**

Foret

...burg

Gablingen

Stettenhofen

①

N

1 km

2 km

3 km

S

...olzhausen

Batzenhofen

①

LECH

**Wittelbacher
Land**

①

Unterer Lechrain

Nach dem Alpenfeldzug 15 v. Chr. richteten Kaiser Augustus Söhne Drusus und Tiberius im nördlichen Stadtteil Oberhausen ein Militärlager ein. Es war der Grundstein für Augusta Vindelicum, der späteren Hauptstadt der Provinz Rätien. Augsburg ist somit wahrscheinlich die zweitälteste Stadt Deutschlands, auf alle Fälle war es aber eine der größten römischen Städte nördlich der Alpen. Die Siedlung umfasste über 25 ha, zählte in ihrer Blütezeit 10 bis 15.000 Einwohner und hatte alles was eine römische Provinzstadt zu bieten hatte: Tempel, Markthalle, Stadthalterpalast, Theater, Thermen, ... Jedes Stadthaus war mit Fließwasser ausgestattet. Die Via Claudia Augusta zog im Westen an der Stadt vorbei und ist im zentralen Bereich vom Rathaus bis zum Merkurbrunnen ident mit der historischen Hauptstraße durch die Altstadt. Noch bedeutender war Augsburg, als die reichen Fugger am Ende des Mittelalters, Anfang Neuzeit von ihrer Heimatstadt aus wirtschaftlich die Welt eroberten. Später regierten die Fürstbischöfe, von Augsburg aus ein weites Land bis nach Tirol.

Radroute durch Augsburg

In Augsburg kann der Radfahrer entweder dem Lech folgen oder, über die MAN-Brücke im Norden, den Fluss queren und durch die Stadt radeln, um ein wenig von der einstigen römischen Provinz-Hauptstadt und Stadt der Reichen Fugger zu erleben. Die Route durch die Stadt führt über weite Teile auf der Originaltrasse der Römerstraße, unter anderem am Dom vorbei, wo eine archäologische Nische eingerichtet ist, über den Rathausplatz mit dem Augustus-Brunnen und den Pracht-Boulevard, „die Maxstraße" mit dem Merkur- und Herkules-Brunnen. An der Max-Straße liegen auch die Basilika St. Ulrich und Afra und der Stadtpalast der Fugger. Etwas östlicher die erste Sozialsiedlung der Welt, die „Fuggerei", die sie geschaffen haben. Vorbei am Botanischen Garten führt die Radroute zurück zum Lech, wo sich die 2 Varianten wieder treffen. Ab dort geht es durch den Siebentischwald weiter südwärts.

Mehr Info zu einigem Sehenswerten in den Karten

- Die Regio Augsburg bietet einige Führungen. Es gibt auch Führungen mit dem Taxi um 29 Euro die Stunde.
- In Bahnhofsnähe gibt es eine Rad-Parkhaus
- Im Archäologischen Garten warten Einblicke in das römische Augsburg.

- Das Fugger- und Welser– Erlebnismuseum gibt mit Multimedia und Interaktionsmöglichkeiten einen Eindruck von der Bedeutung Augsburgs und vom wirtschaftlichen Einfluss seiner Handelsgeschlechter in Europa und der Welt des 16. Jh.
- Am südlichen Vorplatz des Doms sind an der Römermauer Steinskulpturen zu entdecken. Gegenüber steht in der Peutingerstraße 11 das Haus des Humanisten Peutinger.
- Von der fürstbischöflichen Residenz wurden lange Zeit die Geschicke des umliegenden Landes bis nach Tirol regiert. Heute sitzt dort die Bezirksregierung von Schwaben.
- Vom Perlachturm genießt man einen herrlichen Ausblick auf die Stadt ■ Rathausplatz, geöffnet Karfreitag bis Nov. tägl. 10 – 18 Uhr. Im Advent Fr, Sa, So 13 – 19 Uhr.
- Das Rathaus ist einer der bedeutendsten Profanbauten der Renaissance nördlich der Alpen. Gemeinsam mit dem Parlachturm bildet es das Wahrzeichen von Augsburg. Im Inneren des Rathauses befindet sich mit dem Goldenen Saal eines der bedeutendsten Kulturdenkmäler der Spätrenaissance in Deutschland. ■ Rathausplatz, geöffnet Mo – So 10 – 18 Uhr.
- Das Maximilianmuseum umfasst drei Abteilungen: Skulpturen, Kunsthandwerk und Stadtgeschichte. ■ Fuggerpl. 1, 0049821 324–4102, geöffnet Mo – Mi 7:30 – 16:30, Do 7:30 – 17:30, Fr 7:30 – 12:00.
- Das barocke Zeughaus beheimatet bis zur Wiedereröffnung des eigentlichen Domizils einen Teil der Sammlung des Römische Museums Augsburg. ■ Zeugplatz 4, 0049 821 324 41 31, geöffnet Di - So 10:00 - 17:00.

Übernachtungs- und Camping-Möglichkeiten in den Karten und im Anhang

Fragen und Auskunft zum Teilabschnitt

■ Touristinfo Regio Augsburg Tourismus GmbH, Rathausplatz 1, 0049 821 502070

■ Via Claudia Augusta Hotline, 0043 664 27 63 555

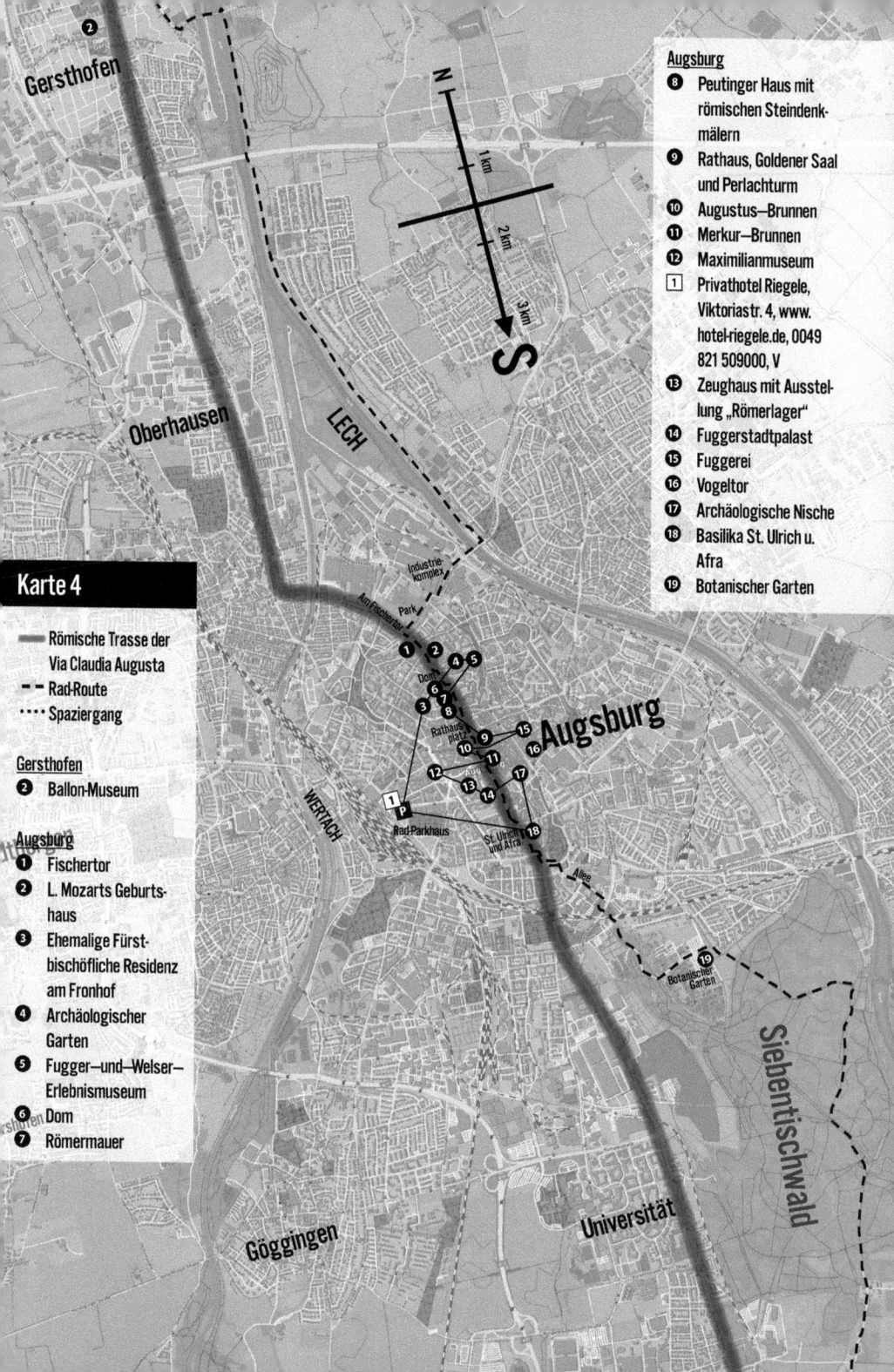

Augsburg

- **8** Peutinger Haus mit römischen Steindenkmälern
- **9** Rathaus, Goldener Saal und Perlachturm
- **10** Augustus–Brunnen
- **11** Merkur–Brunnen
- **12** Maximilianmuseum
- **1** Privathotel Riegele, Viktoriastr. 4, www.hotel-riegele.de, 0049 821 509000, V
- **13** Zeughaus mit Ausstellung „Römerlager"
- **14** Fuggerstadtpalast
- **15** Fuggerei
- **16** Vogeltor
- **17** Archäologische Nische
- **18** Basilika St. Ulrich u. Afra
- **19** Botanischer Garten

Karte 4

—— Römische Trasse der Via Claudia Augusta

– – Rad-Route

· · · · Spaziergang

Gersthofen

- **2** Ballon-Museum

Augsburg

- **1** Fischertor
- **2** L. Mozarts Geburtshaus
- **3** Ehemalige Fürstbischöfliche Residenz am Fronhof
- **4** Archäologischer Garten
- **5** Fugger–und–Welser–Erlebnismuseum
- **6** Dom
- **7** Römermauer

Radfahrer in der "Fuggerei"

Goldener Saal

Römermauer südlich des Doms

Prachtstraße auf den Spuren der Römer . Foto (4): Regio Augsburg Tourismus GmbH

Am Rathausplatz. Foto: Christine Pemsl

Das Lechfeld ist eine markant flache Schotterebene, die durch die Schlacht am Lechfeld 955 gegen die Ungarn Berühmtheit erlangte. Schon zur Römerzeit war die Ebene besiedelt. Es wird vermutet, dass sich die römische Straßenstation ad novas, die in der antiken Straßenkarte Tabula Peutingeriana vermerkt ist, in Igling befand. Auch in Untermeitingen soll es eine spätrömische Befestigungsanlage gegeben haben. Im Süden von Augsburg schließt die junge Stadt Königsbrunn an, in der ein Mithras-Heiligtum zu bestaunen ist. Neuerlich besiedelt wurde der Ort erst Anfang des 19. Jahrhunderts. Wie die Orte bis Obermeitingen gehört Königsbrunn zum Landkreis Augsburg. Südlich grenzt der Landkreis Landsberg am Lech an. Die weiter zielstrebig Richtung Alpen ziehende Römerstraße, ist im Lechfeld über weite Strecken besonders gut zu sehen. Graben ist übrigens die ursprüngliche Heimat von Hans Fugger.

Radroute durch das Lechfeld

Von Augsburg führt die Radroute durch den Siebentischwald nach Königsbrunn, dem Schauplatz der berühmten Schlacht auf dem Lechfeld. Dort gibt es im Mercateum die Tabula Peutingeriana, eine römische Straßenkarte, zu sehen und ein Mithrasheiligtum am Friedhofsareal. Nach der Stadt quert die Route die Autobahn, ab wo einer der längsten Abschnitte auf der kerzengeraden Originalroute der Römerstraße folgt. Sie führt durch Wiesen, Felder und schmucke Dörfer Richtung Landsberg am Lech.

Mehr Info zu einigem Sehenswerten in den Karten

- Auf Geheiß der königlichen Regierung von Schwaben und Neuburg wurden 1833 entlang der langen geraden Straße durch Königsbrunn, die weitgehend der römischen Trasse folgt, zwei Brunnen zur Labung von Mensch und Tier gegraben. Drei Jahre später errichteten die ersten Siedler bei den Königsbrunnen ihre Häuser. 1967 wurde Königsbrunn zur Stadt erhoben.
- Das Mercateum ist der begehbare, größte auf historischer Kartografie beruhende Globus der Welt. U. a. zeigt er eine Kopie der Tabula Peutingeriana, der ersten Straßenkarte Europas, die die Römer gezeichnet haben. ∎ Königsallee 1, 00498231 919 573, geöffnet 1. Mai – 31. Okt. jeden So und Fei 14 – 19 Uhr, Führungen um 14:30.

Sonderführungen nach Vereinbarung, www.mercateum.de
- Beim Rathaus wartet ein Archäologisches Museum. ∎ Markpl. 7, 86343 Königsbrunn, 00498231 606 260, geöffnet jeden 3. So im Monat 10 – 12 Uhr, Führungen jeweils von 10 – 11 Uhr oder nach Vereinbarung.
- Ein Mithras-Heiligtum im städtische Friedhof in der Wertachstraße ist jederzeit frei zugänglich. Der Mithras-Kult stammt aus Kleinasien und war Wegbereiter des Christentums. Als dieses im 4. Jh. Staatsreligion wurde, sah man den Kult als Konkurrenz.
- Gleich nach der Schnellstraßenquerung ist links und rechts ein Schotterweg zu sehen. Der Weg heißt Via Claudia Augusta und ist auch tatsächlich die römische Trasse. Zwischen Königsbrunn und Untermeitingen liegt das mit 11 km längste, zusammenhängend sichtbare Teilstück einer Römerstraße in Deutschland. Besonders gut zu erkennen ist die Via Claudia Augusta auf diesen 11 km, außerdem als Wiesendamm im nördlichen Neubaugebiet in Kleinaitingen und im Grünanger nördlich eines Meilenstein-Nachbaus in Untermeitingen.
- Auf Höhe von Untermeitingen gab es bis ins 19. Jh. eine Furt, die der einzige Lechübergang im gesamten Lechfeld war. Geprägt haben die Gemeinde auch die Adeligen von Imenhof. In ihrem kleinen Schloss ist heute die Gemeindebücherei untergebracht.
- Schloss Hurlach ist genauso wie Schloss Igling in Privatbesitz.
- Die Gemeinde Igling ist in einem besonders schönen alten Gebäude untergebracht

---

Übernachtungs- und Camping-Möglichkeiten in den Karten und im Anhang

---

Fragen und Auskunft zum Teilabschnitt

∎ Bis Untermeitingen: Hotline Regio Augsburg, 0049821 50 20 70

∎ Ab Obermeitingen: Hotline Tourismusverband Ammersee-Lech, 00498191 128 247

∎ Hotline Via Claudia Augusta, 0043664 27 63 555

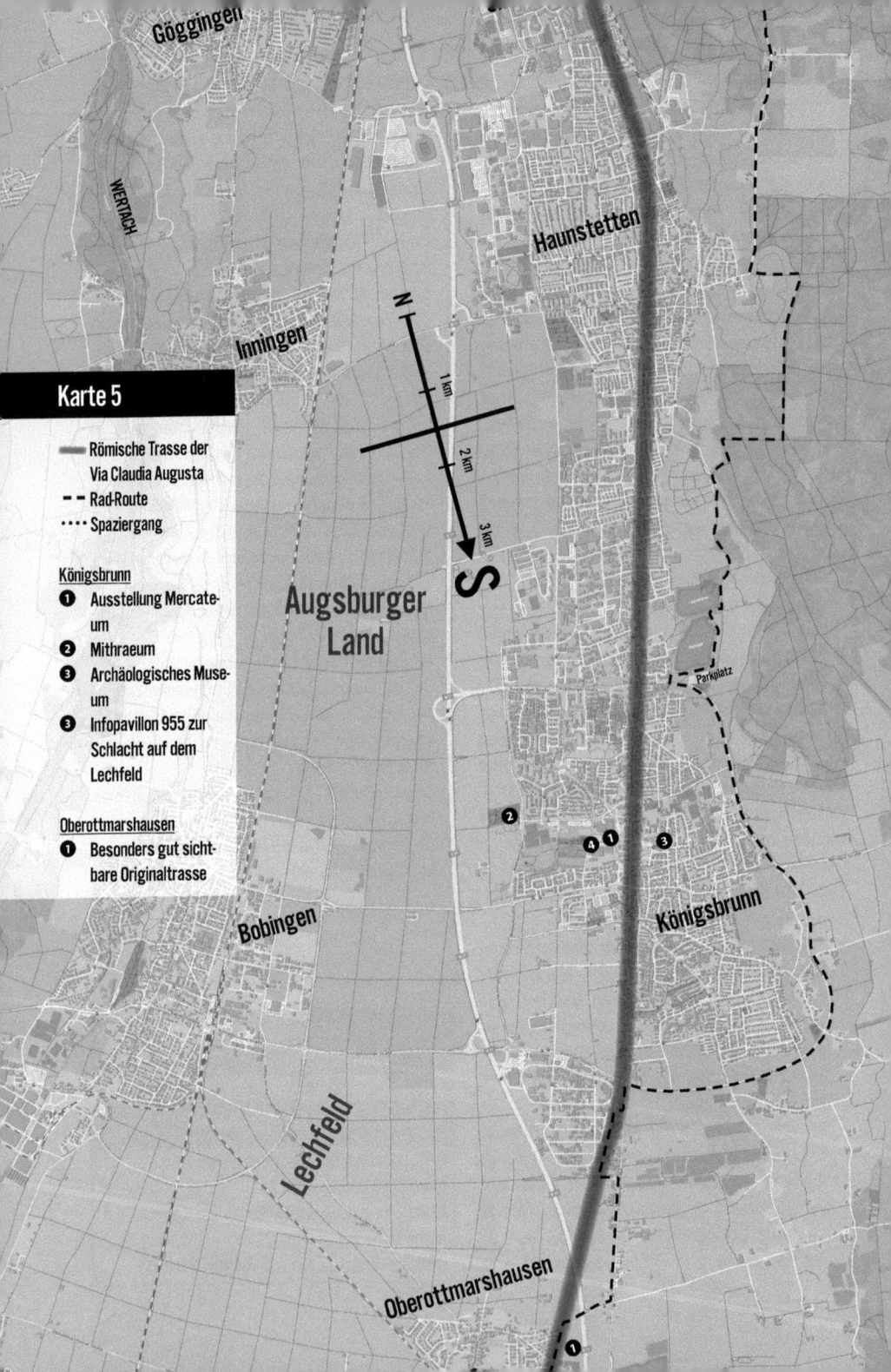

Göggingen

WERTACH

Inningen

Haunstetten

N

1 km

2 km

3 km

S

Augsburger
Land

Karte 5

▬▬ Römische Trasse der
Via Claudia Augusta
- - Rad-Route
···· Spaziergang

Königsbrunn
❶ Ausstellung Mercate-
um
❷ Mithraeum
❸ Archäologisches Muse-
um
❸ Infopavillon 955 zur
Schlacht auf dem
Lechfeld

Oberottmarshausen
❶ Besonders gut sicht-
bare Originaltrasse

Parkplatz

❷

❹ ❶   ❸

Königsbrunn

Bobingen

Lechfeld

Oberottmarshausen

❶

Ein begehbarer Globus mit historischen Karten.

Das Mythräum am Friedhof von Königsbrunn. 2 Foto: Tschaikner

Die Altstadt Landsbergs hinter dem markanten Lechwehr.

Der Hauptplatz mit dem Schmalzturm, durch den die Salzstraße einmündete

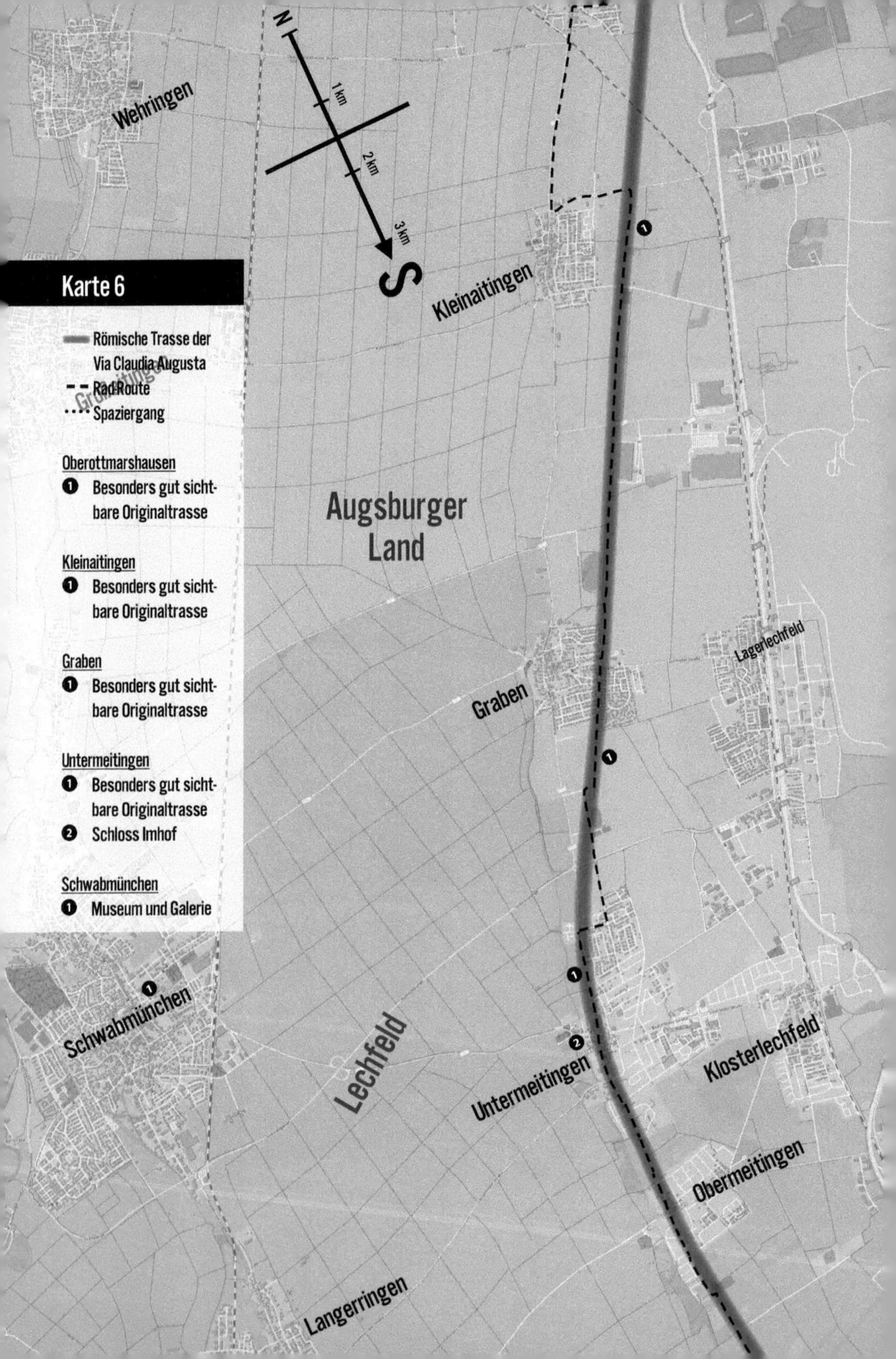

N

1 km

2 km

3 km

S

Kleinaitingen

Karte 6

Römische Trasse der
Via Claudia Augusta
Rad-Route
Spaziergang

Oberottmarshausen
❶ Besonders gut sicht-
bare Originaltrasse

Kleinaitingen
❶ Besonders gut sicht-
bare Originaltrasse

Graben
❶ Besonders gut sicht-
bare Originaltrasse

Untermeitingen
❶ Besonders gut sicht-
bare Originaltrasse
❷ Schloss Imhof

Schwabmünchen
❶ Museum und Galerie

Wehringen

Großaitingen

Augsburger
Land

Graben

Lagerlechfeld

Schwabmünchen

Lechfeld

Untermeitingen

Klosterlechfeld

Obermeitingen

Langerringen

Die bedeutende Salzstraße von Reichenhall über München kreuzte auf ihrem Weg in die Schweiz in der Gegend die Via Claudia Augusta. Herzog Heinrich der Löwe verlegte sie 1158 von Kaufering etwas weiter nach Süden. In diesem Zuge ließ er eine Brücke errichten und zu deren Schutz die bestehende Burganlage zum „Castrum Landespurch" ausbauen. in ihrem Schutz entstand – eingebettet zwischen Lech und Lechhochufer – die rasch wachsende Siedlung, die schon im 13. Jh. zur Stadt Landsberg erhoben wurde. Das heute weitaus größere Stadtgebiet westlich des Lech entwickelte sich ab dem 19. Jh. Die Via Claudia Augusta führt noch ein Stück weiter westlich durch das Gemeindegebiet, hatte aber – wie die Wasserstraße Lech – große Bedeutung für die wirtschaftliche Entwicklung der Stadt. Die mittelalterlich geprägte Altstadt ist nur über die Lechbrücke oder ihre Tore zugänglich und verfügt auch noch über einen Teil ihrer mehrfach erweiterten Stadtmauern. Glanzstück und pulsierendes Herz der Stadt ist der neu gestaltete Hauptplatz.

Radroute Landsberg am Lech

In Landsberg am Lech hat der Radfahrer die Wahl, der Radroute durch die Dörfer im westlichen Stadtgebiet zu folgen, die weitgehend der Römerstraße entspricht, oder einen Abstecher in die Altstadt zu unternehmen. Der Abstecher quert zunächst den westlichen Teil der Stadt, der sich ab dem 19. Jh. entwickelt hat. Die Brücke, auf der der Radfahrer in den mittelalterlichen Teil der Stadt gelangt, befindet sich an der selben Stelle, wie die Brücke der Salzstraße. Auf der anderen Lechseite wartet der malerische Hauptplatz der Stadt, mit dem alten Rathaus oder dem Schmalzturm, durch den die Salzstraße in die Stadt führte. Zurück zur Radroute gelangt man anschließend über die Salzstraße, die schon im Mittelalter, die Stadt mit der mittelalterlichen Nachfolgestraße der Via Claudia Augusta verband.

Mehr Info zu einigem Sehenswerten in den Karten

- die Touristinfo Landsberg bietet Führungen.
- Hubert von Herkomer ließ den Mutterturm zum Gedenken an seine Mutter im Stil eines normannischen Burgfrieds bauen. Der renommierte Künstler lebte und arbeitete in England, hinterließ aber seiner ehemaligen Heimatstadt seine Gemälde und Graphiken. Sie sind im Herkomermuseum im Turm zu sehen, der auch ein extravagantes Beispiel des Wohn- und Arbeitsraumes eines Künstlers im 19 Jh. ist. ■ Vorderer Anger 274, Tel. 0049 8191 42 296, Öffnungszeiten: nach telefonischer Vereinbarung (außer SO).

- Ein Großteil des mittelalterlich geprägten Hauptplatzes der Stadt ist wie die meisten der schmucken Gassen der Altstadt Fußgängern vorbehalten. Der markante Turm ist der „Schöne Turm", auch Schmalzturm genannt. Vis-a-vis, im aufwendigst verzierten Haus, dem historischen Rathaus, befindet sich die Tourist-Info. Die Fassade trägt die Handschrift von Dominikus Zimmermann, dem Erbauer der Wieskirche, der auch Bürgermeister von Landsberg war.

- Das Historische Schuhmuseum zeigt Schuhe aus 8 Jahrhunderten und von vielen Prominenten. ■ Vorderer Anger 274, 0049 8191 42 296, öffnet nach telefonischer Vereinbarung (außer SO).

- Die barockisierte, dreischiffige Stadtpfarrkirche Maria Himmelfahrt mit stattlichem Vorplatz verdeutlicht die noch weit größere Bedeutung der Stadt in der Vergangenheit.

- Hinauf auf den Lechberg geht es schließlich vom Hauptplatz durch den Schmalzturm in die gepflasterte „Alte Bergstraße", die einst die Salzstraße war.

- Oben am Lechberg befindet sich das Stadtmuseum und das spätgotische Bayertor. ■ Von-Helfenstein-Gasse 426, Tel. 0049 8191 128 360, geöffnet April-Jan., Di – Fr 14 – 17 Uhr und Sa, So, Fei 11 – 17 Uhr.

Übernachtungs- und Camping-Möglichkeiten in den Karten und im Anhang

Fragen und Auskunft zum Teilabschnitt

■ Touristinfo Tourismusverband Ammersee-Lech, Hauptplatz 152, 0049 8191 128 247

■ Via Claudia Augusta Hotline, 0043 664 27 63 555

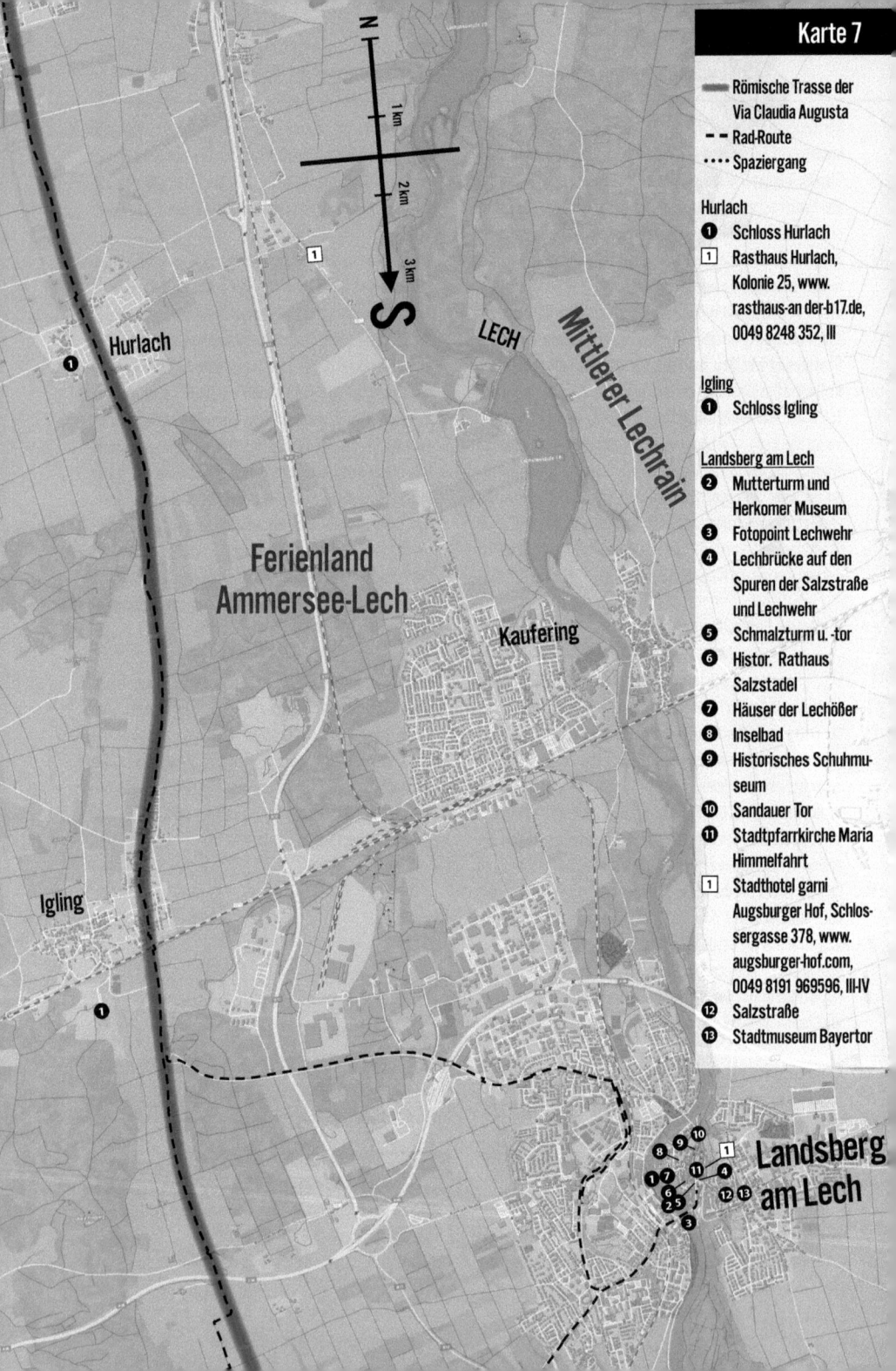

N

1 km
2 km
3 km

S

Römische Trasse der
Via Claudia Augusta
Rad-Route
Spaziergang

Hurlach
❶ Schloss Hurlach
1️⃣ Rasthaus Hurlach,
Kolonie 25, www.
rasthaus-an der-b17.de,
0049 8248 352, III

Igling
❶ Schloss Igling

Landsberg am Lech
❷ Mutterturm und
Herkomer Museum
❸ Fotopoint Lechwehr
❹ Lechbrücke auf den
Spuren der Salzstraße
und Lechwehr
❺ Schmalzturm u. -tor
❻ Histor. Rathaus
Salzstadel
❼ Häuser der Lechößer
❽ Inselbad
❾ Historisches Schuhmu-
seum
❿ Sandauer Tor
⓫ Stadtpfarrkirche Maria
Himmelfahrt
1️⃣ Stadthotel garni
Augsburger Hof, Schlos-
sergasse 378, www.
augsburger-hof.com,
0049 8191 969596, III-IV
⓬ Salzstraße
⓭ Stadtmuseum Bayertor

Hurlach

Mittlerer Lechrain

LECH

Ferienland
Ammersee-Lech

Kaufering

Igling

Landsberg
am Lech

Zwischen Landsberg und Schongau führt die Reiseroute durch das Fuchstal, nach Epfach, dem römischen Abodiacum, und dann am Lechhochufer nach Kinsau, Hohenfurch und in Schongaus Urpfarre Altenstadt. Fuchstal, so nennt sich das Tal des Wiesbaches zwischen Lechhochufer und einem bewaldeten Geländerücken im Westen, mit den Orten Unterdießen, Asch, Leeder und Denklingen. „Fuchs" wird auf die Form des Tales bzw. die bräunliche Färbung der Felder im Herbst zurückgeführt. Vor Hohenfurch, das schon zum Landkreis Weilheim-Schongau zählt, wird es erstmals nach dem Donau-Ries sanft hügelig. Die Orte in diesem Abschnitt sind besonders ursprünglich und beschaulich. Geschichtliches Highlight ist sicherlich der Standort des ehemaligen Römerkastells Abodiacum am Lorenzberg, auf einer Halbinsel in der Lechschleife bei Epfach.

Radroute von Landsberg nach Schongau

Nach Landsberg verlässt die Radroute die Trasse der Römerstraße, um durch die malerischen Dörfer des Fuchstals zu führen – Ober- und Unterdießen, Asch und Leder sowie Denklingen. Danach geht es zurück zur Römerstraße, die bis Kinsau dem malerischen Lechhochufer entlang führt. Am Lorenzberg mit der Lorenzkirche in Epfach befand sich einst ein Römerkastell, von dem man sich im kleinen Römermuseum einen Eindruck machen kann. Nach Kinsau führt die Route schließlich durch Hohenfurch und Schwabniederhofen nach Altenstadt, der Urpfarre von Schongau, auf den Spuren der Römerstraße.

Mehr Info zu einigem Sehenswerten in den Karten

- Über Unterdießen thront das 1589 errichtete Schloss.
- Das Malura-Museum zeigt Gemälde, Zeichnungen, Aquarelle und Collagen des Münchner Künstlers ■ 86944 Oberdießen, am Mühlweg 2, Tel. 0049 8243 3638.
- Asch verfügt über besonders viele alte Häuser und eine Kastanienallee. Die Pfarrkirche geht laut Grabungen auf eine Holzkirche aus dem 9. Jh. zurück.
- Die St. Michaelskirche, auf einer Anhöhe über Denklingen, weist im Inneren viele Parallelen zur bekannten Wieskirche auf. Bei Denklingen schwenkt die Route wieder zum Originalverlauf und führt nach Epfach, das auf einer Halbinsel in der Lechschleife liegt.

- Am Lorenzberg, wo heute die Lorenzkapelle thront, befand sich einst das römische Kastell Abodiacum. Das kleine Römermuseum in Epfach vermittelt einen Eindruck davon. Der Ort darf auch auf einen seiner Bürger besonders stolz sein. Claudius Paternus Clementianus war römischer Statthalter von Noricum. ■ Museum, Via Claudia 16, 86920 Epfach, 0049 8243 9601, Sommer wie Winter 9 – 17 Uhr frei zugänglich.
- Von Epfach bis Hohenfurch führt die Route am Lechhochufer. Unterwegs lockt ein Abstecher nach Kinsau, das in mehreren Geländestufen zum Lech abfällt.
- Hohenfurch liegt direkt an der B17, der Nachfolgestraße der Via Claudia Augusta, die die Reiseroute im Ortszentrum unterquert. Der Ort wird von der Schönach geprägt, der die Route Richtung Schwabniederhofen folgt.
- Altenstadt ist nicht nur die Vorgängersiedlung der Stadt Schongau, die später verlegt wurde. Auch die Römerstraße führte durch das Gemeindegebiet. Der stolze Ort widmete der Via Claudia Augusta einen eigenen Platz mit dem Nachbau eines Stückes Römerstraße. Ein Querschnitt zeigt ihren Aufbau aus verschiedenen Stein- und Schotterschichten. Im Ort befindet sich mit der romanischen Gewölbebasilika auch einer der schönsten Sakralbauten an der Via Claudia Augusta.

Regionale Küche wie vor 2000 Jahren

■ Gasthof Janser, Altenstadt, Burgstraße 2 , 0049 8861 22 17 26

Übernachtungs- und Camping-Möglichkeiten in den Karten und im Anhang

Fragen und Auskunft zum Teilabschnitt

■ bis Kinsau: Hotline Ammersee-Lech, 0049 8191 128 246
■ ab Hohenfurch: Hotline Pfaffenwinkel, 0049 8861 211 3200
■ Hotline Via Claudia Augusta, 0043 664 27 63 55

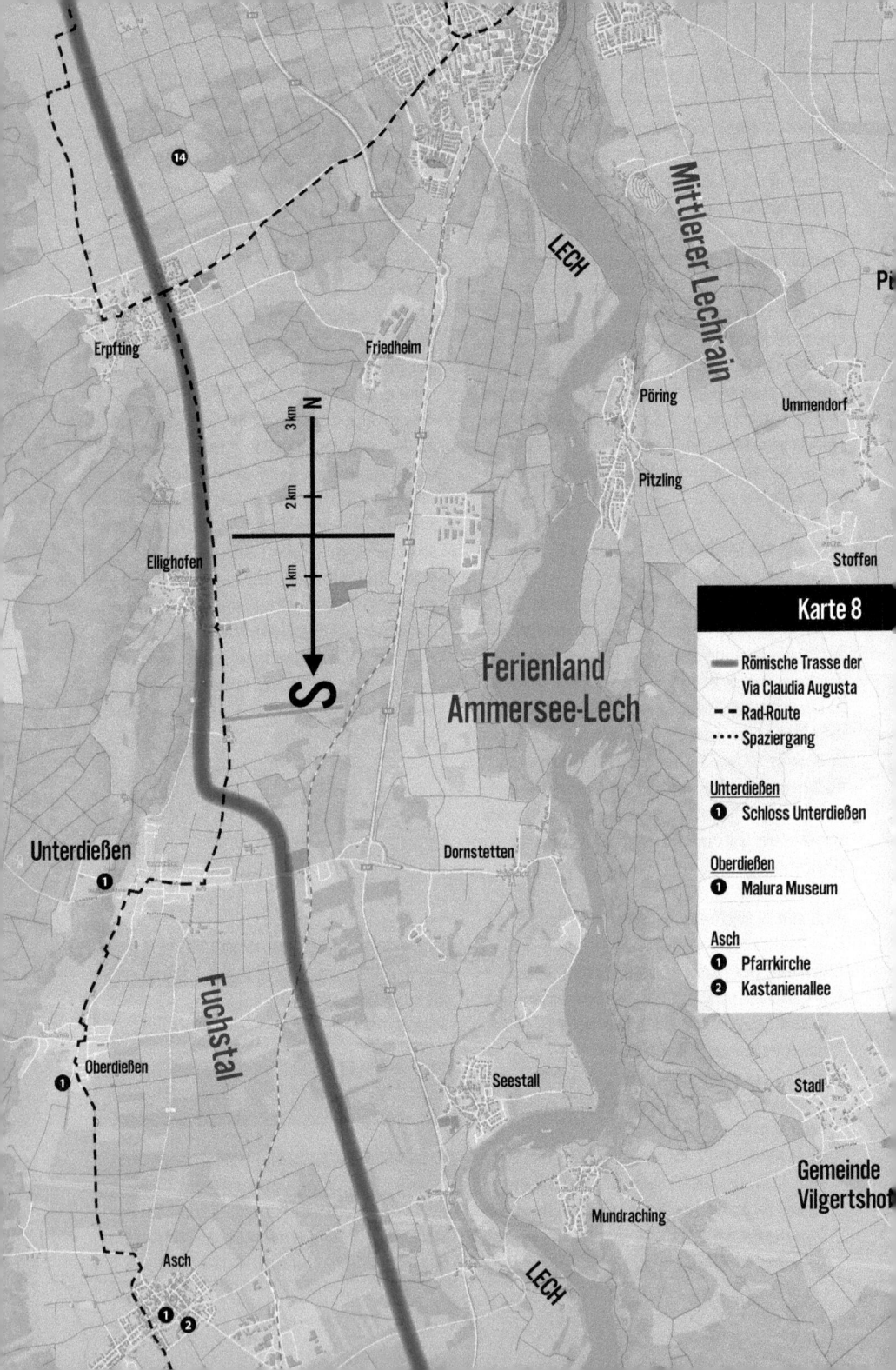

14

LECH

Mittlerer Lechrain

Pi

Erpfting

Friedheim

Pöring

Ummendorf

3 km

N

2 km

Pitzling

1 km

Ellighofen

Stoffen

S

Ferienland
Ammersee-Lech

Unterdießen

❶

Dornstetten

Fuchstal

Oberdießen

❶

Seestall

Stadl

Gemeinde
Vilgertshof

Mundraching

Asch

❶ ❷

LECH

Die romanische Gewölbebasilika von Altenstadt. Fotos (2): Tschaikner

Die Lorenzkapelle am Lorenzberg vor dem Lechsteilufer

Die Altstadt Schongaus am Lechumlaufberg

Gaukler Fotos (2): Touristinformation Schongau

Die Peitinger Villa Rustica

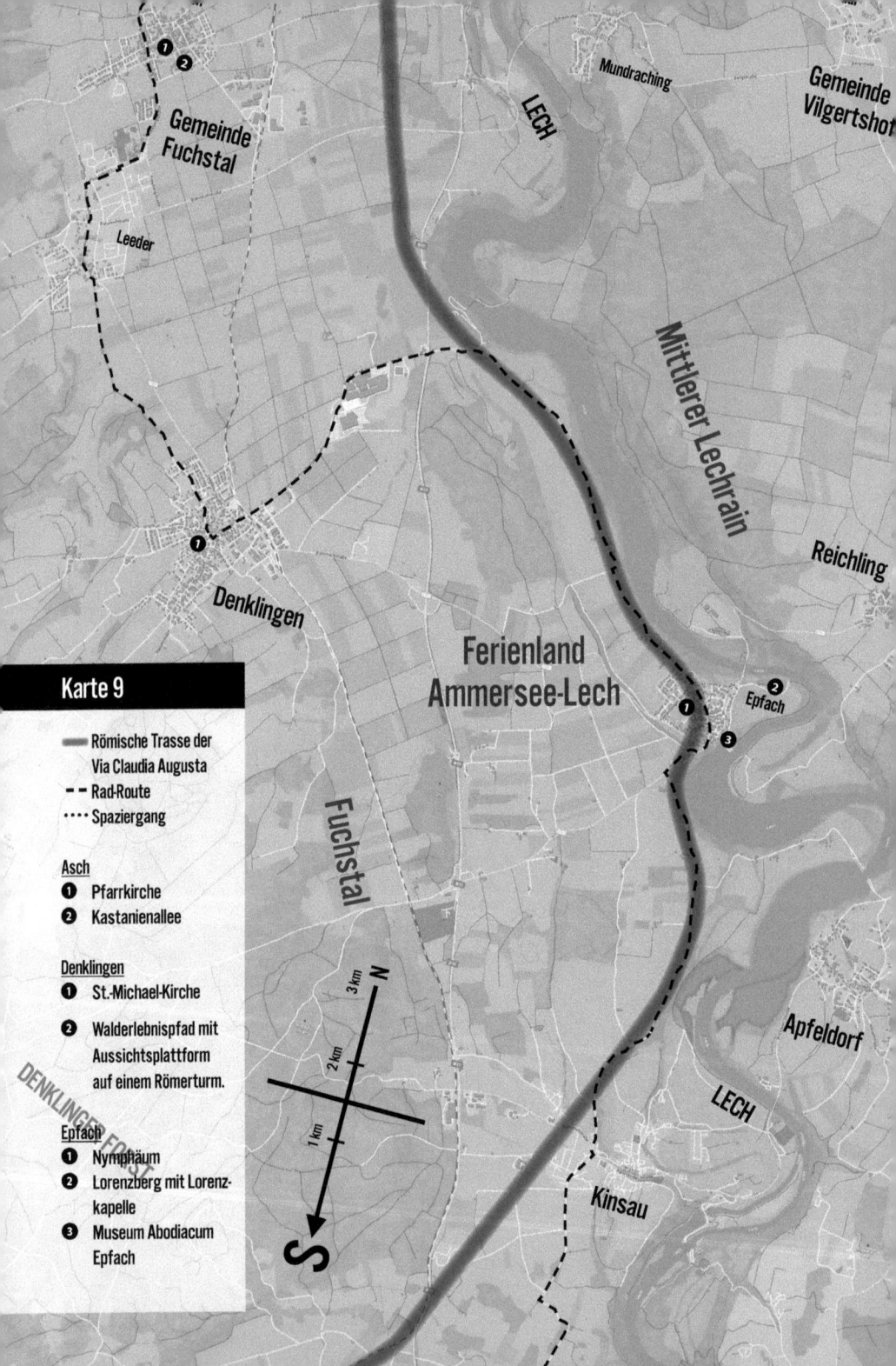

Mundraching

LECH

Gemeinde
Vilgertshof

Gemeinde
Fuchstal

Leeder

Mittlerer Lechrain

Reichling

Denklingen

Ferienland
Ammersee-Lech

Epfach

Karte 9

— Römische Trasse der
  Via Claudia Augusta
- - Rad-Route
... Spaziergang

Fuchstal

Asch
1 Pfarrkirche
2 Kastanienallee

Denklingen
1 St.-Michael-Kirche

2 Walderlebnispfad mit
  Aussichtsplattform
  auf einem Römerturm.

DENKLINGER FORST

Epfach
1 Nymphäum
2 Lorenzberg mit Lorenz-
  kapelle
3 Museum Abodiacum
  Epfach

Apfeldorf

LECH

N

3 km

2 km

1 km

S

Kinsau

Über Garmisch und den Brennerpass querte in der späteren Römerzeit eine weitere Römerstraße die Alpen. Sie wurde auch Via Claudia genannt, aber ohne „Augusta" (= kaiserlich). Im Mittelalter hießen die beiden weitergenutzen Straßen Oberer und Unterer Weg. An ihrer Kreuzung ließ sich in der Römerzeit und auch danach gut wirtschaften. Östlich des Lech, in Peiting, dokumentiert eine Villa Rustica die hochstehende römische Wohnkultur. Auch das im 13. Jh. von der Urpfarre Altenstadt auf die sicherere Anhöhe verlagerte Schongau, konnte sich an dem Straßenknoten prächtig entwickeln. 1331 erhielt die Stadt sogar das Münzrecht. Die Altstadt hat noch heute ihre komplette Stadtmauer und ist nur über eines der Tore zu erreichen. Auch die zahlreichen Sakralbauten im Umland erzählen vom Wohlstand. Die Region nennt sich Pfaffenwinkel. Schongau und Peiting sehen sich als Tor dazu. Der wohl bekannteste Sakralbau ist das Weltkulturerbe Wieskirche.

Radroute Schongau, Peiting

Kurz vor Altenstadt muss sich der Radfahrer entscheiden, ob er einen Abstecher in die mittelalterliche Altstadt von Schongau und zur Peitinger Villa Rustica unternimmt oder im Bereich der Trasse der Römerstraße durch Altenstadt radelt. Dort gibt es den Nachbau eines Stückes Römerstraße und die romanische Gewölbebasilika zu bestaunen. Anschließend geht es am Rad der Stadt Schongau entlang Richtung Burggen.

Mehr Info zu einigem Sehenswerten in den Karten

- In Schongaus Urpfarre Altenstadt mit der romanischen Gewölbebasilika gibt es ein Stück nachgebaute Römerstraße zu entdecken.
- Die Anhöhe, auf der die Altstadt von Schongau liegt, war vor Jahrtausenden ein vom Wasser umflossener „Lechumlaufberg".
- Besonders beeindruckend ist es, die Stadt in einer der angebotenen Stadtführungen zu erleben, darunter auch eine bei Dunkelheit und eine für Kinder.
- Eines der schönsten Tore ist das Maxtor, das auch als Hoftor zum kleinen Wittelsbacher-Schloss Schongau genutzt wurde. Es beherbergt heute das Landratsamt.
- Im barrierefreien Stadtmuseum in der ehemaligen Spitalskirche St. Eramus kann der Besucher in die Stadtgeschichte eintauchen. Ein Schwerpunkt ist den Münzen gewidmet.

Neben in Schongau geprägten Münzen zeigt das Museum auch Römische. ■ Christophstr. 55-57, 0049 8861 254–605. geöffnet Mi, Sa, So, Fei 14 – 17 Uhr.

- Das gotische Ballenhaus diente einst dem Warenumschlag an der Salzstraße. Seine Lage mitten am Platz zeugt von der Bedeutung der Handelsstraßen für Schongau.
- Ursprünglich führte die Straße über den Berg zwischen Schongau und Peiting. Der Name Peiting geht vermutlich auf das Geschlecht der Peutinger zurück, das sich wohl schon im 6. Jh. dort niederließ. Das Museum im Klösterle erzählt von der Geschichte und dem Leben in der Gegend. ■ Kapellenstraße 1, 0049 8861 6535, geöffnet jeden MI 14 – 17 Uhr, Gruppen auf Anmeldung.
- Die ersten Siedlungsspuren östlich des Lechs gehen sogar auf die 3. Jh. zurück. Von einem einst mehrere Hektar umfassenden römischen Landgut ist in einem Schutzbau das Badehaus zu erleben. Bei der Villa handelte es sich um ein in Deutschland seltenes Atriumhaus mit gehobenem Wohnstandard, das von der Mitte des 2. Jh. bis ins 4. Jh. bewohnt war. Außerdem wurde ein beschriftetes Bleitäfelchen gefunden, das als Liebeszauber gedeutet wird und die Fantasie der Besucher beflflflügelt. Rund um den Schutzbau wurde ein römischer Küchen- und Heilkräutergarten angelegt. ■ 0049 8861 6535, Besichtigung durch selbsterklärende Schautafeln jederzeit möglich, Führungen nach Vereinbarung.

Regionale Küche wie vor 2000 Jahren

■ Gasthof Zechenschenke, Peiting, Zechenstraße 2, 0049 8861 22 17 26

Übernachtungs- und Camping-Möglichkeiten in den Karten und im Anhang

Übernachtungs- und Camping-Möglichkeiten im Anhang

■ Hotline Pfaffenwinkel, Tel. 0049 8861 211 3200

■ Touristinfo Schongau, Münzstraße 1, 0049 8861 214 181

■ Touristinfo Peiting, Ammergauer Straße 2, 0049 8861 6535

■ Hotline Via Claudia Augusta, 0043 664 27 63 555

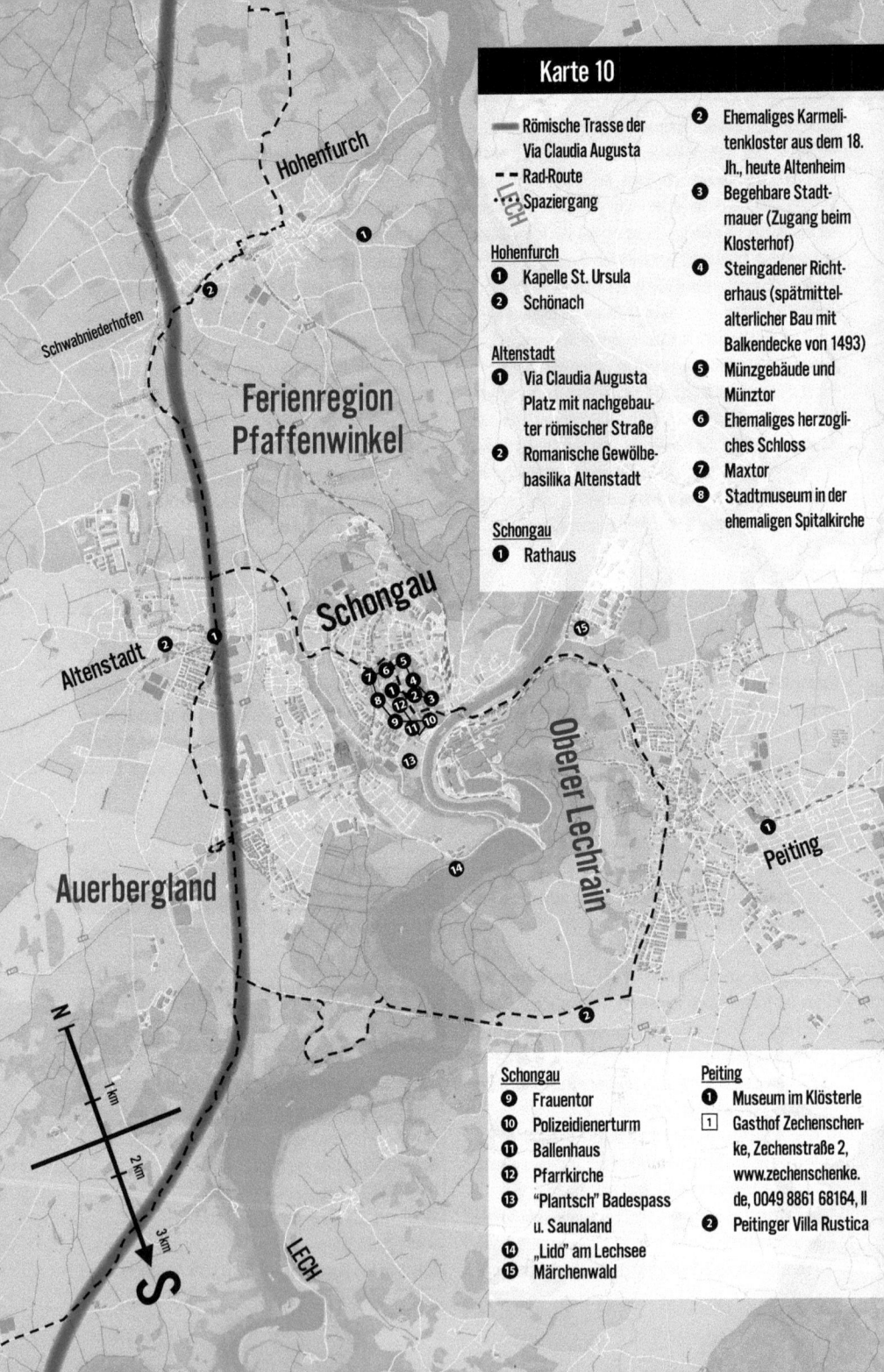

Römische Trasse der Via Claudia Augusta

Rad-Route

Spaziergang

Hohenfurch
1 Kapelle St. Ursula
2 Schönach

Altenstadt
1 Via Claudia Augusta Platz mit nachgebauter römischer Straße
2 Romanische Gewölbebasilika Altenstadt

Schongau
1 Rathaus

2 Ehemaliges Karmelitenkloster aus dem 18. Jh., heute Altenheim
3 Begehbare Stadtmauer (Zugang beim Klosterhof)
4 Steingadener Richterhaus (spätmittelalterlicher Bau mit Balkendecke von 1493)
5 Münzgebäude und Münztor
6 Ehemaliges herzogliches Schloss
7 Maxtor
8 Stadtmuseum in der ehemaligen Spitalkirche

Schongau
9 Frauentor
10 Polizeidienerturm
11 Ballenhaus
12 Pfarrkirche
13 "Plantsch" Badespass u. Saunaland
14 „Lido" am Lechsee
15 Märchenwald

Peiting
1 Museum im Klösterle
1 Gasthof Zechenschenke, Zechenstraße 2, www.zechenschenke.de, 0049 8861 68164, II
2 Peitinger Villa Rustica

Hohenfurch

LECH

Schwabniederhofen

Ferienregion Pfaffenwinkel

Schongau

Altenstadt

Oberer Lechrain

Peiting

Auerbergland

N

1 km

2 km

3 km

S

LECH

Von den Gemeinden im Hügelland, rund um den Auerberg, ging die Initiative zur Wiederbelebung der Via Claudia Augusta über ihre ganze Länge aus. Im Auerbergland ist die Römerstraße auch an besonders vielen Stellen zu erkennen und die Gemeinden und ihre Bürger haben sich einiges einfallen lassen, die Augen dafür zu öffnen. Mit dem Jahrtausende alten Siedlungsort am Auerberg, dem Flößerdorf Lechbruck am See, dem bayerischen Via Claudia Augusta Infozentrum oder der Forggensee-Schifffahrt auf den Spuren der Römerstraße gibt es auch einige geschichtliche Highlights. Landschaftlich besticht die Region mit ihren saftig grünen Hügeln mit sattgrünen Wäldern und zahlreichen Seen vor der Alpenkulisse. Dazwischen liegen malerische Ferienorte, die ihren dörflichen Charakter erhalten haben. Die Römerstraße führt im Auerbergland weitgehend dem Lech entlang und teilweise sogar durch den Lech, wo dieser zum Forggensee aufgestaut wurde.

Radroute durch das Auerbergland

Vom Schongau führt die Radroute durch's Allgäuer Hügelland, in dem sich sattgrüne Wälder und saftige Wiesen abwechseln, mit zahlreichen Intermezzi von Seen und Weihern. Kaum ein Abschnitt hat so einen hohen Anteil an Originaltrasse aufzuweisen. Zunächst führt die Radroute nach Burggen mit dem der denkmalgeschützten St.-Anna-Straße mit ihren regionstypischen Bauernhäusern. Danach geht's ins Flößerdorf Lechbruck am See. Unterwegs lockt ein Abstecher auf den Auerberg und nach Bernbeuren mit dem Auerbergmuseum. Am Weg nach Rosshaupten warten besonders viele Weiher, die Sameister-Kapelle, ein malerischer Rastplatz auf einem Hügel, mit einem oft fotografierten Nachbildung eines römischen Meileinsteines, sowie der Via Claudia Augusta Kunstpark.. Nicht auslassen sollte man auch das bayerische Dokumentationszentrum Via Claudia Augusta in Rosshaupten. Die Radroute führt ab dort dem Ufer des Forggensee-Stausees entlang, bis Rieden am Forggensee mit 'römischem Badestrand". Die Originalstrasse liegt am Seegrund begraben und tritt immer dann in Erscheinung, wenn der Wasserspiegel reduziert wird.

Mehr Info zu einigem Sehenswerten in den Karten

• Direkt am Weg nach Bernbeuren liegt das Naturidyll Haslacher See, an dem auch gebadet werden kann.

• Das Auerbergmuseum erzählt abwechslungsreich die Siedlungsgeschichte des Auerberges. ■ Mühlenstraße 9, 0049 8860 210, geöffnet Mitte April – Mitte Okt. Sa 15 – 17 und So, Feiertag 14 – 17 Uhr sowie nach telefonischer Vereinbarung. www.auerbergmuseum.de. Die strategisch günstige Anhöhe besiedelten schon die Kelten. In der Römerzeit befand sich dort zeitweilig eine Handwerkssiedlung, in der u. a. Teile für Katapulte produziert wurden. Auf dem Berg bietet die Plattform auf der Georgs-Kirche einen sagenhaften Rundumblick.

• Lechbruck hat seiner großen Tradition in der Flößerei ein Museum gewidmet. Von 15. Juni – 30. Sept. sind auf Anmeldung bei der Touristinfo Floßfahrten am Lech möglich. ■ Waidach 8, 0049 8862 98 78 30, geöffnet April – Sept., Do. 17:30 – 19 Uhr, So. 16 – 18 Uhr und auf Anmeldung, www.floesser-lechbruck.de

• Museum im Pfannerhaus in Rosshaupten, das auch bayerisches Via Claudia Augusta Infozentrum ist. ■ Hauptstraße 1, 0049 8367 364, in der Saison täglich von 9 – 18:00 frei zugänglich.

• Im Frühjahr, bei abgesenktem Wasserspiegel, können Interessierte auf der Römerstraße wandern, die am Grund des Stausees liegt. Während des übrigen Jahres verkehren die Forggenseeschiffe auf ihren Spuren. ■ Anlegestellen an der Route: Rosshaupten Kraftwerk, Rieden-Tiefental, Rieden-Dietringen, Füssen-Festspielhaus und Füssen, 0049 8362 921 363 oder 938 52, 3 x täglich.

Fragen und Auskunft zum Teilabschnitt

■ Bis Bernbeuren: Ferienregion Pfaffenwinkel, 0049 8861 211 3200

■ Touristinfo Bernbeuren, Markplatz 4, 0049 8860 910 10

■ Ab Lechbruck: Ferienregion Ostallgäu, 0049 8342 911 506

■ Lechbruck am See, Flößerstraße 1, 0049 8862 987 830

■ Touristinfo Lechbruck am See, Flößerstraße 1, 0049 8862 987 830

■ Touristinfo Rosshaupten, Hauptstraße 10, 0049 8367 364

■ Touristinfo Rieden am Forggensee, Lindenweg 4, 0049 8362 370 25

■ Hotline Via Claudia Augusta, 0043 664 27 63 555

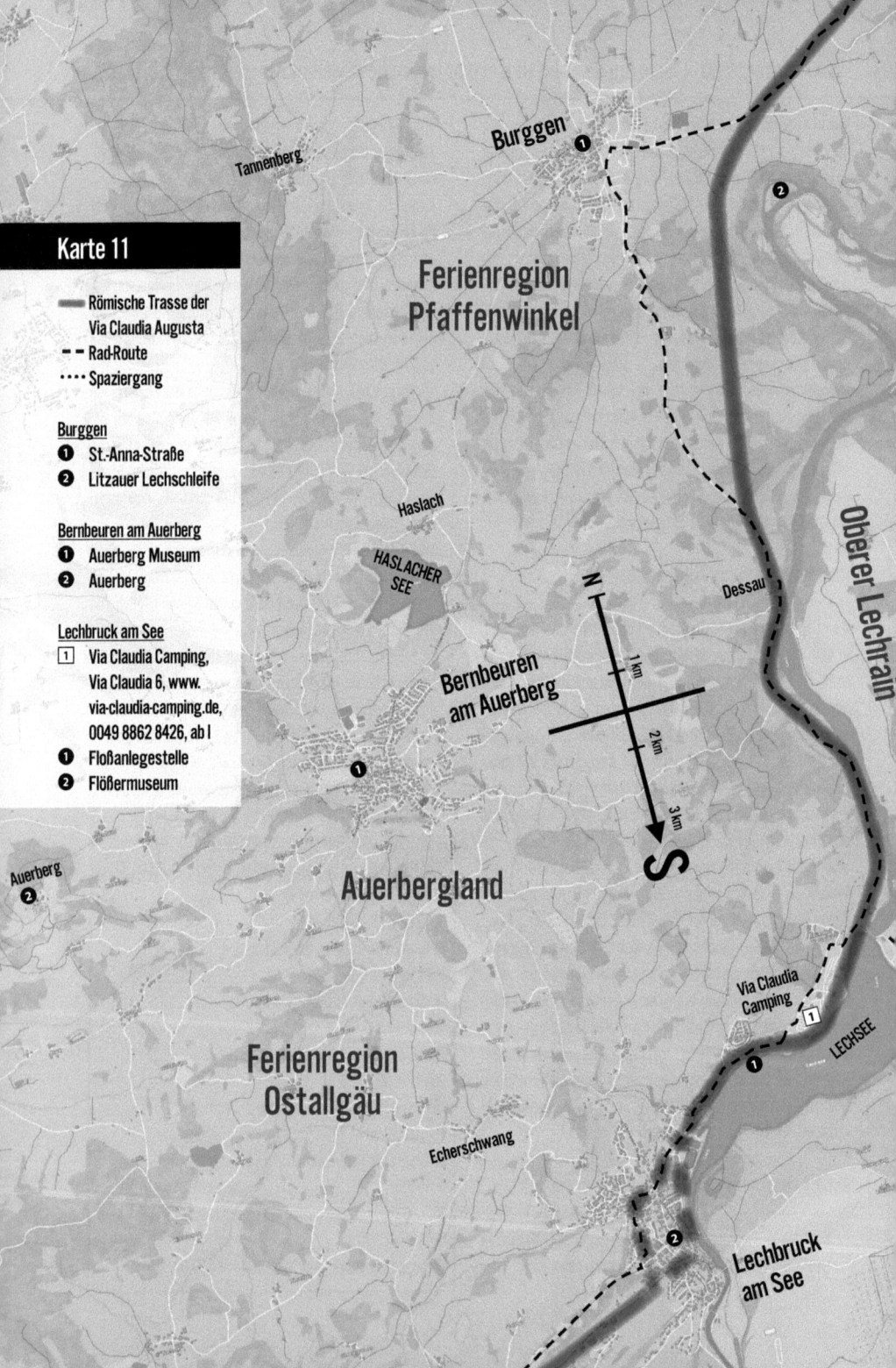

Karte 11

— Römische Trasse der
 Via Claudia Augusta
- - Rad-Route
···· Spaziergang

Burggen
❶ St.-Anna-Straße
❷ Litzauer Lechschleife

Bernbeuren am Auerberg
❶ Auerberg Museum
❷ Auerberg

Lechbruck am See
1 Via Claudia Camping,
 Via Claudia 6, www.
 via-claudia-camping.de,
 0049 8862 8426, ab I
❶ Floßanlegestelle
❷ Flößermuseum

Tannenberg

Burggen ❶

Ferienregion
Pfaffenwinkel

❷

Haslach

HASLACHER
SEE

Dessau

N

1 km

2 km

3 km

S

Bernbeuren
am Auerberg ❶

Oberer Lechrain

Auerberg
❷

Auerbergland

Ferienregion
Ostallgäu

Echerschwang

Via Claudia
Camping

1

LECHSEE

❶

❷

Lechbruck
am See

Bauernhaus der denkmalgeschützten St.-Anna-Straße. Foto: Bruno Faller

Haslacher See und Auerberg

Kirche St. Georg am Auerberg

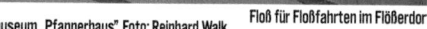

Dorfmuseum „Pfannerhaus". Foto: Reinhard Walk

Floß für Floßfahrten im Flößerdorf

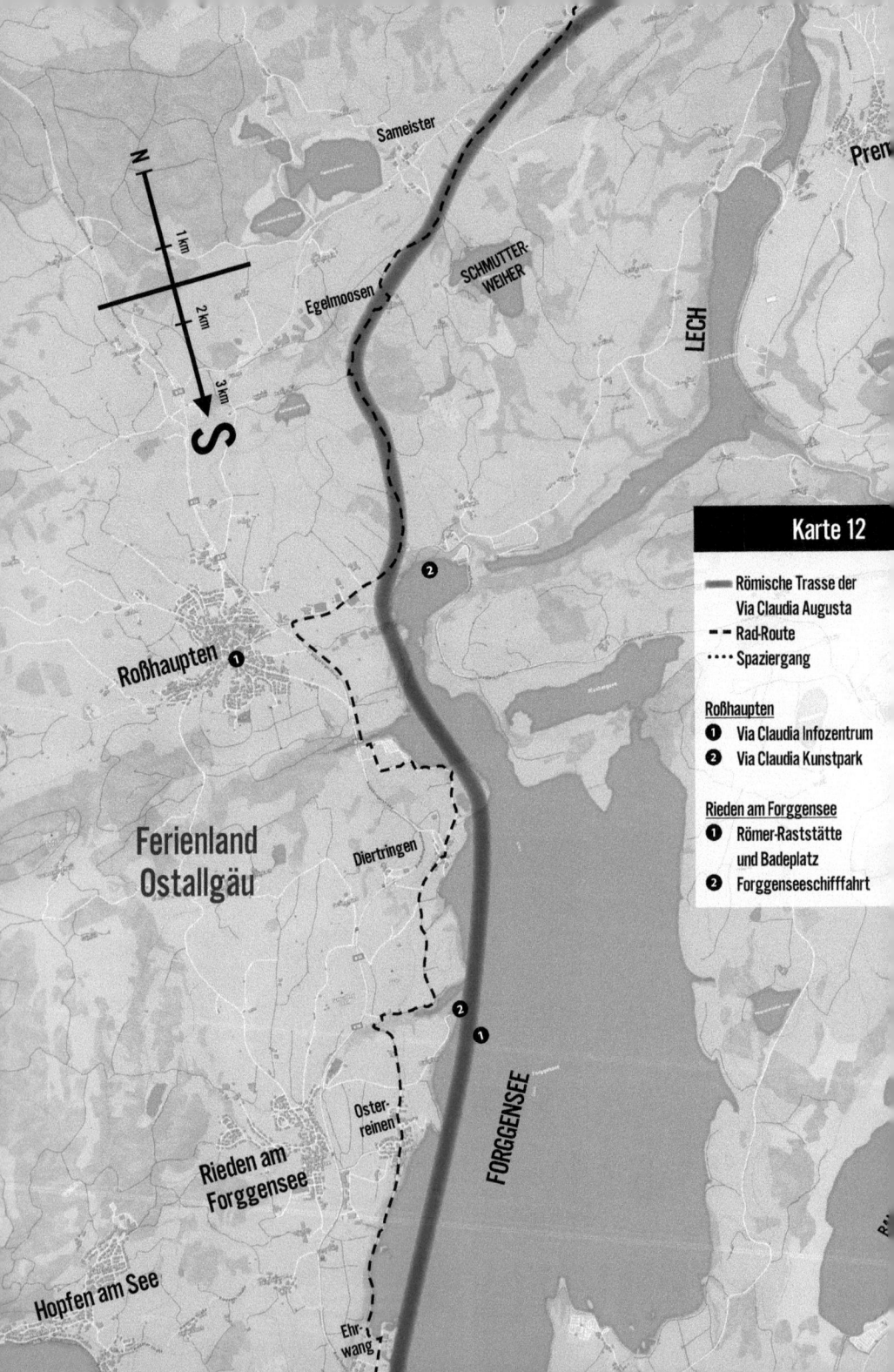

Sameister

SCHMUTTER-WEIHER

Pren

LECH

N

1 km

2 km

3 km

S

Egelmoosen

Karte 12

Römische Trasse der
Via Claudia Augusta

– – Rad-Route

···· Spaziergang

Roßhaupten
❶ Via Claudia Infozentrum
❷ Via Claudia Kunstpark

Rieden am Forggensee
❶ Römer-Raststätte
und Badeplatz
❷ Forggenseeschifffahrt

❷

Roßhaupten ❶

Ferienland
Ostallgäu

Diertringen

❷
❶

FORGGENSEE

Oster-
reinen

Rieden am
Forggensee

Hopfen am See

Ehr-
wang

Schon zur Römerzeit war das herrliche Stück Land, in dem der Lech aus den Alpen springt, besiedelt. Ein Römerkastell thronte am Schlossberg von Füssen, an dessen Fuß die Via Claudia Augusta vorbeiführte. Die heutige Flaniermeile Reichenstraße in der Altstadt liegt direkt auf der römischen Trasse. An der Talstation der Tegelbergbahn in Schwangau zeugen Überreste eines privaten Badehauses einer Villa Rustica von der hohen Wohnkultur römischer Zeit. Die Gründung der mittelalterlich geprägten Stadt Füssen mit ihrer großen Tradition im Geigenbau geht auf den heiligen Magnus zurück, der sich hier im 8. Jh. als Einsiedler niederließ. Am Ort seiner Zelle wurde im 9. Jh. ein Benediktinerkloster gegründet und nach ihm St. Mang benannt. Später entdeckten die Wittelsbacher, und insbesondere König Ludwig, die malerische Gegend vor den Alpen für ihre Königsschlösser. Sie stehen in Schwangau, wo der Gast in der Königlichen Kristalltherme – wie die Römer – der Wellness frönen kann.

Radroute Füssen (Abstecher Schwangau)

Die Radroute folgt zunächst weiter dem Ufer des Forggensees. Laufend gibt es herrliche Blicke auf Neuschwanstein und die Stadt. In Füssen wird der Radfahrer von "Ludwig's Festspielhaus" empfangen. Bis zur Touristinfo führt die Radroute dann weitgehend auf der Original-Trasse der Römerstraße. Ab dort kann man – weiter auf der Originaltrasse – schiebend die Altstadt queren. Die „Reichenstraße" ist heute Fußgängerzone. Oberhalb thront das hohe Schloss. Die eigentliche Radroute führt westseitig um das Stadtzentrum herum. An der Lechbrücke besteht die Möglichkeit zu einem Abstecher nach Schwangau und zu den Königsschlössern. Wer möchte, gelangt von dort auch direkt – auf dem teilweise geschotterten „Fürstenweg" – nach Pinswang in Tirol. Von der Radbrücke in Füssen führt die Radroute entlang des Lechs weiter, und anschließend entlang der malerischen Landstraße nach Tirol.

Mehr Info zu einigem Sehenswerten in den Karten

- Die malerische Heilig-Geist-Spitalkirche glänzt mit einer sehenswerten Rokkokofassade.
- Direkt am Flussufer befindet sich das Benediktinerkloster Sankt Mang, um das die Stadt wuchs. Das gegenüberliegende Lechufer bietet den sogenannten „Magnusblick"

auf das Kloster und die Altstadt, einer der schönsten Aussichten auf Füssen.

- Im Museum der Stadt Füssen und kann die Stadtgeschichte und die Tradition im Lauten- und Geigenbau entdecken.
■ Museum der Stadt Füssen, Lechhalde 3, 0049 8362 903 143, geöffnet April – Okt. Di – So 11 – 17 Uhr, Nov. – März Fr – So 13 – 16 Uhr.

- Nördlich des Klosters führt vom Magnusplatz mit der barocken Kirche St. Mang ein Sträßchen hinauf zum hohen Schloss, der frühere Sommerresidenz der Fürstbischöfe von Augsburg. Sie ist eine der besterhaltenen Burganlagen Bayerns. An der Innenhoffassade sind spätgotische Illusionsmalereien zu bewundern. Innen beeindruckt neben der Filialgalerie der Bayerischen Staatsgemäldesammlungen und städtischen Galerie vor allem die gotische Decke des Rittersaals. ■ Galerien im Hohen Schloss, Magnusplatz 10, 0049 8362 940 162, geöffnet April – Okt. Di – So 11 – 17 Uhr, Nov. – März Fr – So 13 – 16 Uhr.

- Beim Bau der Tegelbergbahn wurden die Reste des Badehauses eines römischen Landhauses entdeckt, das über ein ausgeklügeltes Feuerungssystem beheizt wurde. In einem Schutzbau wird römische Badekultur begreifbar. ■ 0049 (0)8362 8198-0, geöffnet täglich 9 – 17 Uhr, Führung auf Anfrage.

- Über Schwangau thronen die Königsschlöser Neuschwanstein und Hohenschwangau. ■ Ticket Center 00498362 930830. www.ticket-center-hohenschwangau. de

- Die Geschichte der Wittelsbacher ist im Museum der Bayerischen Könige zu erleben. ■■ 00498362 930 830

Regionale Küche wie vor 2000 Jahren

■ Hotel Restaurant Hirsch, Füssen, Kaiser-Maximilian-Platz 7, 0049 8362 93 980
■ Ruchti's Hotel & Restaurant, Füssen / Bad Faulen-

Fragen und Auskunft zum Teilabschnitt

■ Touristinfo Füssen Tourimus und Marketing, Kaiser-Maximilian-Platz 1, 0049 8362 93 850
■ Touristinfo Schwangau, Münchener Straße 2, 0049 8362 81 980
■ Hotline Via Claudia Augusta , 0043 664 27 63 555

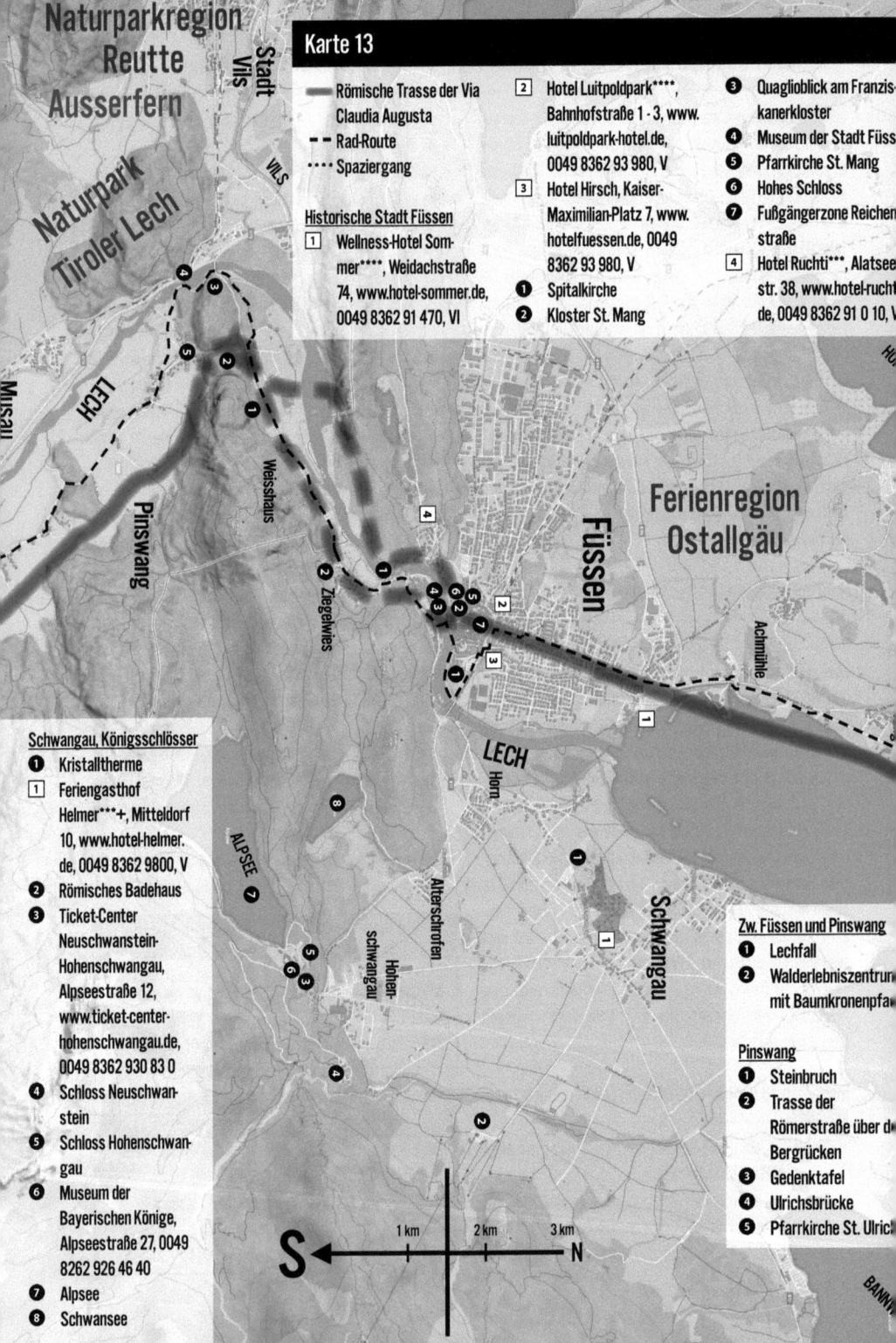

Karte 13

Legende:
- ▬▬ Römische Trasse der Via Claudia Augusta
- ‑ ‑ Rad-Route
- ···· Spaziergang

Historische Stadt Füssen
1 Wellness-Hotel Sommer****, Weidachstraße 74, www.hotel-sommer.de, 0049 8362 91 470, VI

2 Hotel Luitpoldpark****, Bahnhofstraße 1 - 3, www.luitpoldpark-hotel.de, 0049 8362 93 980, V

3 Hotel Hirsch, Kaiser-Maximilian-Platz 7, www.hotelfuessen.de, 0049 8362 93 980, V

❶ Spitalkirche
❷ Kloster St. Mang
❸ Quaglioblick am Franziskanerkloster
❹ Museum der Stadt Füss
❺ Pfarrkirche St. Mang
❻ Hohes Schloss
❼ Fußgängerzone Reichenstraße

4 Hotel Ruchti***, Alatseestr. 38, www.hotel-ruchti.de, 0049 8362 91 0 10, V

Schwangau, Königsschlösser
❶ Kristalltherme
1 Feriengasthof Helmer***+, Mitteldorf 10, www.hotel-helmer.de, 0049 8362 9800, V
❷ Römisches Badehaus
❸ Ticket-Center Neuschwanstein-Hohenschwangau, Alpseestraße 12, www.ticket-center-hohenschwangau.de, 0049 8362 930 83 0
❹ Schloss Neuschwanstein
❺ Schloss Hohenschwangau
❻ Museum der Bayerischen Könige, Alpseestraße 27, 0049 8262 926 46 40
❼ Alpsee
❽ Schwansee

Zw. Füssen und Pinswang
❶ Lechfall
❷ Walderlebniszentrum mit Baumkronenpfa

Pinswang
❶ Steinbruch
❷ Trasse der Römerstraße über d Bergrücken
❸ Gedenktafel
❹ Ulrichsbrücke
❺ Pfarrkirche St. Ulric

Map labels: Naturparkregion Reutte Ausserfern, Naturpark Tiroler Lech, Stadt Vils, VILS, Musau, LECH, Pinswang, Weisshaus, Ziegelwies, Füssen, Ferienregion Ostallgäu, Achmühle, LECH, Horn, ALPSEE, Alterschrofen, Hohenschwangau, Schwangau, BANN

S ◄━━━━━━━━━━━━ N
1 km 2 km 3 km

Füssen mit dem Hohen Schloss. Foto: Füssen Tourismus und Marketing / www.guenterstandl.de

Reichenstraße auf den Spuren der Römerstraße

Kloster St. Mang. Reichenstraße. Fotos: Tschaikner

Kristalltherme

Reste eines römischen Badehauses in Schwangau. Foto: Peter Schäffer

Die ersten Bergkämme bilden an der deutsch-österreichischen Grenze ein Tor, durch das die Via Claudia Augusta in die Alpen und in die Naturparkregion Reutte in Tirol führt. Dort beginnt jener Teil des Lech, der als einziger in den Nordalpen auf weiten Strecken ursprünglich bleiben durfte. Ausgedehnte Schotterbänke und mitunter das ganze Tal umfassende Aulandschaften dominieren das Reich des letzten Wilden, wie der Fluss in der ihm gewidmeten Naturpark-Ausstellung genannt wird. Der Lech bestimmt auch seit jeher, wo Siedlungen entstehen und Straßen verlaufen konnten. Weil immer wieder Teile des Tales komplett überflutet waren, führte die römische Trasse der Via Claudia Augusta schon von Füssen bis ins Reuttener Becken über 2 Anhöhen – über den Bergrücken zwischen Stiglberg und Kratzer und über den Kniepass.

Radroute von Füssen ins Reuttener Becken

Von der Füssener Altstadt geht's über den Lech. Von der Südseite hat man einen herrlichen Blick zurück nach Füssen. Nach Österreich führt die Radroute parallel zum Lech und der malerischen alten Landstraße, die teilweise eine Allee ist. Danach entfernt sie sich ein wenig vom Fluss und durchquert die malerischen Dörfer Unter- und Oberpinswang, bevor es – wie zur Römerzeit – über den Kniepass nach Pflach geht. Am Rand der Lechauen führt die Radroute schließlich über Wiesen in den Bezirkshauptort Reutte.

Ergänzende Infos zu einigen Sehenswürdigkeiten

• Südlich von Füssen springt der Lech tosend aus den Alpen. Ab dort ist der Lech floßbar. Wenig später macht das grenzüberschreitende Erlebniszentrum den Lebensraum Wald, zwischen dem Wildfluss und den Steilhängen des Allgäuer Bergwaldes, in seiner ursprünglichen Form erlebbar. Besonderes Highlight ist der 480 m lange und 21 hohe Baumkronenweg. ■ Tiroler Str. 10, Füssen, 0049 8362 93875–50, geöffnet 1. Mai – 31. Okt. tägl. 10 – 17 Uhr, 1. Nov. – 30. April Di – Do 10 – 16 und Fr 10 – 13 Uhr, zwei Erlebnispfade sind jederzeit begehbar. www.walderlebniszentrum.eu
• Bei Weißhaus erblickt der Aufmerksame einen Steinbruch, in dem schon in der Römerzeit gelber Marmor abgebaut wurde. Ein in Kempten ausgestellter Sarkophag, wurde z.B. aus diesem Marmor gefertigt.
• Vom 18 m hohen Holzturm an den Lechauen hat man einen tollen Blick von oben auf die interessanten Lebensräume. Am Turm beginnt auch ein Vogelerlebnispfad rund um ein Stillwasser. Im Auwald und am nahen Lechufer sind Fauna und Flora hautnah zu erleben.
• Der letzte Wildfluss im nördlichen Alpenraum darf noch aus eigener Kraft seinen Lauf gestalten. In seinem breiten Flussbett inszeniert er sich immer wieder von Neuem. Flussarme verzweigen sich und vereinen sich. Steine aus seinen Seitentälern lagert der Fluss laufend zu mächtigen Kies- und Schotterbänken um. Flussauen sind die „Dschungel" von Mitteleuropa. 1116 oder ein Drittel aller in Tirol heimischen Pflanzen wachsen im Naturpark. Die neue Naturausstellung „Der letzte Wilde" in der Burgenwelt Ehrenberg macht den Naturpark und seine Besonderheiten in neun Themeninseln mit allen Sinnen erlebbar. ■ Klause 1, 0043 5672 62007 geöffnet tägl. von 10 – 17 Uhr. Ab Mitte Nov. bis einschließlich 25. 12. geschlossen.

Geschichte(n)

Die mittelalterliche bzw. neuzeitliche Nachfolgestraße der Via Claudia Augusta ist als „Salzstraße" bekannt. Im Unterschied zum ersten europäischen Binnenmarkt in der Römerzeit, ohne Maut und Zölle, galt an der Salzstraße das sehr protektionistische Rodfuhrwesen. Lokale Fuhrunternehmer hatten für gewissen Waren das exklusive Transportrecht auf kurzen Strecken zwischen den Niederlage-Orten, wo die Ware umgeladen werden musste. Adelige oder Kaufleute, die die Straßen wieder in Schuss brachten verlangten Maut. Die Fürsten kassierten Zölle.

Regionale Küche wie vor 2000 Jahren

■ Gasthof Guthof Zum Schluxen
6600 Unterpinswang 23, 0043 5677 8903

Übernachtungs- und Camping-Möglichkeiten im Anhang und in den Karten

Fragen und Auskunft zum Teilabschnitt

■ Hotline Via Claudia Augusta , 0043 664 27 63 555
■ Touristinfo Naturparkregion Reutte, Untermarkt 34, 6600 Reutte, 0043 5672 62 336
■ Via Claudia Augusta Info, 0043 664 27 63 555

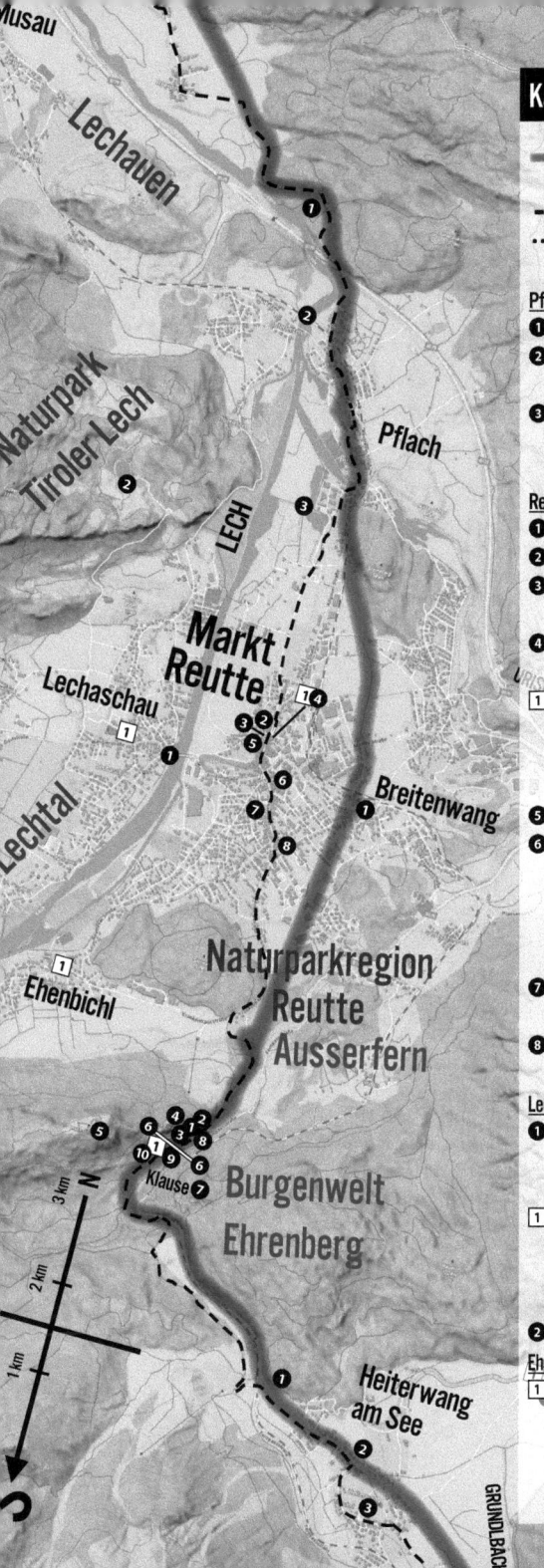

Karte 14

━━━ Römische Trasse der Via Claudia Augusta
- - - Rad-Route
· · · · Spaziergang

Pflach
1. Kniepass
2. Denkmalgeschützte Bahnbrücke
3. Vogelbeobachtungsturm

Reutte, Breitenwang
1. Dekanatspfarrkirche
2. Salzstadl
3. Heimatmuseum „Grünes Haus"
4. Historischer Gasthof „Zum Mohren"
[1] Gasthof Hotel Zum Mohren****, Untermarkt 26, www.hotel-mohren.at, 0043 5672 62 345, V
5. Zeilerhaus
6. Bezirkshauptmannschaft im ehemaligen Kornhaus und Gemeindeamt im historischen Gasthof
7. Via-Claudia-Augusta-Brunnen
8. Alte Gasthöfe

Lechaschau
1. Brücke, wo einst die Salzstraße über den Lech führte
[1] Hotel Romantik Krone, Wängler Str. 6, www.romantik-krone.at, 0043 5672 62 354, IV-V
2. Frauensee

Ehenbichl am Fuße Ehrenbergs
[1] Wander-Hotel Maximilian, Reuttenerstr. 1, www.hotelmaximilian.at, 0043 5672 62 585, V

Ehrenberg
1. Besucherzentrum der „Burgenwelt Ehrenberg" Klause 1, www.ehrenberg.at, 0043 5672 62007
2. „Ehrenberger Klause" mit Erlebnis-Museum „Dem Ritter auf der Spur"
3. Naturausstellung „Der letzte Wilde" des Naturparks Tiroler Lech
4. „Burgruine Ehrenberg"
5. Barocke Schaufestung „Schlosskopf" mit Ausblick auf das Lechtal
6. „highline179" eine der längsten Fußgänger-Hängebrücken der Welt
7. „Fort Claudia"
8. mittelalterlicher Festsaal „Ehrenberg Arena"
[1] Hotel-Gasthof Klause der Burgenwelt Ehrenberg, Klause 2-5, www.ehrenberg.at, 0043 5672 62213, II-V
9. Restaurant im verlagerten „Salzstadel" von Lermoos
10. Alte Kaserne

Heiterwang am See
1. Beginn neue Ortsumfahrung Heiterwang
2. Alte Bundesstraße auf den Spuren der Römer
3. Spätmittelalterliche Ortsdurchfahrt

Burgruine Ehrenberrg

Baumkronenpfad im Walderlebniszentrum Füssen

Dekanatspfarrkirche Breitenwang

Lechfall südlich von Füssen

Heimatmuseum im Grünen Haus in Reutte

Erlebnisausstellung „Dem Ritter auf der Spur

ehemalige Gasthöfe an der Straße

Lechauen, vom Vogelbeobachtungsturm in Pflach aus gesehen

Die römische Trasse der Via Claudia Augusta verlief durch das heutige Gemeindegebiet von Breitenwang, wo sich vermutlich eine Straßenstation befand – unmittelbar bevor die Römerstraße nach Ehrenberg anstieg. Reutte blühte mit der Nachfolgestraße der Via Claudia Augusta auf – der Salzstraße von Hall in Tirol über den Fernpass in den Bodenseeraum. 1464 wurde die erste Brücke zwischen Lechaschau und Reutte gebaut und die Straße von Breitenwang nach Reutte verlegt. 1489 wurde die Gemeinde zum Markt und entwickelte sich zum Bezirkszentrum des Tiroler Ausserfern. Zahlreiche Gebäude zeugen von dieser Zeit. Charakteristisch für Reutte sind die Architekturmalereien an den Fassaden, von denen viele von der Künstlerfamilie Zeiler stammen. Südlich von Reutte thront das Burgenensemble Ehrenberg, dessen vier Festungsanlagen einst eine Talsperre gegen Bayern bildeten. Es gab sogar Vorfestungen zwischen Pflach und Pinswang bzw. Musau, wo einst die Grenze verlief. Vils war übrigens eine bayerische Stadt mit Stadtmauer.

Radroute durch Reutte und nach Ehrenberg

Die Radroute mündet von den lechnahen Feldern ins Zentrum der Marktgemeinde und führt zunächst durch den verkehrsberuhigten Untermarkt. Beim Kreisverkehr beginnt der Obermarkt und man radelt jetzt auf der Salzstraße. Achtung, versäumen Sie die Abzweigungen nicht, die erst Richtung Spital und etwas später nach Ehrenberg hinauf führen. Zur Burgenwelt Ehrenberg hinauf steigt die Radroute auf einem Schotterweg, der der etwas steileren Salzstraße folgt. Die stetig ansteigende Römerstraße gibt es leider nur mehr in Teilen zu entdecken.

Ergänzend zum Sehenswertem in den Karten

• Breitenwang ist vermutlich die älteste Gemeinde des Außerfern und noch heute das geistliche Zentrum. Dass die Dekanats-Pfarrkirche früher Petrus geweiht war, deutet auf spätrömische Wurzeln hin. Es wird auch vermutet, dass sich die römische Straßenstation im Bereich der Kirche befand. In der Totenkapelle der nunmehr den Hl. Petrus und Paulus geweihten Pfarrkirche befindet sich ein berühmter stuckierter Totentanz von Thomas Seitz. ■ Geöffnet täglich 8 – 17 Uhr.
• Das von der Salzstraße geprägte Reutte beginnt am Un-

termarkt – mit dem Salzstadel und dem typisch bemalten Museum im Grünen Haus auf der rechten Seite des Gässchens. Alte Gasthöfe, Bürger- und Handwerkerhäuser säumen auch den anschließenden Obermarkt. Das Haus, in dem heute die Bezirkshauptmannschaft sitzt, ist das ehemalige Kornhaus. ■ Museum im Grünen Haus, 6600 Reutte, Untermarkt 25, 0043 5672 72 304. geöffnet Di – Sa 13 – 17:00 Uhr und nach Vereinbarung, www.museum-reutte.at
• Die vier Festungsteile Schlosskopf, Burgruine Ehrenberg, Ehrenberger Klause und Fort Claudia dokumentieren insgesamt vier Jahrhunderte Festungsbaugeschichte und bildeten einst gemeinsam eine durchgängige Talsperre. Heute machen sie Leben und Kultur im Mittelalter hautnah begreifbar und erlebbar. In der Ausstellung „Dem Ritter auf der Spur" in der Klause reist der Besucher durch die Zeiten. Am höchsten Punkt, dem „Schlosskopf" warten eine barocke Schaubaustelle. Auf einer der längsten Hängebrücke der Welt der „Highline 179" gelangt man zum Fort Claudia. Am Areal befindet sich auch die Naturausstellung „Der letzte Wilde". Jeweils am letzten Wochenende im Juli lädt Ehrenberg, gemeinsam mit mehreren 100 Schaustellern, zur Zeitreise von den Kelten, über die Römer bis ins Mittelalter. ■ 0043 5672 620 07, geöffnet täglich 10 – 17 Uhr. www. ehrenberg.at.

Regionale Küche wie vor 2000 Jahren

■ Hotel Gasthof Mohren, Reutte, Untermarkt 26, 0043 5672 62345.

■ Hotel-Restaurant Maximilian, Ehenbichl bei Reutte, 0043 5672 62 885.

■ Landgasthof Klause, Burgenwelt Ehrenberg, 0043 5672 62 213.

Übernachtungs- und Camping-Möglichkeiten im Anhang und in den Karten

Fragen und Auskunft zum Teilabschnitt

■ Touristinfo Naturparkregion Reutte, Untermarkt 34, 0043 5672 62 336

■ Hotline Via Claudia Augusta, 0043 664 27 63 555

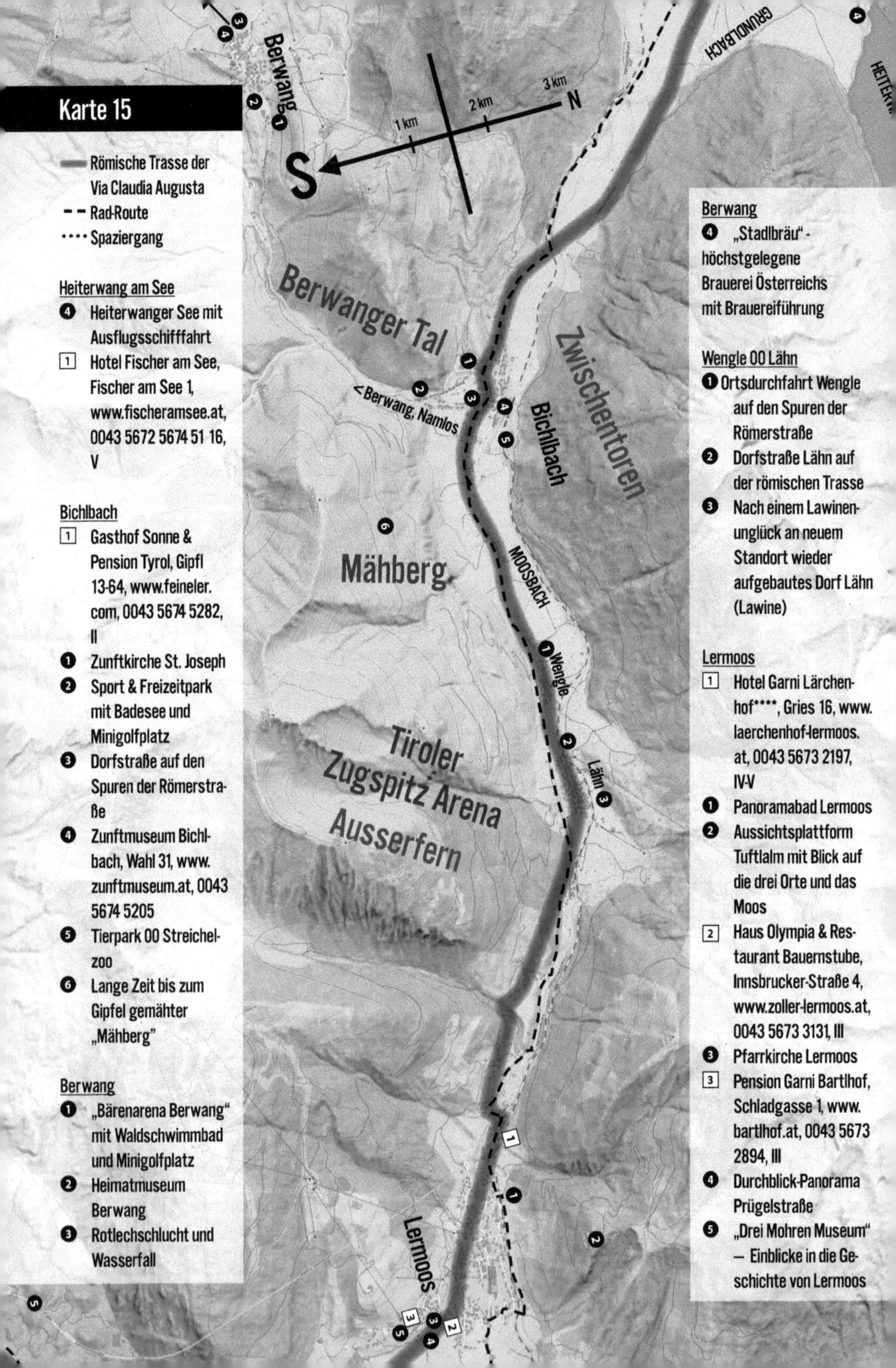

Karte 15

— Römische Trasse der Via Claudia Augusta
- - Rad-Route
···· Spaziergang

Heiterwang am See
- ④ Heiterwanger See mit Ausflugsschifffahrt
- ① Hotel Fischer am See, Fischer am See 1, www.fischeramsee.at, 0043 5672 5674 51 16, V

Bichlbach
- ① Gasthof Sonne & Pension Tyrol, Gipfl 13-64, www.feineler.com, 0043 5674 5282, II
- ① Zunftkirche St. Joseph
- ② Sport & Freizeitpark mit Badesee und Minigolfplatz
- ③ Dorfstraße auf den Spuren der Römerstraße
- ④ Zunftmuseum Bichlbach, Wahl 31, www.zunftmuseum.at, 0043 5674 5205
- ⑤ Tierpark 00 Streichelzoo
- ⑥ Lange Zeit bis zum Gipfel gemähter „Mähberg"

Berwang
- ① „Bärenarena Berwang" mit Waldschwimmbad und Minigolfplatz
- ② Heimatmuseum Berwang
- ③ Rotlechschlucht und Wasserfall

Berwang
- ④ „Stadlbräu" - höchstgelegene Brauerei Österreichs mit Brauereiführung

Wengle 00 Lähn
- ① Ortsdurchfahrt Wengle auf den Spuren der Römerstraße
- ② Dorfstraße Lähn auf der römischen Trasse
- ③ Nach einem Lawinenunglück an neuem Standort wieder aufgebautes Dorf Lähn (Lawine)

Lermoos
- ① Hotel Garni Lärchenhof****, Gries 16, www.laerchenhof-lermoos.at, 0043 5673 2197, IV-V
- ① Panoramabad Lermoos
- ② Aussichtsplattform Tuftlalm mit Blick auf die drei Orte und das Moos
- ② Haus Olympia & Restaurant Bauernstube, Innsbrucker-Straße 4, www.zoller-lermoos.at, 0043 5673 3131, III
- ③ Pfarrkirche Lermoos
- ③ Pension Garni Bartlhof, Schladgasse 1, www.bartlhof.at, 0043 5673 2894, III
- ④ Durchblick-Panorama Prügelstraße
- ⑤ „Drei Mohren Museum" — Einblicke in die Geschichte von Lermoos

Berwang

Berwanger Tal

< Berwang, Namlos

Bichlbach

Zwischentoren

Mähberg

MOOSBACH

Wengle

Lähn

Tiroler Zugspitz Arena Ausserfern

Lermoos

GRUNDLBACH

HEITERW

1 km 2 km 3 km N S

Ab Heiterwang mutet die Landschaft deutlich alpiner an. Man sieht ihr an, dass sie im Frühjahr länger vom Schnee bedeckt ist. Was dem Urlaub besonderen Reiz verleiht, bedeutete für die Bauern seit jeher besonders viel Arbeit für wenig Ertrag. Das Gebiet zwischen den zwei Toren Ehrenberg und Fernstein, „Zwischentoren", lebte deshalb lange Zeit zu einem besonders großen Teil von der Straße. Viele hatten eine kleine Bauernschaft zur Selbstversorgung und arbeiteten zudem als Fuhrunternehmer oder verdienten mit anderen Leistungen für die Durchreisenden Geld. Um für die eigenen und fremden Tiere genügend Futter zu haben, wurden die Berghänge zwischen Heiterwang und Bichlbach – heute noch sichtbar – bis zu den Gipfeln gemäht. Als die Straße, erst mit dem Bau der Arlberg Passstraße und noch mehr mit der Arlberg-Bahn, ihre Bedeutung verlor, war die Bevölkerung bettelarm und zog als Wanderhandwerker und Schwabenkinder in die Ferne.

Radroute Heiterwang a. S., Bichlbach, Wengle, Lähn

Wie die römische Trasse und die Salzstraße führt die Radroute durch das Tor der Klause Ehrenberg. Über viele Jahrhunderte war das die einzige Möglichkeit, um die Talsperre zu passieren, an der Fuhrleute Zoll zu zahlen hatten. Dann geht es auf Forstwegen durch den Klausenwald nach Heiterwang am See. Bis an den Ortsrand radelt der Radfahrer im Bereich der Römerstraße, durch den Ort dann auf der Salzstraße, die dort einen weiten Bogen machte. Danach geht es über malerische Wiesen nach Bichlbach. Im Hintergrund, der bis weit ins vergangene Jahrhundert bis zum Gipfel gemähte „Mähberg". Die Dorfstraße, auf der die Radroute durch Bichlbach führt, entspricht weitgehend der Römerstraße. Durch Wiesen und Wälder geht es schließlich nach Wengle, Lähn und ins Becken zwischen Lermoos, Ehrwald und Biberwier.

Mehr Info zu einigem Sehenswerten in der Karte

* Heiterwang verdankt den vielen Fischen im See seine erste Erwähnung im Jahre 1288. Auch Kaiser Maximilian I. fischte und jagte gern in der Gegend. Der ursprünglich 68 cm höher gelegene Heiterwanger See ist heute über einen Kanal mit dem Plansee verbunden, der auf den Gemeindegebieten von Reutte bzw. Breitenwang liegt. Beide Seen besitzen eine hohe Wasserqualität, die nicht nur die Fische schätzen. Mit ihrer großen Sichttiefe sind die 60 –

77 Meter tiefen Seen auch bei Tauchern sehr beliebt. Mit einem der höchst gelegenen kommerziellen Schifffahrtslinien in Österreich sind beide auch über Wasser zu erleben. ■ Fischer am See 1, 6611 Heiterwang, 0043 5674 5116, Abfahrtszeiten: 10:10, 11:00, 13:10, 14:00, 15:10, 16:00. www.fischeramsee.at

* Bichlbach am Eingang ins Hochtal von Berwang und Namlos war einst Zunftzentrum des Außerfern. Die in der Zunftbruderschaft St. Joseph zu Bichlbach vereinten Außerferner waren bekannt als gute Bauhandwerker, die nach dem Bedeutungsverlust der alten Straße in großer Zahl in die Ferne zogen. Davor trafen sie sich regelmäßig in der Zunftkirche St. Joseph, in der auch einiges ihrer Handwerkskunst zu bestaunen ist. Das Zunftmuseum Bichlbach im alten Mesnerhaus, nahe der Pfarrkirche, ist dem Zunftwesen und den geschätzten Außerferner Zimmerern, Maurern, Malern und Bildhauern gewidmet. Das Haus wurde von Ehrenamtlichen in vielen Arbeitsstunden renoviert und ist heute auch kultureller Treffpunkt, der neben dem Museum die Bücherei und die Touristinfo beherbergt. ■ Wahl 31a, Bichlbach, 0043 5674 5205, geöffnet Mo – Fr 8 – 12 Uhr und jeden Di 19:30 – 22 Uhr. www.zunftmuseum.at

* Die Dorfstraßen von Wengle und Lähn liegen auf der Trasse der Römerstraße. Lähn verdankt seinen Namen einem Lawinenunglück, nach dem es an dieser Stelle wieder neu aufgebaut wurde. Der Ortsname bedeutet auf Tirolerisch „Lawine".

Übernachtungs- und Camping-Möglichkeiten im Anhang und in den Karten

Fragen und Auskunft zum Teilabschnitt

■ Touristinfo 6611 Heiterwang am See
Oberdorf 4, 0043 5673 20000–700
■ Touristinfo 6621 Bichlbach
Wahl 31a, 0043 5673 20000–500
■ Hotline Via Claudia Augusta 0043 664 27 63 555

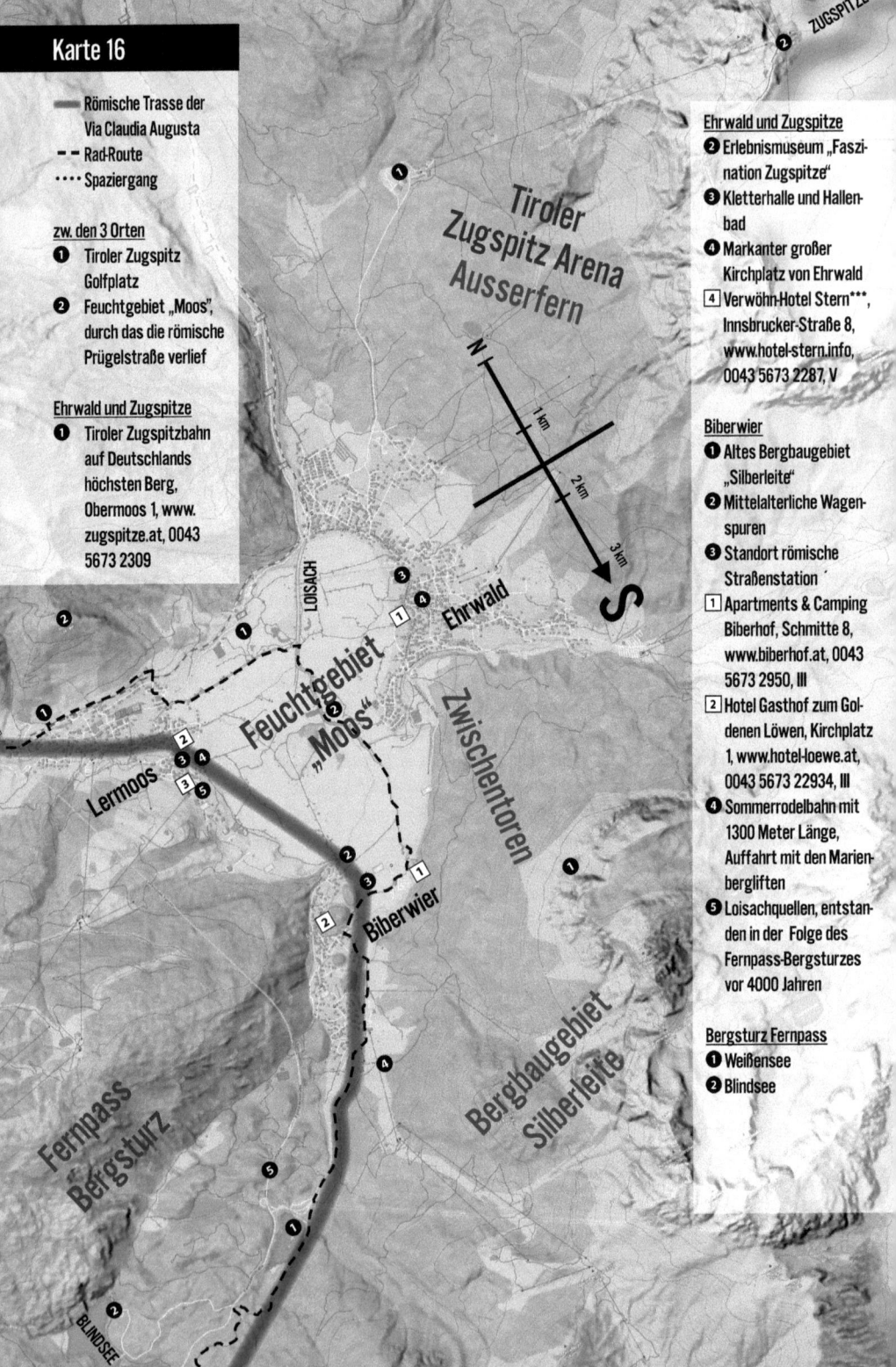

Karte 16

Römische Trasse der Via Claudia Augusta (durchgezogene Linie)
– – Rad-Route
···· Spaziergang

zw. den 3 Orten
❶ Tiroler Zugspitz Golfplatz
❷ Feuchtgebiet „Moos", durch das die römische Prügelstraße verlief

Ehrwald und Zugspitze
❶ Tiroler Zugspitzbahn auf Deutschlands höchsten Berg, Obermoos 1, www. zugspitze.at, 0043 5673 2309

Ehrwald und Zugspitze
❷ Erlebnismuseum „Faszination Zugspitze"
❸ Kletterhalle und Hallenbad
❹ Markanter großer Kirchplatz von Ehrwald
④ Verwöhn-Hotel Stern***, Innsbrucker-Straße 8, www.hotel-stern.info, 0043 5673 2287, V

Biberwier
❶ Altes Bergbaugebiet „Silberleite"
❷ Mittelalterliche Wagenspuren
❸ Standort römische Straßenstation
① Apartments & Camping Biberhof, Schmitte 8, www.biberhof.at, 0043 5673 2950, III
② Hotel Gasthof zum Goldenen Löwen, Kirchplatz 1, www.hotel-loewe.at, 0043 5673 22934, III
❹ Sommerrodelbahn mit 1300 Meter Länge, Auffahrt mit den Marienbergliften
❺ Loisachquellen, entstanden in der Folge des Fernpass-Bergsturzes vor 4000 Jahren

Bergsturz Fernpass
❶ Weißensee
❷ Blindsee

ZUGSPITZE

Tiroler Zugspitz Arena Ausserfern

N

1 km
2 km
3 km

S

LOISACH

Ehrwald

Feuchtgebiet „Moos"

Zwischentoren

Lermoos

Biberwier

Bergbaugebiet Silberleite

Fernpass Bergsturz

BLINDSEE

Wenn man nach Lermoos kommt, versteht man, warum sich die Region „Tiroler Zugspitz Arena" nennt. In der Manege liegt das malerische Feuchtgebiet „Moos", durch das einst – auf 1000en Baumstämmmen gelagert – die Via Claudia Augusta führte. In den Logenplätzen rundum sitzen die quirligen Ferienorte Ehrwald, Lermoos und Biberwier. Die Tribünen der Arena bildet die sagenhafte Bergwelt. Der bekannteste Gipfel ist die Zugspitze, Deutschlands höchster Berg, auf den man seit 1926 mit der Tiroler Zugspitzbahn ab Ehrwald gelangt. Ihr Bau war nach dem wirtschaftlichen Bedeutungsverlust der alten Straße ein Symbol für den Start in eine neue wirtschaftliche Zukunft „Zwischentorens" im Tourismus.

Radroute Lermoos, Ehrwald, Biberwier

Am Ortsrand von Lermoos unterquert die Radroute die Fernpass-Schnellstraße, wenn man so will die heutige Fernverkehrsstraße Via Claudia Augusta, die kurz danach im Lermooser Tunnel verschwindet. Der Radler folgt zunächst dem Damm der Außerfernbahn, bevor es durch das malerische Feuchtgebiet „Moos", zwischen den 3 Orten, nach Biberwier geht. Dort führt die Route an der Stelle vorbei, an der Archäologen vor einigen Jahren eine römische Straßenstation freilegten. Nach dem malerischen kleinen Ort folgt der Anstieg zum Fernpass.

Ergänzende Infos zu einigen Sehenswürdigkeiten

- Lermoos ist einer der ältesten Orte im Bezirk. Schon 1020 taucht erstmals ein „Larinmoos" auf, das so viel wie Lärchenmoos bedeutet. Zu Zeiten der Salzstraße befand sich oberhalb der Pfarrkirche Hl. Katharina ein Warenzwischenlager, in dem die Waren abgeladen und auf die Wagen der örtlichen Fuhrleute geladen werden mussten. Der „Salzstadl" befindet sich heute in Ehrenberg. Unterhalb der Kirche, am Eingang in das „Moos", zeichnet ein Durchblick-Panorama die römische Prügelstraße wieder in die Landschaft. Wer sie orten möchte, braucht nur durch das Moos zu springen. Der Moorboden ist weich. Wo die Straße begraben liegt, ist der Boden allerdings fest.
- Mehrere Gräber aus römischer Zeit belegen, dass es in Ehrwald schon eine Siedlung gab, als die Römer kamen. Zur Zeit der Salzstraße lebten viele Ehrwalder von der Herstellung von Tauben für die Haller Salzfässer. Im 19 Jh. war

in der größten Gemeinde der Region die Heimindustrie der Kamm-, Pfeifenmacher und Pfeifenspitzdreher verbreitet. Ein Spezifikum von Ehrwald, ist der besonders weitläufige Kirchplatz. Ehrwald gilt auch als Künstlerdorf.

- Kurz vor dem Anstieg zum Fernpass, auf der Wiese nordöstlich von Biberwier, richteten die Römer eine Straßenstation, ein, um die sich eine Siedlung entwickeltelag. Wagenspuren im Fels unterhalb der ersten Kurve, Richtung Lermoos, stammen aus späterer Zeit. Da die Erhaltung der Prügelstraße nicht mehr zu bewerkstelligen war, führte die Salzstraße kurvig am Hang entlang. Der kleinste der drei Orte im Becken war auch bedeutendster Bergbauort im Außerfern. Auf der Silberleithe oberhalb von Biberwier wurde Bleiblende abgebaut, mit der aus dem Erz der Silberstadt Schwaz das Silber gewonnen wurde. Bis 1921 war der Bergbau aktiv.

Geschichte(n)

Die Römer und die Alpen hatten keine Liebesbeziehung. Für die Römer waren die Berge ein zu überwindendes Hindernis. Kaum einer hatte das Bedürfnis einen Berg zu besteigen. Bis zum Lechfall wurde der Fluss auch im Tiroler Teil zum Transport, vor allem von Holzstämmen, verwendet.

Regionale Küche wie vor 2000 Jahren
- ■ Restaurant Bauernstube
- 6631 Lermoos, Innsbrucker Str. 4, 0043 5673 3131
- ■ Gasthof Panorama
- 6632 Ehrwald, Ebne 32, 0043 5673 3393
- ■ Hotel Gasthof Löwe
- 6633 Biberwier, Kirchplatz 1, 0043 5673 2293

Übernachtungs- und Camping-Möglichkeiten im Anhang und in den Karten

Fragen und Auskunft zum Teilabschnitt
- ■ Touristinfo 6631 Lermoos
- Unterdorf 15, 0043 5673 20000–300
- ■ Touristinfo 6632 Ehrwald
- Kirchplatz 1, 0043 5673 20000–200
- ■ Touristinfo 6633 Biberwier
- Fernpaßstr. 27, 0043 5673 20000–600
- ■ Hotline Via Claudia Augusta 0043 664 27 63 555

Radroute zwischen Heiterwang und Bichlbach

Erfrischung am Lussbach. Foto: Anton Vorauer.

Im Zunftmsuem

Das „Moos" zwischen Lermoos, Ehrwald und Biberwier. Rechts die Zugspitze

Der besonders weitläufige Kirchplatz von Ehrwald

Römische Straßenstation und Prügelstraße. Fotos: Pöll

Der Fernpass ist ein Bergsturz, der sich den Reisenden vor 4.000 bis 5.000 Jahren in den Weg legte. Fauna und vor allem Flora mussten sich die Landschaft mühsam zurückerobern. Auch heute ist die Humusschicht noch bescheiden und man sieht es der Vegetation an, die trotz relativ geringer Höhe des Passes hochalpin anmutet (aktuelle Passhöhe 1216 Meter, römische Passhöhe 1260 Meter). Die faszinierende Landschaft wird von Pfaden und Straßen aus vorrömischer und römischer Zeit durchquert, aus der frühen Neuzeit, aus dem 19 Jh. und aus heutiger Zeit. Aktuell wird eine Untertunnelung diskutiert. Die Römerstraße Via Claudia Augusta führte von Biberwier kerzengerade auf die alte Fernpasshöhe. Ihre Trasse deckt sich in dem Bereich weitgehend mit jener der Starkstromleitung. Vom höchsten Punkt ging es, mit stetigem Gefälle am Hang entlang, zum Sameranger See hinunter. Ab dem späten Mittelalter führte die Fernpass-Straße über die heute noch aktuelle Fernpass-Höhe.

Radroute über den Fernpass

Den Pass aus eigener Kraft zu überqueren, bedeutet Mühe. Die Etappe eröffnet aber einzigartige Eindrücke, von der Bergsturzlandschaft und von gleich mehreren längeren Stücken der römischen Trasse der Via Claudia Augusta, sowie von der spätmittelalterlichen Nachfolge-Straße. Ausserdem ist es ein erhebendes Gefühl, den Pass selbst geschafft zu haben. Für ein rundum gelungenes Pass-Erlebnis ist es ratsam, mehr Zeit pro Kilometer einzuplanen, als für andere Etappen, und sich vorsorglich darauf einzustellen, notfalls ein paar hundert Meter zu schieben. Auch die Römer stiegen sicher oft vom Wagen ab, um den Zugtieren zu helfen. Wer das nicht will, der kann per SMS einen Shuttle buchen, der Radfahrer über den Pass transportiert (www.viaclaudia.org). Von Biberwier führt die Radroute kurze Zeit auf einem Radstreifen parallel zur Landstraße. Dann zweigt links ein Forstweg ab, der am Weissensee vorbei zur alten Fernpasshöhe führt. Wo der Forstweg einmal kurz die Bundesstraße berührt, gibt es auf der anderen Straßenseite eine Möglichkeit, über ein kleines Sträßchen zum Blindsee zu gelangen, der ein beliebter alpiner Badesee ist. Auf der alten Fernpasshöhe angelangt, die auf die Römer zurückgeht, hat man einen tollen Ausblick auf die Bergsturzlandschaft und die mindestens 5 Straßen, die im Laufe der Geschichte über den Fernpass führten. Die gut erkennbare Trasse der Römerstraße zweigt kurze Zeit spä-

ter links vom Forstweg ab und gleitet gemächlich den Berg hinab. Die Radroute folgt zunächst dem Forstweg und zweigt dann Richtung aktueller Fernpasshöhe ab. Ab dort folgt sie der spätmittelalterlichen Straße in die Felssturznische „Afrigal". Auf Forststraßen und zum Teil schmäleren Schotterwegen führt die Route schließlich zum Schloss Fernstein hinunter, wo sie das Tor der ehemaligen Zollstation quert.

Ergänzende Infos zu einigen Sehenswürdigkeiten

- Rund um den Fernpass liegen insgesamt sieben Seen, die nicht nur mit ihrer smaragdgrünen Farbe bestechen. Den Fernsteinsee genießen Kenner auf einer Bootsfahrt oder einem Spaziergang um den See. Der Blindsee ist ein beliebter alpiner Badesee
- Der malerische Weg, von der aktuellen Passhöhe nach Westen, entspricht der Straße, die in der frühen Neuzeit neu errichtet wurde. Das alte Haus bei der Kapelle war ein Gasthof an dieser Straße. Der Weg führt in die Bergsturznische „Afrigal". Dort befindet sich der größte Birkenbestand der Ostalpen. Schautafeln erklären die Besonderheiten.
- Am Fernsteinsee liegt ein Bau-Ensemble aus Schloss Fernstein, Hotel-Restaurant, Rasthaus, Kapelle und kleiner schlosseigenen Landwirtschaft. Der Fernsteinsee ist auf einem Spaziergang zu umrunden. Über eine Brücke am Südostufer erreicht der Interessierte eine Insel mit im Wald versteckten Resten eines Lustschlosses.

Regionale Küche wie vor 2000 Jahren
■ Hotel Restaurant Schloss Fernstein
6465 Nassereith, Fernstein, 0043 5265 5210

Übernachtungs- und Camping-Möglichkeiten im Anhang und in den Karten

Fragen und Auskunft zum Teilabschnitt
■ Touristinfo 6633 Biberwier
Fernpaßstr. 27, 0043 5673 20000–600
■ Touristinfo 6465 Nassereith
Postplatz 28, Tel. 0043 5412 6910–41
■ Via Claudia Augusta Info 0043 664 27 63 555

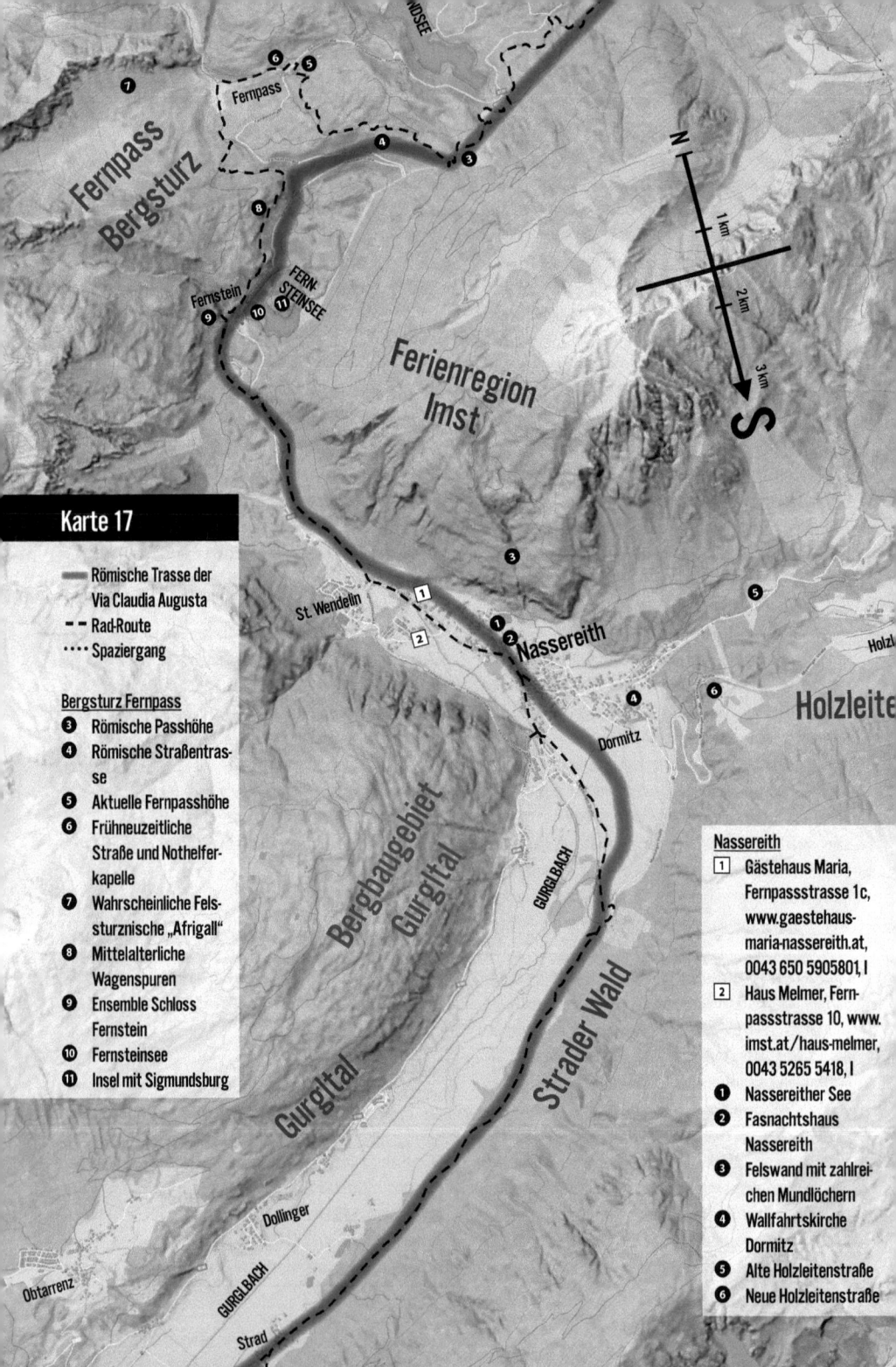

N

1 km

2 km

3 km

S

Fernpass Bergsturz

Fernpass

Fernstein

FERN-STEINSEE

Ferienregion Imst

St. Wendelin

Nassereith

Dormitz

Holzleite

Holzl

Bergbaugebiet Gurgtal

Gurgtal

Gurgtal

GURGLBACH

Strader Wald

Dollinger

Obtarrenz

GURGLBACH

Strad

Karte 17

Römische Trasse der Via Claudia Augusta

- - Rad-Route

···· Spaziergang

Bergsturz Fernpass

❸ Römische Passhöhe

❹ Römische Straßentras-se

❺ Aktuelle Fernpasshöhe

❻ Frühneuzeitliche Straße und Nothelfer-kapelle

❼ Wahrscheinliche Fels-sturznische „Afrigall"

❽ Mittelalterliche Wagenspuren

❾ Ensemble Schloss Fernstein

❿ Fernsteinsee

⓫ Insel mit Sigmundsburg

Nassereith

☐1 Gästehaus Maria, Fernpassstrasse 1c, www.gaestehaus-maria-nassereith.at, 0043 650 5905801, I

☐2 Haus Melmer, Fern-passstrasse 10, www.imst.at/haus-melmer, 0043 5265 5418, I

❶ Nassereither See

❷ Fasnachtshaus Nassereith

❸ Felswand mit zahlrei-chen Mundlöchern

❹ Wallfahrtskirche Dormitz

❺ Alte Holzleitenstraße

❻ Neue Holzleitenstraße

Der Fernsteinsee mit der Fernpassstraße und dem Ensemble Schloss Hotel Fernstein. Foto Schloss Fernstein

Fernpass mit Blindsee

Frühneuzeitliche Fernpassstraße

Fasnachtshaus Nassereith

Blick von Dormitz in das Gurgltal

Knappenwelt Gurgltal

Das Gurgltal ist ein Landschaftsidyll, das ideal für Naherholungswochenenden ist und Touristen in seinen Bann zieht. Schon früh war das malerische Tal besiedelt, wovon ein Heiligtum in Dollinger-Lager am Nordhang zwischen Nassereith und Tarrenz zeugt, das wahrscheinlich von der Hallstatt bis in die Römerzeit genutzt wurde. Die Römerstraße führte von Fernstein kommend sehr steil zur Pfarrkirche von Nassereith und dann auf der südlichen Talseite weiter, um der sonnenseitigen Steinschlaggefahr auszuweichen. Zwischen Strad und Tarrenz querte sie aber das Tal und führte, dem Sonnenhang entlang, Richtung Imst. Nassereith war schon in der Urgeschichte und Römerzeit ein Verkehrsknoten, an dem sich Straßen durch das Gurgltal und über das Mieminger Plateau trafen. Etwas abseits der Römerstraße Via Claudia Augusta, in Dormitz, ist eine römische Siedlung nachgewiesen. Im Strader Wald ein römischer Straßengasthof. Außerdem wird im Bereich Dormitz eine römische Straßenstation angenommen. Das Gebiet zwischen Fernpass und Imst war auch eines der bedeutendsten Bergbaugebiete Tirols, wovon in Tarrenz ein authentisch nachgebautes Bergbaudorf erzählt, die „Knappenwelt Gurgltal". Abgebaut wurden vor allem Bleiglanz, der zur Gewinnung des Schwazer Silbers benötigt wurde, und Zink. In der Bezirksstadt Imst befand sich das Berggericht, dessen Gebiet bis ins Ausserfern, zum Reschenpass und nach Vorarlberg reichte. Die Via Claudia Augusta wurde also auch als Transportweg für den Bergbau genutzt. Nicht zuletzt verbindet die große Tradition der Fasnacht die drei Gurgltaler Gemeinden Nassereith, Tarrenz und Imst.

Radroute Fernstein, Nassereith, Tarrenz, Imst

Auf Waldwegen, dann am Radweg und schließlich auf der Dorfstraße führt die Radroute von Fernstein ins malerische Zentrum Nassereiths, von dessen Bergbauvergangenheit noch die Mundlöcher in der Bergwand zeugen. Weiter geht es durch die Wiesen unterhalb von Dormitz und durch den Strader Wald. Der malerische Forstweg ist weitgehend ident mit der Römerstraße. Bald nach Strad wartet die Knappenwelt Gurgltal darauf endeckt zu werden. Danach quert die Radroute, wie einst die Römerstraße, das Tal und führt ab Tarrenz auf der Sonnenseite Richtung Imst .

Ergänzende Infos zu einigen Sehenswürdigkeiten

• Das Fasnachtshaus begeistert mit einem Film und lebensgroßen Puppen in den Kostümen des bekannten „Schellerlaufens". Da das Museum auch Vereinshaus ist, sind auch alle Masken zu sehen. ■ Sachsengasse 81a, 0043 680 3131184, www.fasnacht-nassereith.at.

• Die Knappenwelt ist ein Erlebnis-Dorf, das die Bevölkerung mit kundiger Anleitung entwickelt und mit Leben füllt. Es besteht aus Gebäuderekonstruktionen, Einrichtungen zur Erzgewinnung und einem Stollen. Es gibt sogar ein Knappen-Schlaflager, in dem Reisende übernachten können. Am Areal befindet sich außerdem die Ausstellung zur „Heilerin vom Gurgltal". Sie wurde als Hexe verbrannt. ■ Tschirgant 1, 0043 5412 63023, geöffnet 1. Mai – 31. Okt. Di – So 10 – 17 Uhr oder nach Vereinbarung.

• Wo einst die Ritter von Starkenberg residierten, wird seit gut 200 Jahren eines der köstlichsten Biere Tirols gebraut. Durch die Räumlichkeiten des 700 Jahre alten Schlosses führt die Erlebniswelt Starkenberger BierMythos mit Bierschwimmbad. ■ Griesegg 1, 0043 5412 66 201–0, www.starkenberg.at

Geschichte(n)

Damit die Straßen nach Schneefall oder Regen rasch wieder trocken waren, führten die Römerstraßen in der Regel am Sonnenhang. Der Abschnitt zwischen Nassereith und Tarrenz ist eine große Ausnahme, wegen der Steinschlag-Gefahr am Sonnenhang.

Regionale Küche wie vor 2000 Jahren
■ Hotel Restaurant Schloss Fernstein
6465 Nassereith, Fernstein, 0043 5265 5210

Übernachtungs- und Camping-Möglichkeiten im Anhang und in den Karten

---

Fragen und Auskunft zum Teilabschnitt
■ Touristinfo 6633 Biberwier
Fernpaßstr. 27, 0043 5673 20000–600
■ Touristinfo 6465 Nassereith
Postplatz 28, Tel. 0043 5412 6910–41
■ Via Claudia Augusta Info 0043 664 27 63 555

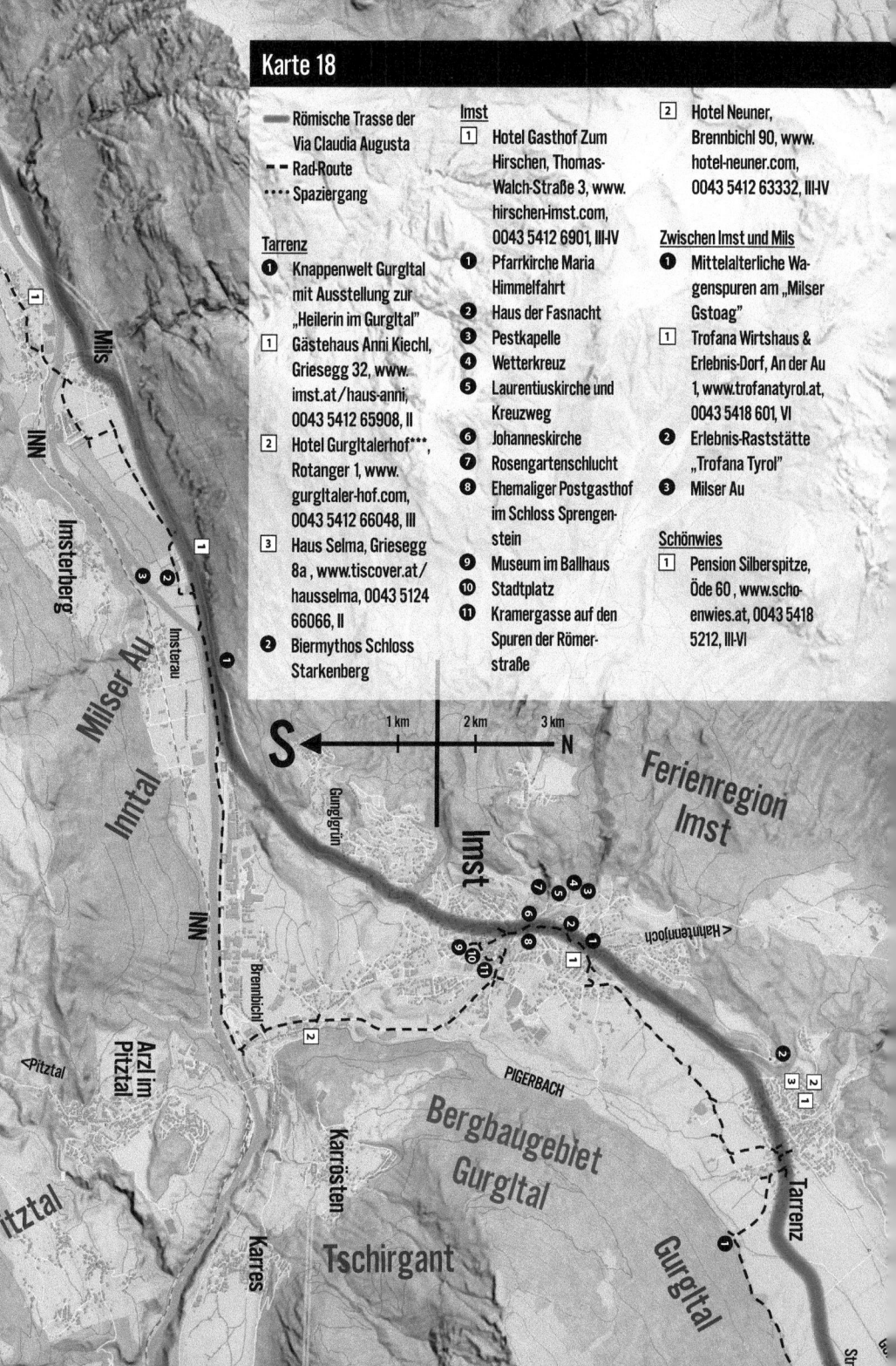

Karte 18

━━ Römische Trasse der Via Claudia Augusta
– – Rad-Route
···· Spaziergang

Tarrenz

❶ Knappenwelt Gurgltal mit Ausstellung zur „Heilerin im Gurgltal"
▣1 Gästehaus Anni Kiechl, Griesegg 32, www.imst.at/haus-anni, 0043 5412 65908, II
▣2 Hotel Gurgltalerhof***, Rotanger 1, www.gurgltaler-hof.com, 0043 5412 66048, III
▣3 Haus Selma, Griesegg 8a , www.tiscover.at/hausselma, 0043 5124 66066, II
❷ Biermythos Schloss Starkenberg

Imst

▣1 Hotel Gasthof Zum Hirschen, Thomas-Walch-Straße 3, www.hirschen-imst.com, 0043 5412 6901, III-IV
❶ Pfarrkirche Maria Himmelfahrt
❷ Haus der Fasnacht
❸ Pestkapelle
❹ Wetterkreuz
❺ Laurentiuskirche und Kreuzweg
❻ Johanneskirche
❼ Rosengartenschlucht
❽ Ehemaliger Postgasthof im Schloss Sprengenstein
❾ Museum im Ballhaus
❿ Stadtplatz
⓫ Kramergasse auf den Spuren der Römerstraße

▣2 Hotel Neuner, Brennbichl 90, www.hotel-neuner.com, 0043 5412 63332, III-IV

Zwischen Imst und Mils

❶ Mittelalterliche Wagenspuren am „Milser Gstoag"
▣1 Trofana Wirtshaus & Erlebnis-Dorf, An der Au 1, www.trofanatyrol.at, 0043 5418 601, VI
❷ Erlebnis-Raststätte „Trofana Tyrol"
❸ Milser Au

Schönwies

▣1 Pension Silberspitze, Öde 60 , www.schoenwies.at, 0043 5418 5212, III-VI

Imst am Sonnenhang.

Die Rosengartenschlucht. Foto: Imst Tourismus / Martin Lugger

Das älteste Stück Imst, das Laurentiuskirchlein

Die Kramergasse

Das Weltkulturerbe Imster Schemenlaufen

763 n. Chr. wird von einem „Oppidum Humiste" geschrieben. Mit an Sicherheit grenzender Wahrscheinlichkeit handelt es sich dabei um Imst, das auch eine Straßenstation an der Via Claudia Augusta war. „Oppidum" deutet sogar auf eine befestigte Siedlung aus vorrömischer Zeit hin. Die Bezirksstadt dürfte von der Zeit der Räter über die Römer bis zum 7. Jh. durchgehend besiedelt gewesen sein. Das Laurentiuskirchlein am markanten „Bergl" oberhalb des Stadtzentrums, das seine Wurzeln im 5. Jh. nach Christus hat, zeigt, dass die Siedlung ziemlich groß gewesen sein dürfte. Man geht davon aus, dass Imst auch damals die größte Siedlung zwischen Füssen und Meran war. Das römische Imst liegt allerdings unter der Altstadt begraben. In späterer Zeit war die Bezirksstadt Sitz des Berggerichts, dessen Zuständigkeit bis ins Ausserfern, zum Reschenpass und nach Vorarlberg reichte. Ausserdem zogen nach dem Niedergang des Bergbaus Vogelhändler von Imst in alle Himmelsrichtungen. Einer davon wird in der Operette „Der Vogelhändler" besungen. Der ganze Stolz der Imster ist ihre Fasnacht, die alle vier Jahre stattfindet. Ihr ist auch ein Museum gewidmet, das Haus der Fasnacht.

Radroute nach und durch Imst

Über die malerischen Wiesen des Gurgltales führt die Radroute in die Stadt Imst, wo sie kurz vor der Pfarrkirche in die historische Hauptstraße einmündet. Diese verbindet die 2 historischen Stadtteile Ober- und Untermarkt und ist ab der Pfarrkirche weitgehend ident mit der Römerstraße. Kurz vor dem Ende des historischen Stadtkerns schwenkt die Route in den Untermarkt ab, quert den Stadtplatz und verlässt die Stadt – über die Hintertür – Richtung Inn.

Ein Spaziergang durch Imst

Schon nach wenigen Metern des Spaziergangs durch die Stadt entdeckt man die ersten Brunnen. Ihre Vielzahl ist eine Besonderheit der Stadt, der sogar ein eigener Brunnenführer gewidmet wurde. Die Pfarrkirche Maria Himmelfahrt hat mit 84,5 Metern den höchsten Kirchturm Tirols. An der Außenwand sind gotische Fresken zu entdecken, u. a. eine Bergbauszene aus 1478, die an die große Zeit erinnert, in der Imst Sitz der Berghauptmannschaft war. Durch den Friedhof geht es zum Mesnerhaus, das heute Haus der Fasnacht ist. Im „Haus der Fasnacht" treffen sich regelmäßig die Fasnachtler, die alle vier Jahre das große „Sche-

menlaufen" begehen. Der Tanz folgt strengen Regeln, die teilweise seit Jahrhunderten gelten. Kaum jemand vermag sich der mythischen Strahlkraft dieses jahrhundertealten Spektakels zu entziehen. Im Jahr 2010 hat die UNESCO das Imster Schemenlaufen sogar zum immateriellen Kulturerbe erklärt. Das Haus der Fasnacht ist Vereinshaus, Archiv für Kostüme, Masken und beherbergt auch eine Ausstellung. Die zahlreichen Masken und ein sehr beeindruckender Film lassen die große Fasnachtstradition auch erleben, wenn gerade nicht Fasnacht ist. ■ 6460 Imst, Streleweg 6, 0043 5412 6910–0, geöffnet jeden Fr von 16 – 19 Uhr und nach Vereinbarung, www.fasnacht.at. Der Spaziergang zeigt einige der alten Gassen der Imster Oberstadt, darunter die Vogelhändlergasse, die an die berühmten Vogelhändler von Imst erinnert. Beim großen Brand von Imst (1822) wurden von den damals 220 Häusern bis auf 14 alle zerstört. Am Weg zum Bergl liegt die Pestkapelle. Nicht weit davon entfernt befindet sich die Laurentiuskirche. Bei ihrer Restaurierung traten Reste einer Apsidenkirche aus der späten Römerzeit zutage. Vom Bergl bietet sich ein herrlicher Blick auf das Stadtzentrum und die Trasse der Römerstraße. Sie führt geradewegs von der Pfarrkirche zu den Füßen des Bergls. Ab dort ist sie praktisch ident mit der Kramergasse. Vom Bergl abwärts – entlang eines Kreuzweges – gelangt man zur Johanneskirche. Der Schutzengelbrunnen neben dieser Kirche markiert den Eingang zur Rosengartenschlucht. Über zahlreiche Steige, Brücken und Stege führt der Weg hoch bis zur „Blauen Grotte". Ist die Zeit dafür zu kurz, folgt der Stadtspaziergang gleich der Kramergasse. Das Hotel Post im Schloss Sprengenstein, das Ballhaus oder auch der Hauptplatz zeugen davon, dass die Straße in späterer Zeit etwas weiter südlich durch die Unterstadt führte. Das Ballhaus war, wie der Name sagt, das Haus, in dem ab dem Ende des Mittelalters entlang der alten Straße transportierte Waren zu Ballen gebunden, gelagert und umgeladen wurden. Heute beherbergt es das Museum im Ballhaus, das die Geschichte und die kulturellen Besonderheiten der Stadt dokumentiert. ■ Ballgasse 1, 0043 5412 6980 – 0, geöffnet Di, Do, Fr 14 – 18 und Sa 9 – 12 Uhr., nicht an Feiertagen, www.kultur-imst.at

Übernachtungs- und Camping-Möglichkeiten im Anhang und in den Karten

Fragen und Auskunft zum Teilabschnitt
■ Touristinfo Imst, Johannespl. 4, 0043 5412 6910-0
■ Via Claudia Augusta Info 0043 664 27 63 555

Die Kronburg auf einem Felssporn, hoch über dem Inntal. Foto: Anton Vorauer

Mittelalterliche Wagenspuren am „Milser Gstoag". Foto: Tschaikner

Die Milser Au. Foto: Imst Tourismus / Wenzler

Mils bei Imst

Die Via Claudia Augusta führte einst am Sonnenhang von Imst bis nach Starkenbach, querte dort unmittelbar hintereinander den Bach und den Inn und führte dann am südlichen Talrand weiter, nach Zams und Landeck. Damals wie heute besticht dieser Teil des Inntals mit tollen Blicken auf die umliegende Bergwelt – besonders reizvoll der Blick zurück, auf den Tschirgant und der hoch aufragende Fels, auf dem seit dem Mittelalter die Kronburg thront. Mit der Milser Au blieb in dem Abschnitt eine von wenigen Aulandschaften am Inn erhalten. Darüber hinaus warten mit Mils und Schönwies zwei beschauliche Dörfer darauf entdeckt zu werden. Etwas vor Mils wartet mit dem Erlebnisdorf „Trofana Tyrol" außerdem eine Raststation, die alle Funktionen erfüllt, die auch die Raststationen für die Reisenden hatten, die die Römer in regelmäßigen Abständen entlang der Via Claudia Augusta einrichteten, und noch einiges mehr.

Die Radroute von Imst in den Raum Landeck

Ab dem Imster Stadtteil Brennbichl verläuft die Radroute Via Claudia Augusta parallel zum Innradweg. Direkt am Weg liegen die Erlebnis-Raststätte Trofana Tyrol und die Milser Au, in der es sich auch herrlich ausrasten lässt. Die Dorfstraße, auf der die Radroute anschließend durch Mils führt, entspricht dem Verlauf der Römerstraße. Nach der Querung des Inns geht es – abseits vom Verkehr – durch das langgezogene Dorf Schönwies. Kurz nach dem Ortsende führt die Radroute direkt am Kopf der Innbrücke vorbei, die dort bis ins 19. Jh. bestand, an der gleichen Stelle wie eine Römerbrücke. Bald nach einer Bahn-Unterführung lockt ein Abstecher zur Kronburg. Anschließend geht es durch saftige Wiesen Richtung Zams. Auf einer Anhöhe sind an einem Rastplatz römische Wagenspuren im Fels zu bestaunen.

Ergänzende Infos zu einigen Sehenswürdigkeiten

* Auf einem Felssporn, hoch oberhalb des Inntals, liegt die Kronburg, die zu Fuß – von der gleichnamigen Wallfahrtskirche aus – erreichbar ist. Um dorthin zu gelangen, verlassen Sie vor Mils die Route und fahren über den Inn nach Schönwies. Am Ende der Ortsdurchfahrt geht es links Richtung Kronburg.
* Entlang der Via Claudia Augusta waren in regelmäßigen Abständen Raststationen eingerichtet. Dort konnten

sich im öffentlichen Auftrag Reisende stärken und auch übernachten. Es gab Unterstellmöglichkeiten für Wagen und Pferde und meist auch eine kleine Therme sowie ein Heiligtum. Eine solche „Mansio" gab es z. B. in Imst, Landeck oder Nauders. Für Privatreisende entwickelten sich aufgrund des Bedarfs ähnliche Raststätten. Archäologen entdeckten eine solche im Wald, zwischen Nassereith und Tarrenz. Auch die Erlebnisraststätte „Trofana Tyrol" entspricht laut Archäologen in ihrer Funktion diesen antiken Einrichtungen. Sie ist als Dorf im Stil eines Tiroler Bergdorfes konzipiert, in dem sich der Reisende stärken, aber auch übernachten kann. Die Hitte-Hatte-Au im Außenbereich umfasst einen Teich, eine Kneippstation und einen großen Spielplatz. Sogar eine Kapelle wurde eingerichtet. Ein glasüberdachter Marktplatz mit Tiroler Köstlichkeiten bildet das Herz des Trofana Tyrol, das sich auch als zentraler Treffpunkt für Einheimische etabliert hat. Die Cafeteria Tirolino hat 24 h geöffnet. An der Au 1, 5493 Mils bei Imst, 0043 5418 601–0. www.trofanatyrol.at.

Geschichte(n)

Das Steilstück der alten Straße zwischen Mils und Imst, der sogenannten „Milser Gstoag", war einer der Abschnitte, für den den meisten Fuhrwerken zusätzlich Ochsen vorgespannt werden mussten. Die Ortsansässigen verdienten gut an diesem Service. Von einigen wird sogar erzählt, dass sie das Entgelt mitten in der Steigung nocheinmal nachverhandelt hätten.

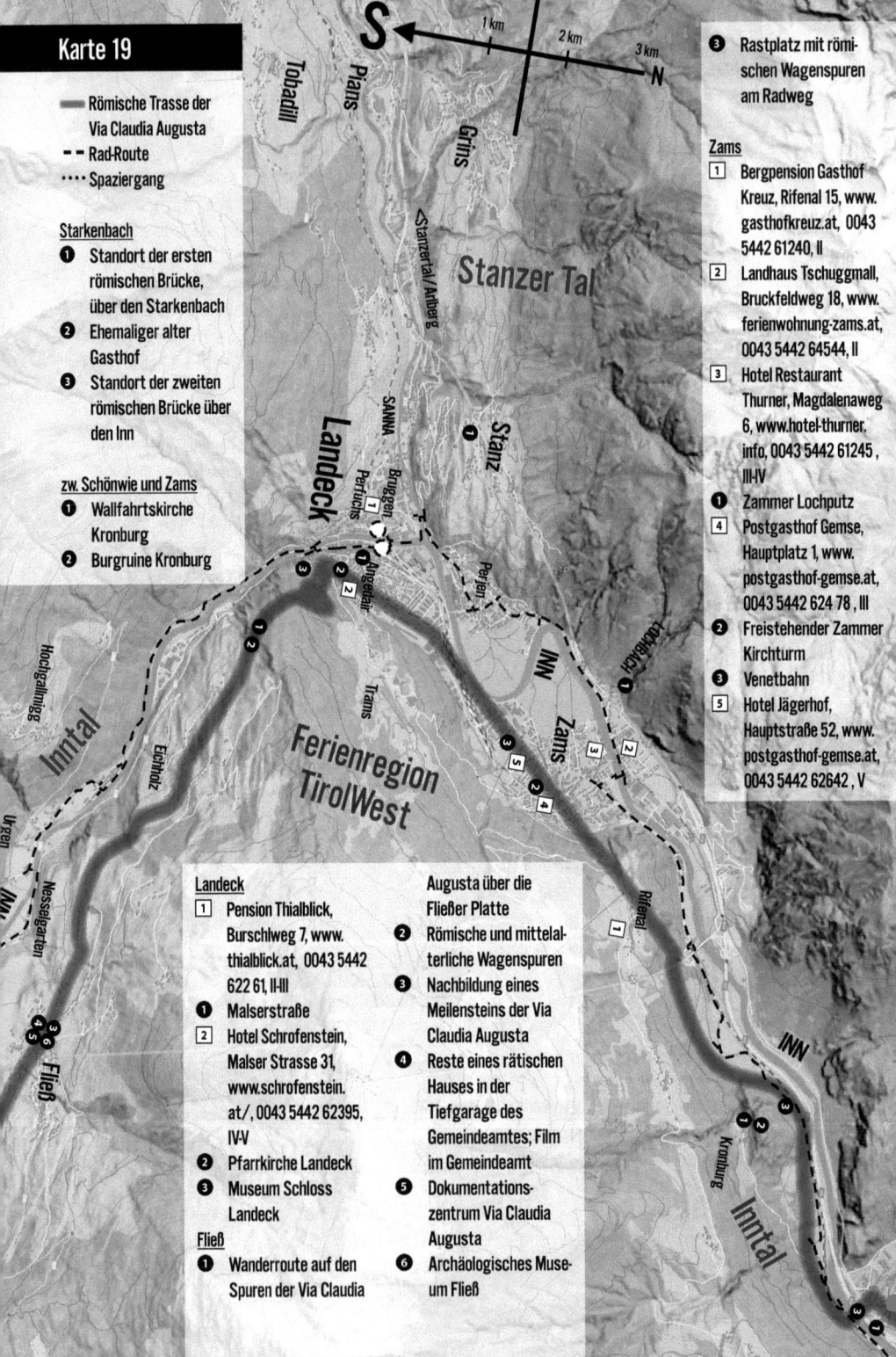

Karte 19

Römische Trasse der Via Claudia Augusta

- - Rad-Route

···· Spaziergang

Starkenbach
❶ Standort der ersten römischen Brücke, über den Starkenbach
❷ Ehemaliger alter Gasthof
❸ Standort der zweiten römischen Brücke über den Inn

zw. Schönwie und Zams
❶ Wallfahrtskirche Kronburg
❷ Burgruine Kronburg

❸ Rastplatz mit römischen Wagenspuren am Radweg

Zams
① Bergpension Gasthof Kreuz, Rifenal 15, www.gasthofkreuz.at, 0043 5442 61240, II
② Landhaus Tschuggmall, Bruckfeldweg 18, www.ferienwohnung-zams.at, 0043 5442 64544, II
③ Hotel Restaurant Thurner, Magdalenaweg 6, www.hotel-thurner.info, 0043 5442 61245, III-V
❶ Zammer Lochputz
④ Postgasthof Gemse, Hauptplatz 1, www.postgasthof-gemse.at, 0043 5442 624 78, III
❷ Freistehender Zammer Kirchturm
❸ Venetbahn
⑤ Hotel Jägerhof, Hauptstraße 52, www.postgasthof-gemse.at, 0043 5442 62642, V

Landeck
① Pension Thialblick, Burschlweg 7, www.thialblick.at, 0043 5442 622 61, II-III
❶ Malserstraße
② Hotel Schrofenstein, Malser Strasse 31, www.schrofenstein.at/, 0043 5442 62395, IV-V
❷ Pfarrkirche Landeck
❸ Museum Schloss Landeck

Fließ
❶ Wanderroute auf den Spuren der Via Claudia Augusta über die Fließer Platte
❷ Römische und mittelalterliche Wagenspuren
❸ Nachbildung eines Meilensteins der Via Claudia Augusta
❹ Reste eines rätischen Hauses in der Tiefgarage des Gemeindeamtes; Film im Gemeindeamt
❺ Dokumentationszentrum Via Claudia Augusta
❻ Archäologisches Museum Fließ

Die Sonnenhänge rund um Landeck sind schon seit vorrömischer und römischer Zeit besiedelt. Davon zeugen zahlreiche Funde: In Fließ, in Stanz, Grins oder auch bei der Kronburg. Seit Kurzem weiß man auch, dass Landecks Pfarrkirche frühchristliche Wurzeln hat, was auf eine größere Siedlung schon in der Römerzeit hindeutet. Archäologen gingen schon vorher von einer römischen Straßenstation in der heutigen Bezirksstadt aus, da die Römerstraße dort vom Hang ins Tal führt. Ein weiterer Grund dürfte die Kreuzung der Via Claudia Augusta mit einer Römerstraße über den Arlberg gewesen sein. Landeck wird von zahlreichen Festungsanlagen umgeben, von denen der ehemalige Gerichtssitz Schloss Landeck der Besterhaltene und Bedeutendste ist. Die Stadt entwickelte sich vor allem im Zuge des Baus der Arlbergbahn. Die Sonnenhänge begünstigen nicht nur die Besiedelung, sondern auch die Landwirtschaft. Die Genussregion lädt ein, ihre Früchte zu kosten.

Die Radroute Zams, Landeck, Fließ

Die Radroute führt nach Zams, quert dort kurz vor dem Zentrum den Inn und folgt diesem durch die Stadtteile Perjen und Bruck ins Zentrum der Bezirksstadt. Direkt am Weg liegt die Wasserwelt "Zammer Lochputz". Das Stadt-Zentrum durchquert der Radfahrer auf der historischen Malserstraße, die als Geschäftsstraße eine neue Blüte erlebt. Etwas oberhalb liegen die Pfarrkirche und das Schloss Landeck. Danach quert die Radroute den Inn und führt am orografisch linken Flussufer, weitgehend von Wald beschattet, in den Fließer Ortsteil Urgen, ab wo sie ein Stück die alte Landesstraße begleitet – bis zur Auffahrt in das höher gelegene Zentrum der Gemeinde Fließ, mit dem Dokumentationszentrum Via Claudia Augusta. Bei drei weiteren Innquerungen präsentiert die Radroute jedes mal neue Eindrücke vom Hauptfluss des Landes Tirol.

Ergänzende Infos zu einigen Sehenswürdigkeiten

• Das beliebte Ausflugsziel bietet schwindelerregende Einblicke in eines der schönsten wilden Wasser Tirols. Ein ganz besonderes Erlebnis. 6511 Zams, Lötz 38, 0043 5442 65 600, Öffnungszeiten: 1. Mai bis 30 Sept. täglich 9:30 – 17:30 Uhr, 1. Okt. – 31. Okt. täglich 10 – 17 Uhr. www.zammer-lochputz.at.

• Mit der Venetseilbahn geht's in 8 Minuten von 780 m auf 2.208 m Höhe, mit Panoramablick auf die umliegende Bergwelt und die Via Claudia Augusta 6511 Zams, Hauptstraße 38, 0043 5442 62 663. 6. 6. – 28. 9. und 2. 10. – 5. 10. jeweils von 8:30 – 17 Uhr, www.venet.at

• Ein Heimatmuseum der anderen Art lässt die Gäste im Schloss Landeck aus dem 13. Jh. in die Geschichte unserer Vorfahren eintauchen, in ihren Kampf ums Überleben. 6500 Landeck, Schlossweg 2, 0043 5442 63 202, Öffnungszeiten: 13. April – 26. Okt. täglich 10 – 17 Uhr.

• Im Ort Fließ befindet sich das Dokumentationszentrum der Via Claudia Augusta Tirol. Im gegenüberliegenden Archäologischen Museum sind die bedeutenden bronzezeitlichen und eisenzeitlichen Funde von Fließ ausgestellt. Dokumentationszentrum Via Claudia Augusta und Museum Fließ, 6521 Fließ Nr. 89, 0043 5449 200 65, Öffnungszeiten: Mai – Okt., Di-So 10 – 12 und 15 – 17 Uhr. www.museum.fliess.at

Regionale Küche wie vor 2000 Jahren

■ Postgasthof Gemse
6511 Zams, Hauptplatz 1, 0043 5442 62478

■ Hotel Restaurant Thurner
6511 Zams, Magdalenaweg 6, 0043 5442 61245

■ Hotel Restaurant Jägerhof
6511 Zams, Hauptstraße 52, 0043 5442 62 642

■ Hotel Enzian
6500 Landeck, Adamhofgasse 6, 0043 5442 62066

■ Hotel Restaurant Schrofenstein
6500 Landeck, Malserstraße 31, 00435442 62395

Übernachtungs- und Camping-Möglichkeiten im Anhang und in den Karten

Fragen und Auskunft zum Teilabschnitt

■ Touristinfo TirolWest, 6500 Landeck, Malserstr. 10
0043 5442 65 600

■ Hotline Via Claudia Augusta 0043 664 27 63 55

Schloss Landeck. Foto (2): Albin Niederstrasser

Archäologisches Museum Fließ

Hochklassige Edelbrennereien

Zammer Lochputz. Foto: TirolWest / guenterstandl.de

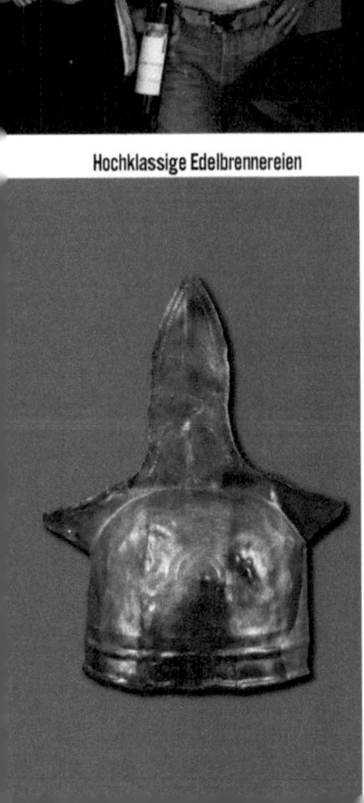

Das „Obere Gericht" reicht von Landeck bis Nauders und hat seinen Namen vom Gerichtssitz, der sich zuerst im Schloss Laudegg, oberhalb Prutz und dann ab dem 17. Jh. in Schloss Siegmundsried befand. Es handelt sich um einen der ursprünglichsten Abschnitte der Via Claudia Augusta, in dem man sieht, welchen Einfluss die wichtige Straße auf die Siedlungsentwicklung hatte. In weiten Bereichen entspricht die alte Landesstraße, die heute als Hauptstraße großteils durch die parallel führende B180 ersetzt wurde, der Römerstraße. Malerische Orte und Weiler, Schlösser und Festungen, stattliche Häuser, Gasthöfe, Bauernhöfe und Sakralbauten sowie einige alte Brücken begleiten sie. Die beeindruckendste Brücke ist sicherlich jene bei der im Mittelalter errichteten Zollstation Altfinstermünz am „jungen Inn", wo auch die Römerstraße den Fluss querte.

Radroute Prutz, Ried i. O., Tösens, Pfunds

Auf der alten Landesstraße, die weitgehend der alten Römerstraße entspricht und heute nur mehr Wanderern, Radfahrern und Anrainern gehört, führt die Radroute durch malerische Wiesen, am Fuße der Burg Laudegg, nach Prutz, wo sie wie die Römerstraße den Inn quert. Nach dem Ortszentrum von Prutz geht es zunächst auf einem neuen Radweg, am örtlichen Badesee vorbei, nach Ried im Oberinntal und dann nach Tösens. Nach Pfunds führt die Radroute zunächst durch malerische Weiler entlang der alten Landesstraße auf den Spuren der Römerstraße am westlichen Berghang. Dann wechselt sie die Talseite und führt nach Pfunds-Dorf hinein. Durch eine alte Innbrücke mit Brückenturm ist auch das historisch gewachsene Herz der Gemeinde, Stuben, in die Radroute eingebunden. Schließlich geht es entlang des Inn zur historischen Zollstation Altfinstermünz. Zuvor bildet die Römerstraße, heute ident mit der Radroute, ein kurzes Stück die EU-Außengrenze zur Schweiz.

Ergänzende Infos zu einigen Sehenswürdigkeiten

• Die beiden Ortsteile Pfunds-Dorf und Pfunds-Stuben rechts und links des Inns, haben besonders viele gotisch geprägte Häuser. Neben gemauerten Außenstiegen zeichnen sie romanische oder gotische Torbögen aus. Am Kirchplatz in Pfunds-Dorf befindet sich ein Heimatmuseum. Durch das „Loch" im Turm aus dem 11. Jh. und über den Inn wechselt die Route nach Pfunds-Stuben, an deren Dorfstraße vor allem die Liebfrauenkirche mit einem Altar vom süddeutschen Meister Jörg Lederer und schönen Fresken zu erwähnen ist, sowie der Richterhof mit drei Gedenktafeln an der Giebelfassade. Museum, Dorf 103, 0043 5474 5229, Führungen im Sommer So 10 – 12 Uhr und 13.30 – 16 Uhr, Mi 13.30 – 15.30 Uhr

• Bevor es über die Kajetansbrücke Richtung Nauders geht, ist ein Abstecher zum Ensemble der historischen Zollstation Altfinstermünz ein Muss. So abgelegen Altfinstermünz heute scheint – einst war es ein von mehreren Seiten erreichbarer wichtiger Verkehrsknoten. Neben der Via Claudia Augusta auf den Reschenpass führte auch eine Straße ins Unterengadin. Vom 9. bis zum 11. Jh. war Altfinstermünz Gerichts- und Mallstelle für die Region Unterengadin, Nauders und Pfunds. Ab 1652 war Finstermünz Grenze zwischen Tirol und Graubünden. Bis 1855 quälte sich aber der gesamte Verkehr Richtung Süden durch das enge Tor im Brückenturm der ehemaligen Zollstation. Auf einem Rundgang erfährt der Besucher, unterstützt durch einen Dokumentarfilm, ihre Funktion und Geschichte. 0043 5474 200 43 oder 0043 664 39 59 471, geöffnet 1. Juni – 15. Okt. 11 – 17 Uhr, Mo Ruhetag, Führungen, Imbisse und Getränke auf Anfrage von Ostern bis Nov. www.altfifinstermuenz. com.naturbelassen blieb. Das Gemeindemuseum Graun dokumentiert die Aufstauung des Reschensees, den Untergang und Wiederaufbau des Dorfes Graun. 39027 Graun, 0039 0473 633 127.

Regionale Küche wie vor 2000 Jahren

■ Hotel Gasthof Kreuz

6542 Pfunds-Stuben 3, 0043 5474 5218

Übernachtungs- und Camping-Möglichkeiten im Anhang und in den Karten

---

Fragen und Auskunft zum Teilabschnitt

■ Touristinfo Prutz-Faggen

6522 Prutz, Hintergasse 2, 0043 50 225 500

■ Touristinfo Ried im Oberinntal

6531 Ried, Kirchplatz 48, 0043 50 225 100

■ Touristinfo Pfunds-Stuben

6542 Pfunds, Stubener Str. 40, 0043 50 225 300

■ Hotline Via Claudia Augusta 0043 664 27 63 555

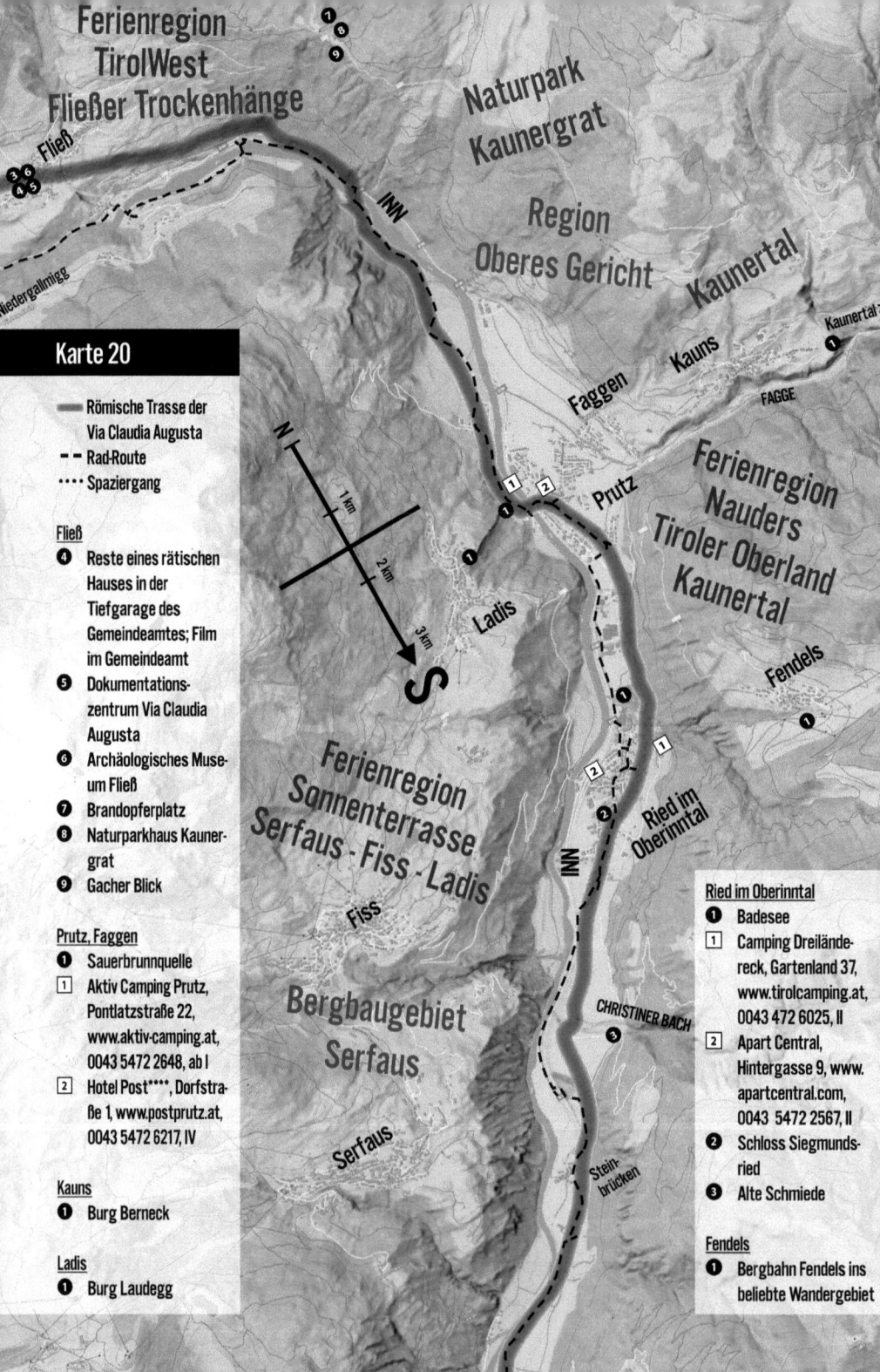

Ferienregion
TirolWest
Fließer Trockenhänge

Fließ

Niedergallmigg

Naturpark
Kaunergrat

INN

Region
Oberes Gericht

Kaunertal

Kaunertal >
❶

Kauns

Faggen   FAGGE

Prutz

Ferienregion
Nauders
Tiroler Oberland
Kaunertal

Fendels

Ladis

Ferienregion
Sonnenterrasse
Serfaus · Fiss · Ladis

Fiss

Bergbaugebiet
Serfaus

Serfaus

INN

Ried im
Oberinntal

CHRISTINER BACH

Stein-
brücken

Karte 20

— Römische Trasse der
  Via Claudia Augusta
- - Rad-Route
··· Spaziergang

Fließ
❹ Reste eines rätischen
  Hauses in der
  Tiefgarage des
  Gemeindeamtes; Film
  im Gemeindeamt
❺ Dokumentations-
  zentrum Via Claudia
  Augusta
❻ Archäologisches Muse-
  um Fließ
❼ Brandopferplatz
❽ Naturparkhaus Kauner-
  grat
❾ Gacher Blick

Prutz, Faggen
❶ Sauerbrunnquelle
① Aktiv Camping Prutz,
  Pontlatzstraße 22,
  www.aktiv-camping.at,
  0043 5472 2648, ab I
② Hotel Post****, Dorfstraße 1, www.postprutz.at,
  0043 5472 6217, IV

Kauns
❶ Burg Berneck

Ladis
❶ Burg Laudegg

Ried im Oberinntal
❶ Badesee
① Camping Dreilände-
  reck, Gartenland 37,
  www.tirolcamping.at,
  0043 472 6025, II
② Apart Central,
  Hintergasse 9, www.
  apartcentral.com,
  0043 5472 2567, II
❷ Schloss Siegmunds-
  ried
❸ Alte Schmiede

Fendels
❶ Bergbahn Fendels ins
  beliebte Wandergebiet

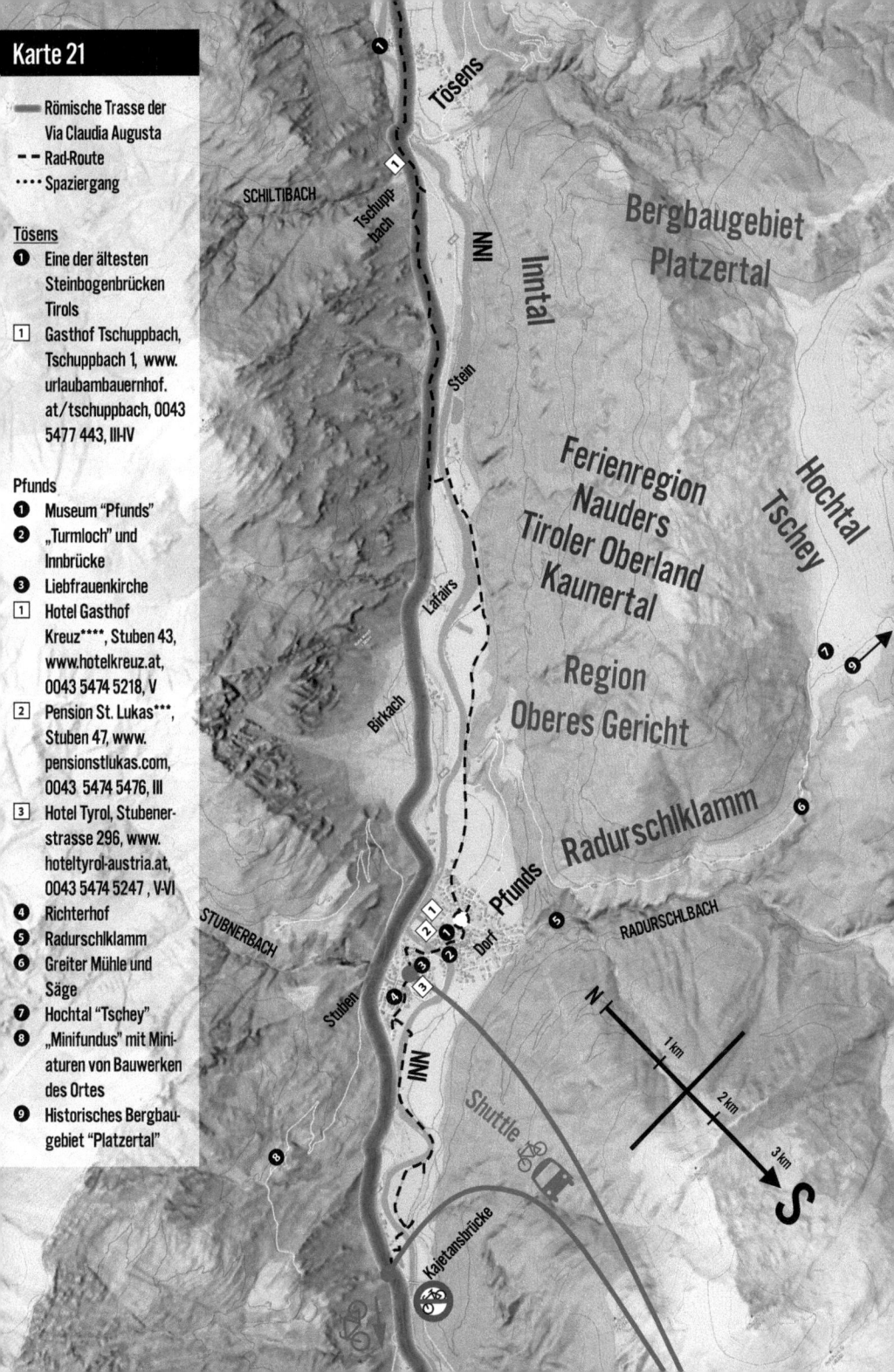

Karte 21

━━━ Römische Trasse der Via Claudia Augusta

- - - Rad-Route

···· Spaziergang

Tösens

❶ Eine der ältesten Steinbogenbrücken Tirols

1 Gasthof Tschuppbach, Tschuppbach 1, www. urlaubambauernhof. at/tschuppbach, 0043 5477 443, III-IV

Pfunds

❶ Museum "Pfunds"

❷ "Turmloch" und Innbrücke

❸ Liebfrauenkirche

1 Hotel Gasthof Kreuz****, Stuben 43, www.hotelkreuz.at, 0043 5474 5218, V

2 Pension St. Lukas***, Stuben 47, www. pensionstlukas.com, 0043 5474 5476, III

3 Hotel Tyrol, Stubener-strasse 296, www. hoteltyrol-austria.at, 0043 5474 5247 , V-VI

❹ Richterhof

❺ Radurschlklamm

❻ Greiter Mühle und Säge

❼ Hochtal "Tschey"

❽ "Minifundus" mit Mini-aturen von Bauwerken des Ortes

❾ Historisches Bergbau-gebiet "Platzertal"

Tösens

SCHILTIBACH

Tschupp-bach

INN

Inntal

Bergbaugebiet Platzertal

Stein

Hochtal Tschey

Lafairs

Ferienregion Nauders Tiroler Oberland Kaunertal

Region Oberes Gericht

Birkach

Radurschlklamm

Pfunds

STUBNERBACH

Dorf

RADURSCHLBACH

Stuben

N

1 km

2 km

3 km

S

INN

Shuttle

Kajetansbrücke

Das Obere Gericht.

Eine der ältesten Steinbrücken Tirols in Tösens

Das „Turmloch" und die Brücke über den Inn zwischen Pfunds und Stuben

Schloss Siegmundsried in Ried

Altfinstermünz

Die Pässe waren in historischer Zeit eine große Herausforderung. Deshalb richteten die Römer bevorzugt vor, nach und auf den Passhöhen Raststationen ein. Der Reschenpass ist mit 1507 Metern der höchste Punkt der Via Claudia Augusta. Die Passhöhe liegt auf italienischem Staatsgebiet. Etwas nördlich, im österreichischen Nauders, befand sich die einzige schriftlich überlieferte römische Straßenstation Tirols, Inutrium. Heute rasten im Hochtal viele Urlauber. Sie genießen im Winter wie im Sommer die Bergwelt rund um Nauders, Reschen, Graun und St. Valentin. Die vier Orte liegen in zwei Staaten und Tourismusregionen, gehören aber geografisch alle zum Vinschgau. Die Gäste schätzen auch die Seen, die auf der Passhöhe aufgestaut wurden. Aus dem Reschensee ragt mit dem Altgrauner Kirchturm eines der bekanntesten Fotomotive der Route.

Radroute Nauders, Reschen, Graun, St. Valentin

An allen Pässen entlang der Via Claudia Augusta gibt es die Möglichkeit, diese selbst zu erradeln oder einen Radshuttle zu nehmen. Auf den Reschenpass gelangt man mehrmals täglich mit dem öffentlichen Bus, der einen großen Radanhänger mitführt. Entscheidet man sich, selbst aufs Dach der Tour zu radeln, fährt man zunächst auf einem malerischen Radweg entlang des Inn nach Altfinstermünz und weiter ins Schweizerische Martina (Achtung, EU-Außengrenze, Reisepass nicht vergessen!). Von Martina geht es über zahlreiche Kehren hinauf auf die Norbertshöhe und nach Nauders. Von dort geht es weiter auf der alten Landesstraße zum Reschenpass, die heute ausschließlich Anrainern, Radfahrern und Fußgängern vorbehalten ist. Sie führt über malerische Bergwiesen und entspricht exakt der Trasse der Römerstraße (Fotopoint). Im Unterschied zum Etschradweg führt die Radroute Via Claudia Augusta auf der Uferseite der beiden Seen, auf der auch die Römerstraße verlief. Sie liegt allerdings heute am Seegrund begraben, wie das Dorf Altgraun und seine Kirche. Kurz nach dem Reschenstaudamm geht es ins malerische „Dörfl" und in die Malser Haide

Ergänzende Infos zu einigen Sehenswürdigkeiten

• Nauders' Pfarrkirche St. Valentin hat ihre Wurzlen im 4. Jh. Das auf einem Hügel im nördlichen Teil des Dorfes thronende Schloss Naudersberg ist eine Festungsanlage

aus dem 13./14. Jh., die im 15./16. Jh. erweitert wurde. Heute beherrbergt das Schloss ein Museum und ein Restaurant. Die St. Leonhardskapelle im Süden des Schlosses fasziniert mit einer der bedeutendsten romanischen Fresken. 0043 50225400, Führungen entsprechend aktuellem Aushang und nach Vereinbarung.

• Der Reschensee ist wegen der guten Windverhältnisse das Top-Kite- und Snow-Kite-Revier der Alpen. Jährlich werden nationale und internationale Kite-Events ausgetragen. Der 1950 aufgestaute See vereinte den Reschen- und den Mittersee zu einer einzigen 6 km langen Wasserfläche, welcher der alte Ort Graun weichen musste. Sein Kirchturm ragt noch heute als einer der bekanntesten Postkartenmotive am Ostufer aus dem See. Das Gemeindemuseum Graun dokumentiert die Aufstauung des Reschensees, den Untergang und Wiederaufbau des Dorfes Graun. 39027 Graun, 0039 0473 633 127.

Regionale Küche wie vor 2000 Jahren

■ Hotel Restaurant Post
6543 Nauders,Tschiggfrey-Str. 37, 00435473 87 20 20
■ Gasthof „Zum Goldenen Löwen"
6543 Nauders 36, 0043 5473 87 208
■ Hotel Restaurant Central
6543 Nauders, Unterdorfweg 196, 0043 5473 87 22 10
■ Hotel Restaurant „Schwarzer Adler"
6543 Nauders,Tschiggfrey-Str. 33,00435473 87 25 40
■ Hotel Restaurant „Mein Almhof"
6543 Nauders, Tschiggfrey-Str. 314, 0043 5473 87 313
■ Gasthof Martha
6543 Nauders 296, 0043 5473 87 33 80

Übernachtungs- und Camping-Möglichkeiten im Anhang und in den Karten

Fragen und Auskunft zum Teilabschnitt

■ Touristinfo Nauders am Reschenpass, 6543 Nauders, Doktor-Tschiggfrey-Str. 66,0043 50225400
■ Touristinfo Reschen
39037 Reschen, Hauptstraße 22, 0039 0473 633 101
■ Touristinfo St. Valentin
39037 St. Valentin, Hauptstraße 61, 0039 0473 634 603
■ Hotline Via Claudia Augusta 0043 664 27 63 55

Karte 22

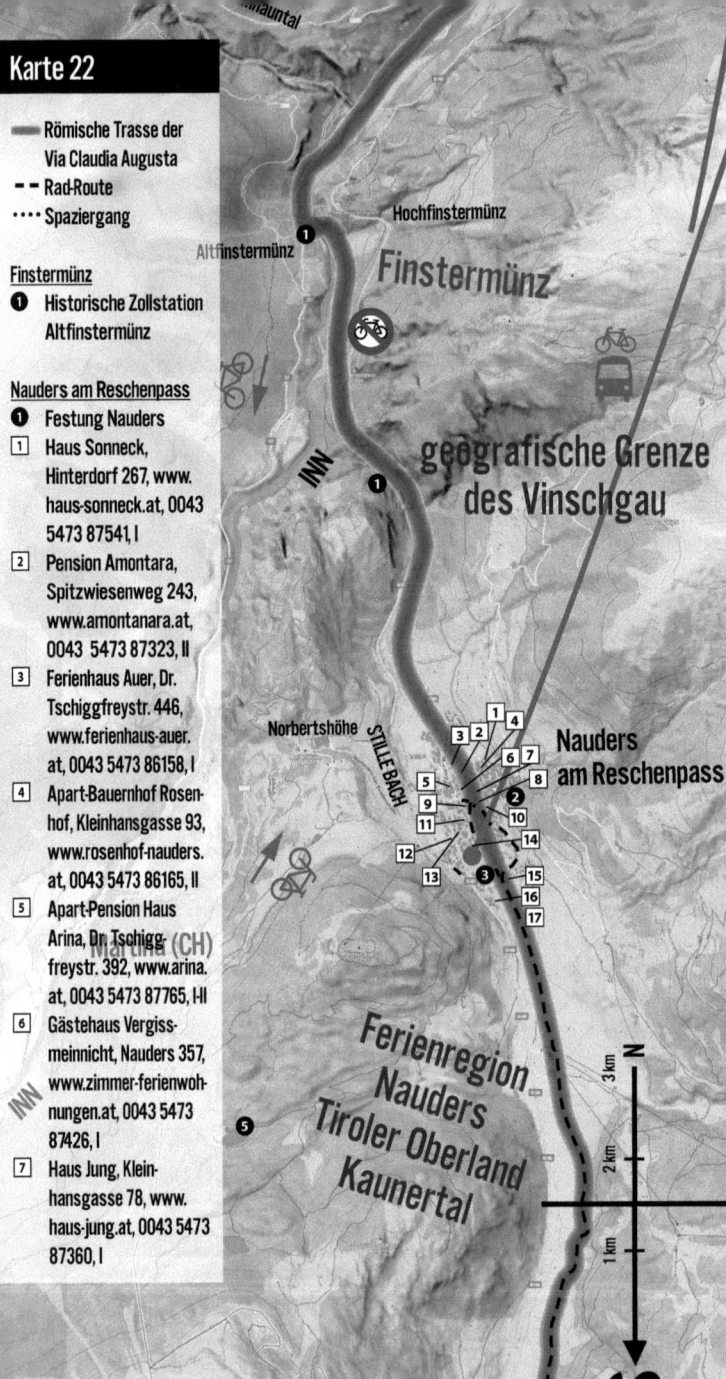

Legend:
- ▬ Römische Trasse der Via Claudia Augusta
- – – Rad-Route
- •••• Spaziergang

Finstermünz
- ❶ Historische Zollstation Altfinstermünz

Nauders am Reschenpass
- ❶ Festung Nauders
- ① Haus Sonneck, Hinterdorf 267, www.haus-sonneck.at, 0043 5473 87541, I
- ② Pension Amontara, Spitzwiesenweg 243, www.amontanara.at, 0043 5473 87323, II
- ③ Ferienhaus Auer, Dr.-Tschiggfreystr. 446, www.ferienhaus-auer.at, 0043 5473 86158, I
- ④ Apart-Bauernhof Rosenhof, Kleinhansgasse 93, www.rosenhof-nauders.at, 0043 5473 86165, II
- ⑤ Apart-Pension Haus Arina, Dr. Tschiggfreystr. 392, www.arina.at, 0043 5473 87765, I-II
- ⑥ Gästehaus Vergissmeinnicht, Nauders 357, www.zimmer-ferienwohnungen.at, 0043 5473 87426, I
- ⑦ Haus Jung, Kleinhansgasse 78, www.haus-jung.at, 0043 5473 87360, I

Nauders am Reschenpass
- ⑧ Gasthof Zum Goldenen Löwen***, Postplatz 36, www.loewen-nauders.com, 0043 5473 87208, III-IV
- ❷ Pfarrkirche Sankt Valentin
- ⑨ Hotel Post ****, Dr.-Tschiggfrey-Str. 37, www.post-nauders.com, 0043 5473 872020, III-IV
- ⑩ Aktivhotel Schwarzer Adler ****, Dr.-Tschiggfrey-Str. 33, www.adlerhotel.at, 0043 5473 872540, III-IV
- ⑪ Hotel Central ****, Unterdorfstraße 196, www.hotel-central.at, 0043 5473 872210, IV-V
- ⑫ Haus Ferienglück, Sandbichl 455, www.haus-ferienglueck.at, 0043 650 6543455, II-III
- ⑬ Pension Garni Alpenhof, Nauders 229, www.alpenhof-nauders.at, 0043 5473 87263, IV-V
- ⑭ Hotel Restaurant Mein Almhof****, Dr.-Tschiggfrey-Str. 314, www.meinalmhof.at, 0043 5473 387313, IV-V
- ❸ Schloss Naudersberg
- ⑮ Hotel Neue Burg****, Alte Strasse 370, www.neue-burg.at, 0043 5473 87700, V
- ⑯ Gasthof Martha***, Nauders 296, http://www.gasthofmartha.at, 0043 5473 87338, III
- ⑰ Apart Bergkastelblick, Bundesstraße 287, www.bergkastelblick.at, 0043 676 9369873, III
- ❹ Goldwasser
- ❺ Schwarzer See

Map labels:
Hochfinstermünz
Altfinstermünz
Finstermünz
geografische Grenze des Vinschgau
INN
Norbertshöhe
STILLE BACH
Nauders am Reschenpass
Martina (CH)
INN
Ferienregion Nauders Tiroler Oberland Kaunertal
N
3 km
2 km
1 km
S
Reschenpass Passo di Resia

Nauders am Reschenpass, das erste Dorf im Hochtal. Foto: Nauders am Reschenpass / Manuel Baldauf

Festung Nauders.

Schloss Naudersberg. Foto: Daniela Zangerl

Der Turm Altgrauns im Reschensee.

Top-Kite-Revier Reschensee

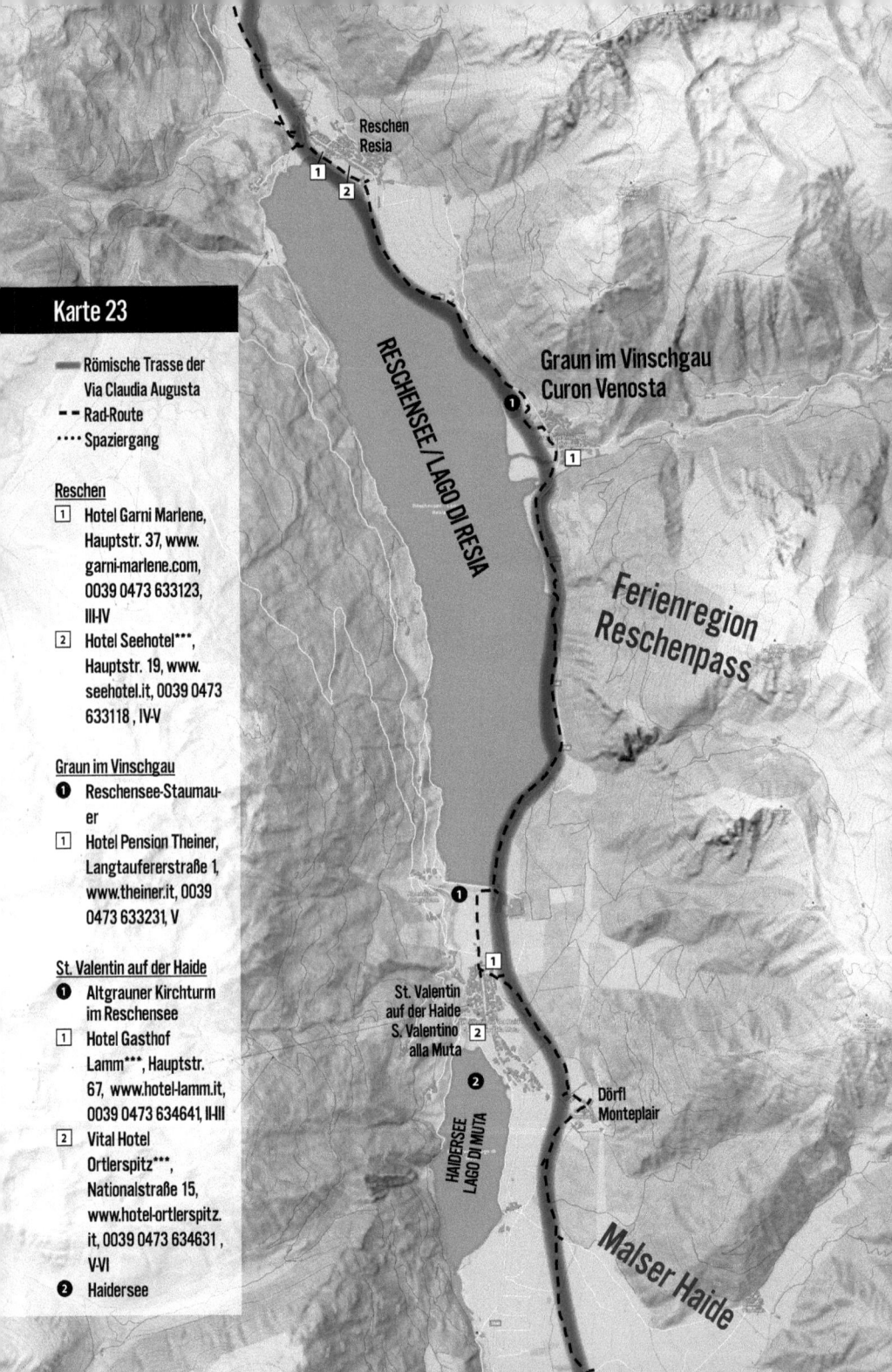

Reschen / Resia

Karte 23

— Römische Trasse der Via Claudia Augusta
- - Rad-Route
···· Spaziergang

Reschen

1 Hotel Garni Marlene, Hauptstr. 37, www. garni-marlene.com, 0039 0473 633123, III-IV

2 Hotel Seehotel***, Hauptstr. 19, www. seehotel.it, 0039 0473 633118 , IV-V

Graun im Vinschgau

● Reschensee-Staumauer

1 Hotel Pension Theiner, Langtaufererstraße 1, www.theiner.it, 0039 0473 633231, V

St. Valentin auf der Haide

● Altgrauner Kirchturm im Reschensee

1 Hotel Gasthof Lamm***, Hauptstr. 67, www.hotel-lamm.it, 0039 0473 634641, II-III

2 Vital Hotel Ortlerspitz***, Nationalstraße 15, www.hotel-ortlerspitz. it, 0039 0473 634631 , V-VI

❷ Haidersee

RESCHENSEE / LAGO DI RESIA

Graun im Vinschgau
Curon Venosta

Ferienregion Reschenpass

St. Valentin auf der Haide
S. Valentino alla Muta

HAIDERSEE LAGO DI MUTA

Dörfl Monteplair

Malser Haide

Kaum eine Region an der Via Claudia Augusta hat so viele historische Ortskerne und Gebäude. Schon lange vor den Römern war der klimatisch begünstigte Vinschgau als Siedlungsplatz entdeckt. Seinen Namen hat er vom rätischen Stamm der Venosten, die z. B. auf dem Tartscher Bichl oder am Ganglegg oberhalb Schluderns siedelten. Die historische Trasse der Via Claudia Augusta führte über die Malser Haide, wo Archäologen eine römische Straßenstation orten konnten, und dann ab Mals am Sonnenhang entlang. Dichter besiedelt und urbar gemacht wurde die Gegend ab dem 10. Jh. durch romanische Bauern. Ab dem 12. Jahrhundert wurden sie dabei vom Kloster Marienberg unterstützt. Von dieser Zeit zeugen mehrere Burgen, das mittelalterlich geprägte Städtchen Glurns mit seiner noch vollständig erhaltenen Stadtmauer, aber auch die Dorfkerne der Dörfer rundum. Der Vinschgau baut auf dieses reiche Erbe und präsentiert sich als geschichtsträchtige Kulturregion Südtirols.

Radroute Malser Haide – Prad am Stilfserjoch

Am Rand der Malser Haide, den größten Schwemmkegel der Alpen mit seinen markanten Waalen, geht es auf dem Vinschger-Radweg ins Dörfchen Burgeis, über dem das Kloster Marienberg thront. Weiter gehts an den Dorfrand von Mals mit seinen zahlreichen Türmen, durch die Dörfchen Schleis und Laatsch in das mittelalterliche Städtchen Glurns. Auf dem anschließenden Weg durch Wiesen und Apfel-Gärten bis kurz vor Spondinig hat man auf der einen Seite Schluderns und die Churburg und auf der anderen die Ruine Lichtenberg im Blick. Ab Mals beginnt außerdem der Sonnenberg, mit seiner typischen Trocken-Rasen-Vegetation. Schließlich quert die Radroute in einem Feuchtgebiet das Tal, wo am Fuße des Stilfserjochs Prad wartet.

Mehr Info zu einigem Sehenswerten in den Karten

- Der bereits im 12. Jh. erwähnte Ort Burgeis mit der Fürstenburg hat malerische enge Gassen und besonders viele Häuser mit Fresken, Portalen, Freitreppen und Erkern.
- Marienberg ist Europas höchstgelegenes Benediktinerkloster und besitzt den höchsten Weinberg Europas. Ein Museum mit einem Film lässt die 900-jährige Geschichte und das Leben hinter Klostermauern lebendig werden. ■ 39024 Burgeis, Schlinig 1, 0039 0473 843 980, geöffnet

15. März – 31. Okt. Mo – Sa 10 – 17 Uhr und 27. Dez. – 5. Jan. Mo – Sa 10 – 17 Uhr. Unweit davon liegt das Kirchlein St. Stefan, das seine Wurzeln schon im 5. Jh. hat.
- Grabungen im Bereich der Benedikt-Kirche aus dem 9. Jh. bestätigten, dass Mals schon auf die Römer zurückgeht. Im 12. Jh. wurde es Gerichtssitz und 1642 Marktgemeinde.
- Der Tartscher Bichl südlich von Mals mit dem malerisch gelegenen St.-Veit-Kirchlein ist ein fabelhafter Ausblickspunkt, der schon in der Urgeschichte besiedelt war.
- Glurns ist, mit 800 Einwohnern eine der kleinsten Städte der Alpen. Strategisch günstig gelegen und von den Tiroler Landesfürsten gefördert gelangte sie zu beachtlichem Reichtum. Besonders sehenswert sind die Laubengassen.
- Die Churburg aus dem 13. Jh., gilt als best-erhaltener Wehrbau des Landes. Seit 1504 ist die Burg im Besitz der Grafen von Trapp, die dort eine sehenswerte Rüstungssammlung präsentieren. ■ 39020 Schluderns, Churburg 1, 0039 0473 615 241, Führungen vom 20. März bis 31. Okt, Einlasszeiten 10 – 12 und 14 – 16:30, Montag Ruhetag, ausgenommen Feiertag, www.churburg.com.
- Das Vinschgermuseum erzählt die Geschichte des Tales ■ 39020 Schluderns, Meranerstr. 1, 0039 0473 615 590, geöffnet 20. März – 31. Okt. 10–12 und 15–18 Uhr. Mo Ruhetag, ausgen. Feiertag, www.vintschgermuseum.com.
- Die Dauerausstellung „Unter Fischen – eine Reise in fremde Welten" im Nationalpark-Haus „aquaprad" mit 12 Aquarien Einblicke in die Fischfauna des Nationalparks Stilfserjoch ■ 39026 Prad am Stifserjoch, Kreuzweg 4/c, 0039 0473 618 212, geöffnet Di – Fr 9 – 12 und 14:30 – 18 Uhr, Sa, So und Feiertag 14:30 – 18 Uhr, Montag Ruhetag. www.aquaprad.com

Regionale Küche wie vor 2000 Jahren

Hier könnte ein Gastbetrieb stehen, der zumindest ein Gericht wie vor 2000 Jahren laufend auf der Karte führt.

Fragen und Auskunft zum Teilabschnitt

■ Hotline Gästeinformation Vinschgau, 0039 0473 620480
■ Hotline Via Claudia Augusta, 0043 664 27 63 555

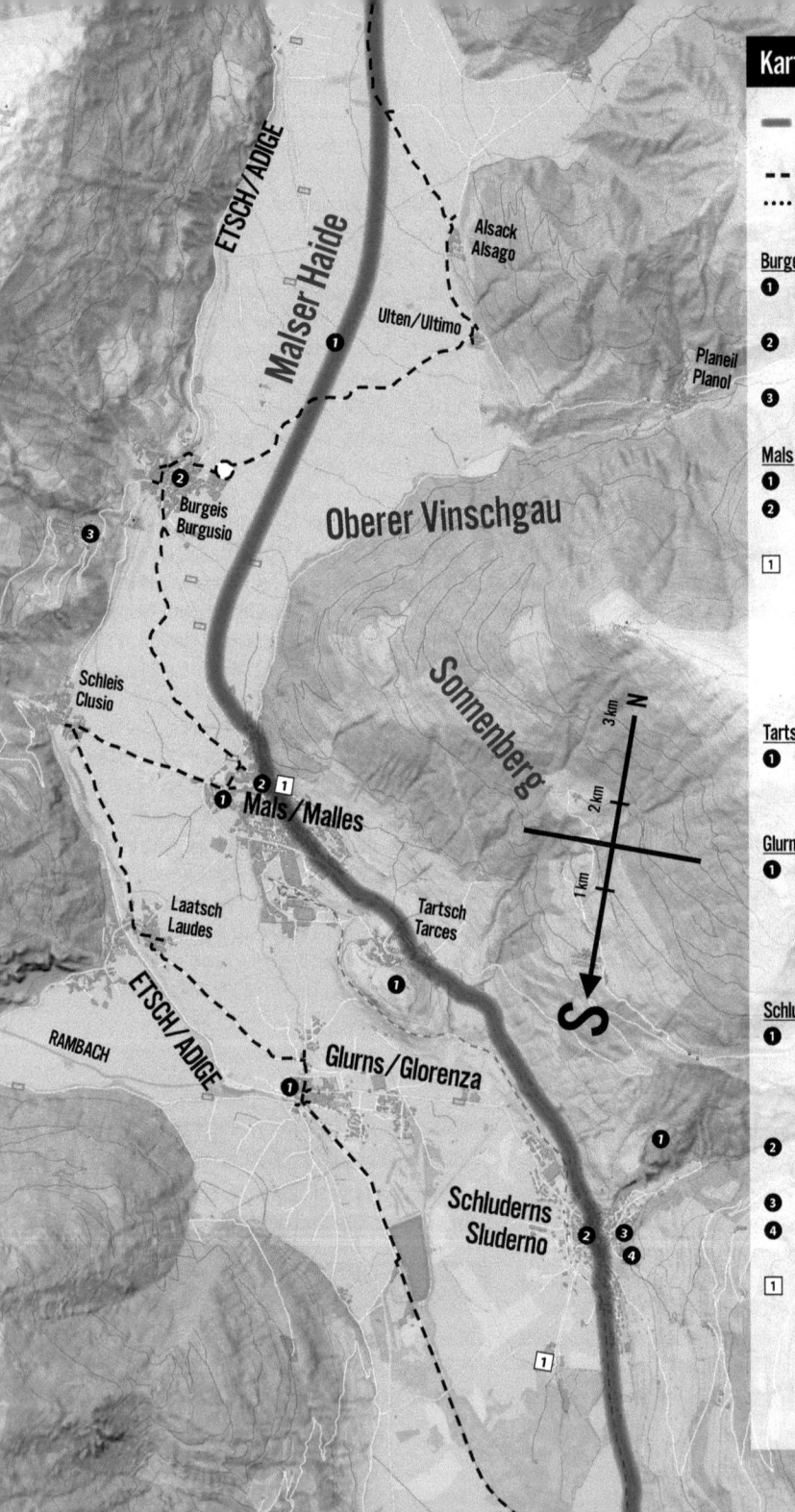

ETSCH/ADIGE

Malser Haide

Alsack
Alsago

Ulten/Ultimo

Planeil
Planol

Oberer Vinschgau

❶

❷

Burgeis
Burgusio

❸

Schleis
Clusio

Sonnenberg

❷ ①

① Mals/Malles

Laatsch
Laudes

Tartsch
Tarces

ETSCH/ADIGE

RAMBACH

①

Glurns/Glorenza

①

Schluderns
Sluderno

❶

❷ ❸
❹

①

❸km N

❷km

❶km

S

Malser Haide. Foto: Frieder Blickle

Im Städtchen Glurns. Foto: Vinschgau Marketing / Frieder Blickle

Das Vintschgermsueum dokumentiert die Geschichte des Tales.

Marienberg und die Fürstenburg.

Churburg. Foto (2): Frieder Blickle

Ganglegg.

Acquaprad gibt Einblicke in die Wasserwelt des Naturparks.

Im Herzen des „Obstgartens Vinschgau", am Fuße des Sonnenberges – über den auch vermutlich die Römerstraße verlief – liegen das Marmordorf Laas und der Hauptort des Vinschgaus, die Marktgemeinde Schlanders. Schon in der Jungsteinzeit hielten sich in der sonnenreichen und wegen den hohen Bergketten im Norden und Süden sehr niederschlagsarmen Gegend nomadisierende Hirten und Jäger auf. Zumindest seit der Römerzeit wird der bekannte Laaser bzw. Göflfllaner Marmor abgebaut, wie der Meilenstein der Via Claudia Augusta von Rabland belegt. In den Urkunden tauchen Schlanders und Laas Ende 11. / Anfang 12. Jh. erstmals auf. Im 14. Jh. wurde Schlanders Gerichtssitz.

Radroute Tschengls – Laas – Schlanders – Morter

Über Wiesen und durch Alpfelgärten geht's über's Dörfchen Tschengels mit der Tschengels-Burg nach Laas, dem Marmordorf mit einem Hauptplatz ganz aus weißem Marmor, zu dem man über die Etschbrücke gelangt. Ab Laas führt der Radweg durch Wald und Wiesen, meist entlang der Etsch, der in diesem Abschnitt auf der kühleren Südseite des Tals verläuft. Hoch oberhalb der Radroute liegen die berühmten Marmor-Brüche von Laas und Göflllan, die durch einen Schrägaufzug mit dem Tal verbunden sind. In Göflan besteht die Möglichkeit für einen Abstecher in das Zentrum des Bezirkshauptortes Schlanders, das unter anderem mit einer malerischen Fußgängerzone besticht. Von Göfflan geht's durch Apfelgärten nach Morter.

Mehr Info zu einigem Sehenswerten in den Karten

- Auf einem kleinen Hügel am Dorfeingang von Laas liegt malerisch das uralte St.-Sisinus-Kirchlein.
- In der romanischen Laaser Pfarrkirche zum hl. Johannes dem Täufer ist eine frühmittelalterliche Altarmensa mit einem Relief der Märtyrer Sisinus, Alexander und Martyrius zu bewundern.
- Eine Besonderheit ist auch der Kandl-Waal, der auf hohen Steinpfeilern über die Etsch führte, von dem aber nach einem Brand 1907 nur mehr Reste zeugen.
- Seit Menschengedenken wird am südlich gelegenen Nörderberg in Laas weißer Marmor abgebaut, der besonders hart, widerstandsfähig und wetterbeständig ist. Er wird u. a. über einen Schrägaufzug zu Tal gebracht. Auf dem

Werksgelände von Lasa Marmo werden die Blöcke gelagert. Im Ort gibt es auch einige weiterverarbeitende Betriebe. Der Ortsplatz ist ganz in weißem Marmor gehalten.

- Die Fraktion Kortsch hat ein sehenswertes bäuerlich geprägtes Zentrum, über dem – von Weitem sichtbar – das Ägidus-Kirchlein thront.
- Man könnte meinen, der Name Schlanders stamme von „Schländern". Zumindest lässt es sich in der Fußgängerzone der Marktgemeinde herrlich schlendern, einkaufen, Kaffee trinken, ... Im ehemaligen Garnisonsort warten auch schöne Gassen und zahlreiche alte Bauten, die die Entwicklung vom 13. bis ins 20. Jh. erzählen – z. B. Schloss Schlandersburg, die gotische Pfarrkirche Mariä Himmelfahrt, die noch ältere Michaelskapelle am Friedhof, Kapuzinerkirche und -kloster und einige Herrschaftssitze. Am Sonnberg oberhalb der Marktgemeinde thront das im 13. Jh. errichtete Schloss Schlandersberg.

Geschichte(n)

Römerstraßen wurden – wenn irgendmöglich – leicht oberhalb der Talsohle – auf der Sonnenseite eines Tales angelegt, wo sie nach Regen schnell wieder trocken und nach Schneefall schnell wieder aper waren. Der Sonnenhang im Vinschgau ist ideal für die Anlage einer Römerstraße.

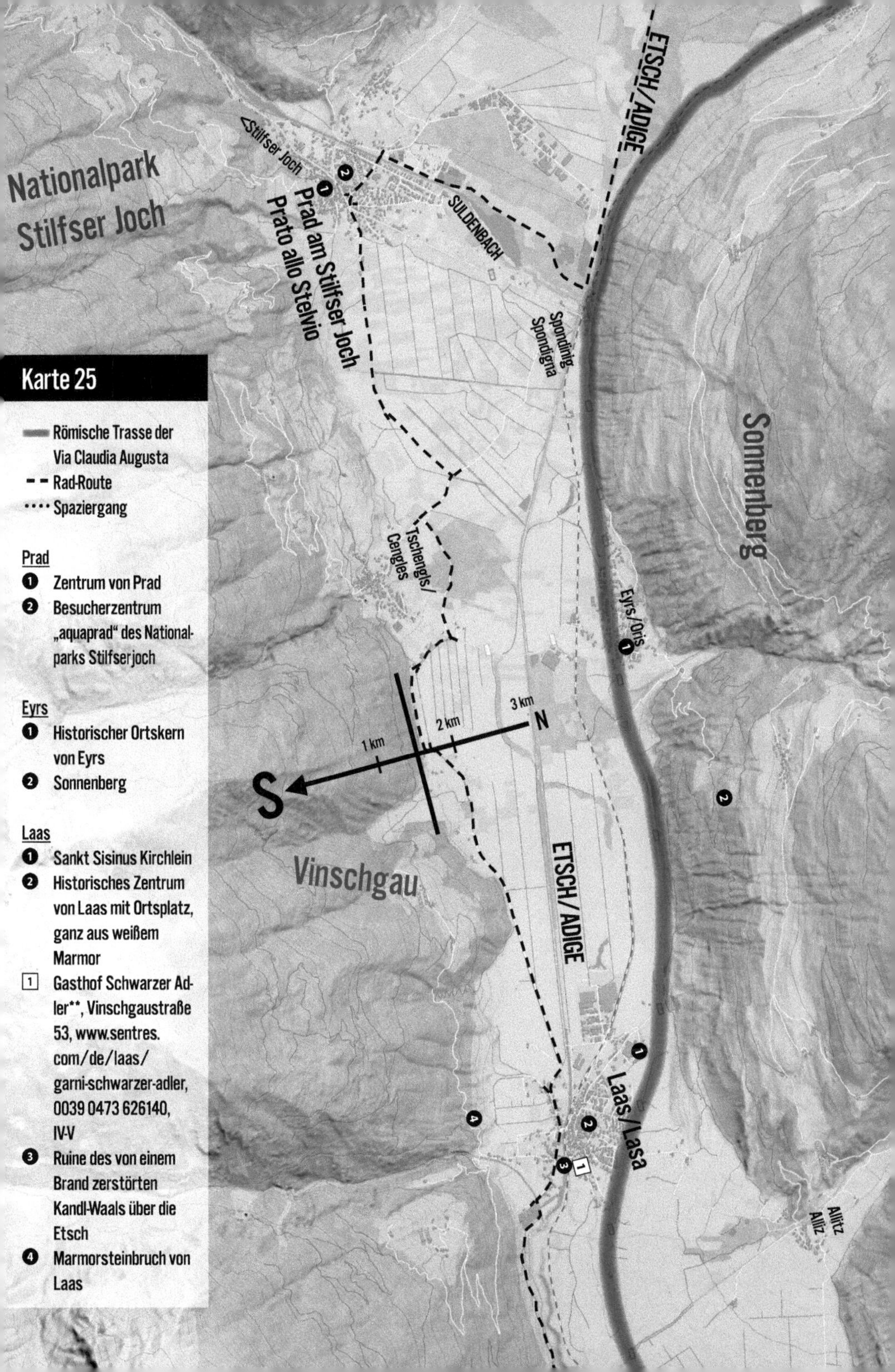

Nationalpark
Stilfser Joch

Stilfser Joch

Prad am Stilfser Joch
Prato allo Stelvio

SULDENBACH

Spondinig
Spondigna

ETSCH/ADIGE

Sonnenberg

Tschengls/
Cengles

Eyrs/Oris

Karte 25

━━ Römische Trasse der
Via Claudia Augusta
- - Rad-Route
···· Spaziergang

Prad
❶ Zentrum von Prad
❷ Besucherzentrum
„aquaprad" des National-
parks Stilfserjoch

Eyrs
❶ Historischer Ortskern
von Eyrs
❷ Sonnenberg

Laas
❶ Sankt Sisinus Kirchlein
❷ Historisches Zentrum
von Laas mit Ortsplatz,
ganz aus weißem
Marmor
☐1 Gasthof Schwarzer Ad-
ler**, Vinschgaustraße
53, www.sentres.
com/de/laas/
garni-schwarzer-adler,
0039 0473 626140,
IV-V
❸ Ruine des von einem
Brand zerstörten
Kandl-Waals über die
Etsch
❹ Marmorsteinbruch von
Laas

N

S

1 km 2 km 3 km

Vinschgau

ETSCH/ADIGE

Laas/Lasa

Allitz
Alliz

Schloss Goldrain.

Schlanders und Laas sind auch Zentren des Apfelanbaus. Foto: Frieder Blickle

Laaser Bildhauer. Foto: SMG / Alex Filz

Kastelbell. Fotos: Frieder Blickle, Christoph Tschaikner

Laaser Bildhauer. Foto: SMG / Alex Filz

Schlanders

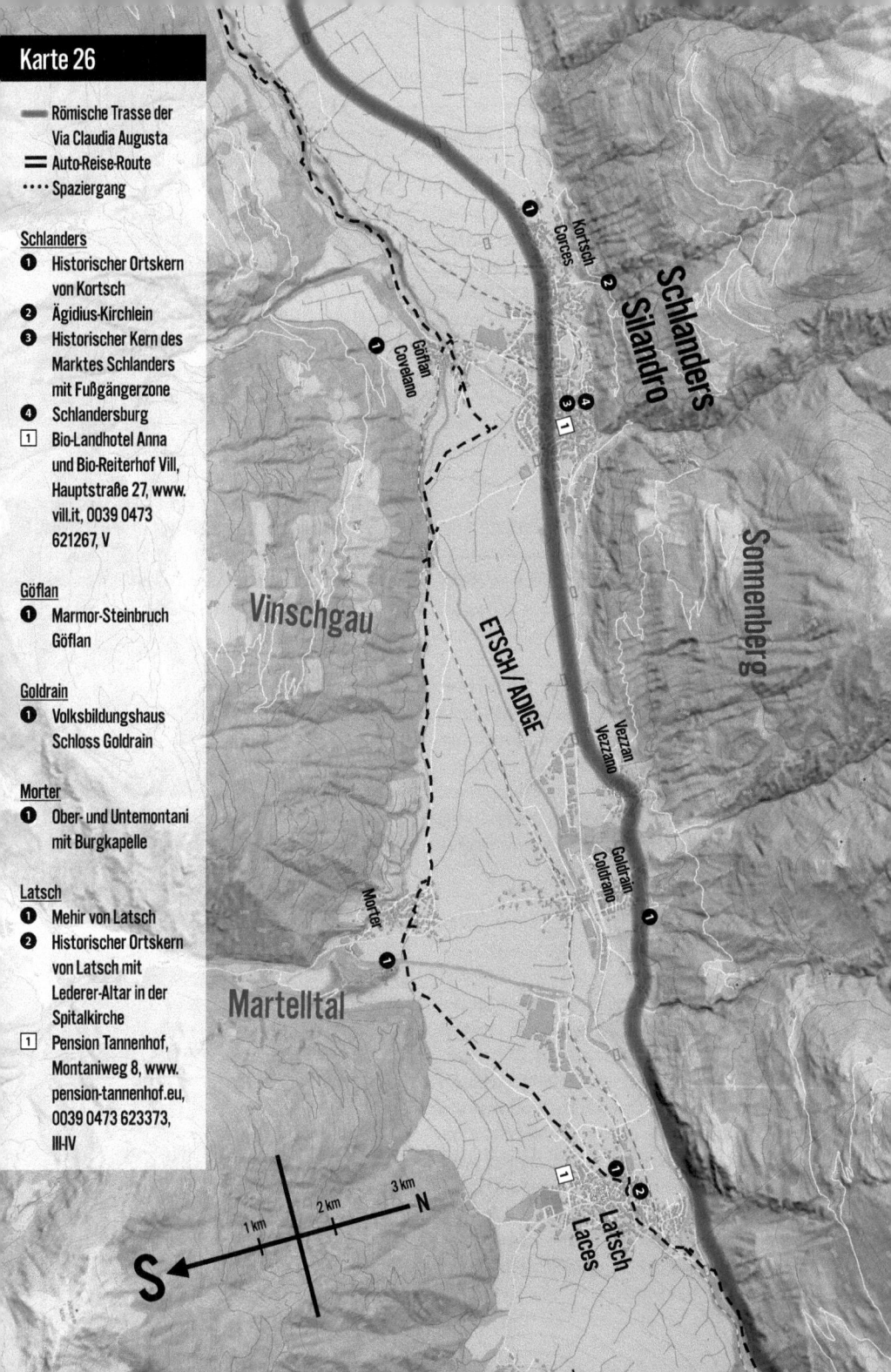

Karte 26

━━ Römische Trasse der
Via Claudia Augusta

═ Auto-Reise-Route

┄ Spaziergang

Schlanders

❶ Historischer Ortskern
von Kortsch

❷ Ägidius-Kirchlein

❸ Historischer Kern des
Marktes Schlanders
mit Fußgängerzone

❹ Schlandersburg

1 Bio-Landhotel Anna
und Bio-Reiterhof Vill,
Hauptstraße 27, www.
vill.it, 0039 0473
621267, V

Göflan

❶ Marmor-Steinbruch
Göflan

Goldrain

❶ Volksbildungshaus
Schloss Goldrain

Morter

❶ Ober- und Untermontani
mit Burgkapelle

Latsch

❶ Mehir von Latsch

❷ Historischer Ortskern
von Latsch mit
Lederer-Altar in der
Spitalkirche

1 Pension Tannenhof,
Montaniweg 8, www.
pension-tannenhof.eu,
0039 0473 623373,
III-IV

Kortsch
Corces

Göflan
Covelano

Schlanders
Silandro

Sonnenberg

Vinschgau

ETSCH / ADIGE

Vezzan
Vezzano

Goldrain
Coldrano

Morter

Martelltal

Latsch
Laces

N

S

1 km   2 km   3 km

An der Engstelle in der Mitte des geografischen Vinschgaus, der bis zur Töll reicht, gibt es rund zehn Burganlagen und Ansitze auf engem Raum, die zum Teil auch dazu dienten, den strategisch wichtigen Punkt zu sichern. Die bedeutendsten sind sicherlich Schloss Goldrain, das Bildungs- und Kulturzentrum des Vinschgaus, Kastelbell mit Dauerausstellung zur Via Claudia Augusta und Reinhold Messners Sommerresidenz Juval hoch oben am Berg. Das vielfältige Microklima mit viel Sonne, geringen Niederschlägen und frischer Brise in der Nacht, begünstigt einen relativ jungen, vielfältigen und qualitätsvollen Weinbau. Kastelbell-Tschars ist mit 25,5 ha der größte Weinbauort im Vinschgau, in dem Chardonnay, Weißburgunder, Rauländer, Gewürztraminer, Riesling, Vernatsch, Zweigelt und Blauburgunder reifen.

Radroute Morter, Latsch, Kastebell, Tschars

Von Schlanders geht's durch Apfelhaine, Wiesen und Wälder – auf der kühleren Südseite des Tales – über Morter nach Latsch. Die Radroute quert das lebendige und sehenswerte Zentrum der Marktgemeinde. Danach führt sie zur Etsch, der sie durch eine Talenge nach Kastelbell folgt. Dort spürt man besonders, dass die Radfahrer im Vinschgau willkommen sind: Die Radroute führt prominent durchs Dorf, wie sonst nur Autostraßen. Die Touristinfo befindet sich direkt an der Route. Weiter geht's an der Etsch, der auch die Vinschgerbahn folgt. Sie verbindet den Vischgau mit dem Rest von Südtirol und ist auch optimal auf den Transport von Rad und Radfahrern eingestellt.

Mehr Info zu einigem Sehenswerten in den Karten

- Die Marktgemeinde Latsch besteht aus dem Hauptort und den zwei Fraktionen Goldrain und Morter am Talboden und Tarsch, das auf einem Murkegel sitzt. In Latsch ist der Flügelaltar von Jörg Lederer in der Spitalkirche besonders sehenswert. Die Burgkapelle St. Stefan bei Ober- und Untermontan in Morter gilt wegen ihrer Wandbemalungen als Sixtinische Kapelle Südtirols. Schloss Goldrain, das in mehreren Bauabschnitten ab 1475 errichtet wurde, besticht vor allem mit seiner rechteckigen Umfassungsmauer, Portalen, Freitreppen und der Loggiengalerie. Alle wesentlichen Werkstücke sind übrigens aus weißem Marmor. Erwähnenswert ist auch der 5000 Jahre alte Menhir

(Hinkelstein) von Latsch, der montags in der Bichlkirche nahe dem Ortseingang zu besichtigen ist, wo er gefunden wurde.

- Die Lage an der engsten Stelle des Tales gibt dem Straßendorf mit der gleichnamigen Burg am Felssporn direkt an der Straße ein besonderes Erscheinungsbild. ■ 39020 Kastelbell, Staatsstraße 5, 0039 0473 624 193, Führungen 17. Juni – 14. Sept. Di – So 11, 14, 15 und 16 Uhr. Mindestteilnehmerzahl: 4 Personen, www.schloss-kastelbell.com. Sehenswert ist auch der Waalweg.
- Das 1928 mit Kastelbell vereinte Tschars liegt auf einem Schuttkegel auf der Sonnenseite des wieder etwas weiteren Tales.
- Reinhold Messners Sommerresidenz Juval, oberhalb des Eingangs ins Schnalstal, lockt mit der Tibetika-Sammlung im Messner Mountain Museum. ■ Kastelbell, Juval 3, 0039 348 443 38 71, geöffnet vom 4. So im März bis 30. Juni und vom 1. Sept. bis zum 1. So im Nov. 10 – 16 Uhr, Mittwoch Ruhetag, www.messner-mountain-museum.it

---

Regionale Küche wie vor 2000 Jahren

Hier könnte ein Gastbetrieb stehen, der zumindest ein Gericht wie vor 2000 Jahren laufend auf der Karte führt.

Übernachtungs- und Camping-Möglichkeiten im Anhang

Fragen und Auskunft zum Teilabschnitt

■ Hotline Gästeinformation Vinschgau, 0039 0473 620480
■ Hotline Via Claudia Augusta, 0043664 27 63 555

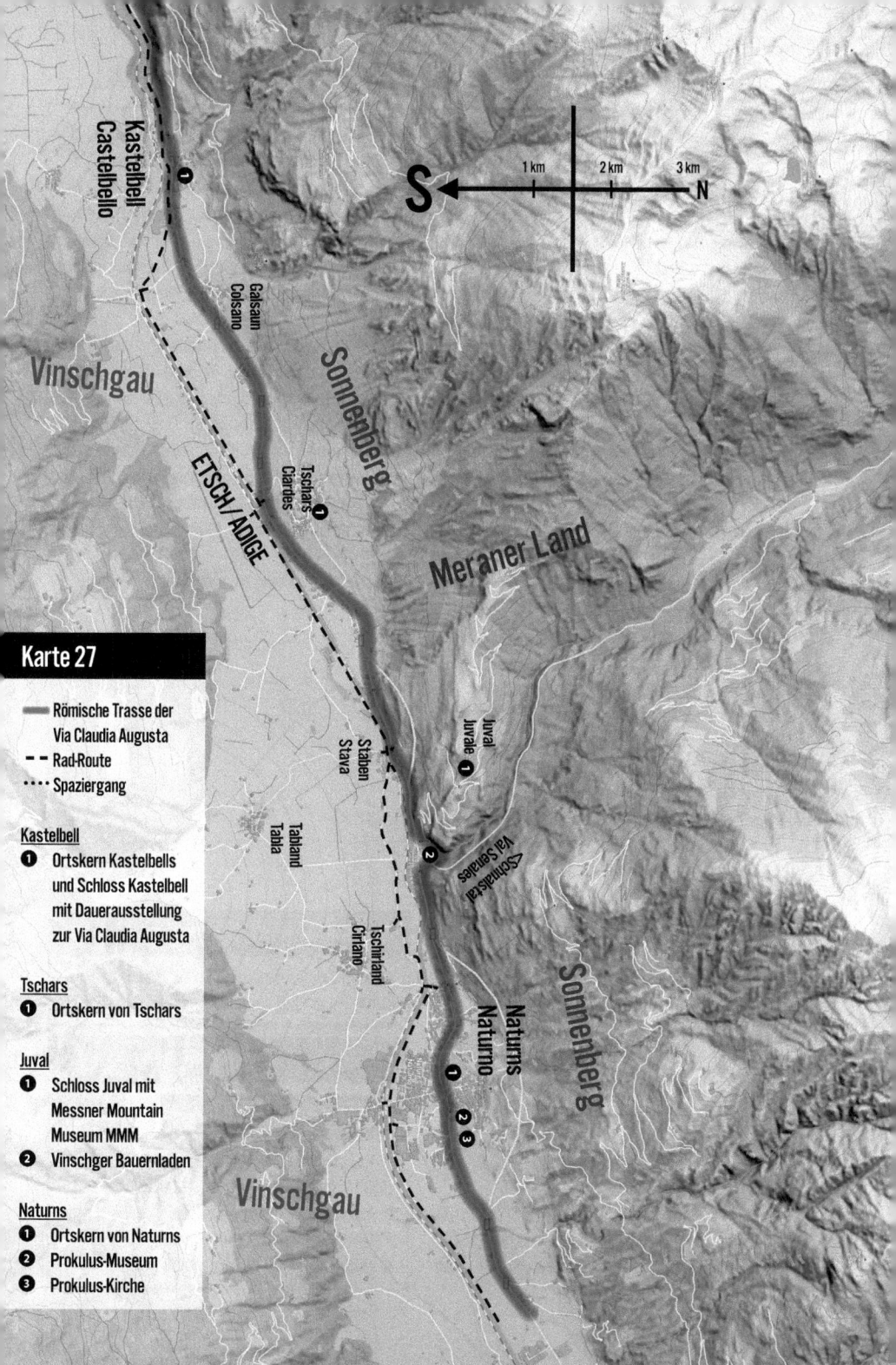

S

1 km 2 km 3 km

N

Kastelbell
Castelbello

Vinschgau

Galsaun
Colsano

Tschars
Ciardes

Sonnenberg

ETSCH/ADIGE

Meraner Land

Juval
Juvale

Staben
Stava

Tabland
Tablà

Tschirland
Cirlano

Schnalstal
Val Senales

Naturns
Naturno

Sonnenberg

Vinschgau

Karte 27

— Römische Trasse der
  Via Claudia Augusta

- - - Rad-Route

· · · Spaziergang

Kastelbell
❶ Ortskern Kastelbells
   und Schloss Kastelbell
   mit Dauerausstellung
   zur Via Claudia Augusta

Tschars
❶ Ortskern von Tschars

Juval
❶ Schloss Juval mit
   Messner Mountain
   Museum MMM
❷ Vinschger Bauernladen

Naturns
❶ Ortskern von Naturns
❷ Prokulus-Museum
❸ Prokulus-Kirche

Die Gemeinden Naturns, Plaus und Partschins bis zur Töll gehören zwar geografisch zum Vinschgau, sind aber Teil der Bezirksgemeinschaft Burggrafenamt und des Tourismusverbandes Meraner Land. Erste Siedlungsspuren am südlich gelegenen Joch stammen aus dem Mesolithikum. Der Name Naturns stammt aus keltischer Zeit und heißt so viel wie „Siedlung in der Au". Die Gegend war durchgehend besiedelt. Einer der beiden Meilensteine der Via Claudia Augusta wurde in Rabland gefunden. Die Wurzeln des Prokuluskirchleins im östlichen Teil von Naturns gehen auf das 7. Jh. zurück. Fresken im Inneren dürften aus dem 8. Jh. stammen und damit die ältesten im deutschsprachigen Kulturraum sein. Die Geschichte der Gegend ist mit multimedialer Unterstützung im Prokulusmuseum vis-a-vis zu erleben.

Radroute Naturns, Plaus, Rabland, Partschins, Töll

Durch Apfelgärten und Wiesen geht es – über weite Teile an der Etsch – nach Staben, Tschirland und nach Naturns. Die Marktgemeinde matcht sich mit anderen Hauptorten im Vinschgau um den inoffiziellen Titel des regsten Zentrums im Vinschgau, mit zahlreichen Einkehrmöglichkeiten, Geschäften, ... Die Radroute führt malerisch der Etsch entlang, es gibt aber immer wieder Möglichkeiten für einen Abstecher ins unmittelbare Zentrum. Dort warten als kultur-historische Highlights das didaktisch, toll aufbereitete Prokulusmuseum und das Prokuluskirchlein mit einzigartigen Fresken aus dem 7. Jh. Entlang der Etsch geht es weiter nach Plaus und Rabland, wo einer der zwei Meilensteine gefunden wurde, welche die Geschichte der Via Claudia Augusta überliefern. Der Hauptort, die Gemeinde Partschins liegt etwas oberhalb der Route. Die Radroute führt weiter zur Geländekante Töll, der geografischen Grenze des Vischgaus, einst Standort einer Zollstation.

Mehr Info zu einigem Sehenswerten in den Karten

- Naturns ist ein pulsierendes Tourismus- und Handelszentrum, in dem es sich gut flanieren, einkaufen und einkehren lässt. An der Straße im Zentrum sind u. a. die alten Straßengasthöfe erkennbar.
- Geschichtlich kulturelle Highlights von Naturns sind die Prokuluskirche und das Prokulusmuseum. ■ Naturns, St.-Prokulus-Straße, 0039 0473 673 139, geöffnet 1. April

– 2. Nov., Di – So und Feiertag 10 – 12:30 und 14:30 – 17:30 Uhr, Mo Ruhetag, www.naturns.it.prokulus.

- In Rabland, beim Eingang des Hotel Hanswirt, wurde einer der beiden Meilensteine gefunden, welche die Via Claudia Augusta schriftlich überliefern. Dort befindet sich heute eine Nachbildung. Das Original ist im Stadtmuseum Bozen zu besichtigen. Ums Eck liegt die größte Modelleisenbahnanlage Südtirols.

- Partschins ist die Vinschger Gemeinde mit dem größten Höhenunterschied zwischen 525 m im Tal und den 3337 m des Rotecks. Im malerischen Dorfkern sind vor allem die spätgotische Pfarrkirche St. Peter und Paul, das Schlossweingut aus dem 13. Jh. und das Schreibmaschinen-Museum zu erwähnen, das dem Partschinser Peter Mitterhofer, Erfinder der Schreibmaschine, gewidmet ist. ■ Partschins, Kirchplatz 10, 0039 0473 967 581, geöffnet April – Okt. Mo 14 – 18, Di – Fr 10 – 12 und 14 – 18, Sa 10 – 12 Uhr, www.schreibmaschinenmuseum.com.

Regionale Küche wie vor 2000 Jahren

Hier könnte ein Gastbetrieb stehen, der zumindest ein Gericht wie vor 2000 Jahren laufend auf der Karte führt.

Übernachtungs- und Camping-Möglichkeiten im Anhang

Fragen und Auskunft zum Teilabschnitt

■ Touristinfo Touristinfo Naturns
39025 Naturns, Rathausstraße 1, 0039 0473 666 077
■ Touristinfos Rabland & Partschins
39020 Partschins, 0039 0473 967 157
■ Hotline Via Claudia Augusta, 0043664 27 63 555

Prokuluskirche. Fotos (2): Lois Lammerhuber   Bergbauernhöfe oberhalb von Naturns. Foto: Tschaikner   Prokulusmuseum.

Nachbau des Meilensteins der Via Clauida Augusta am Fundort in Rabland.   Schreibmaschinen-Museum

25 An der alten Etschbrücke – Algund, Meran, Marling (Karten 28)

Über die 200 Meter hohe Geländestufe bei Töll gelangt der Reisende vom Vinschgau hinunter ins mediterrane „Gartendorf Algund". Die geringere Höhe und die geschützte Lage machen die Gegend zu einer der wärmsten Italiens und lassen – neben Birke und Ahorn – Palmen, Zypressen oder Olivenbäume wachsen. In zahlreichen Gärten sind südländische Pflanzen zu entdecken. Sie verstärken noch den Eindruck, dass man hier die Brücke zwischen alpinem und mediterranem Raum quert. Schon die Römer querten im Bereich des Schlosses Forst die Etsch. Bis heute führen zwischen Algund und Marling Brücken über die Etsch. Dem historischen Fluss-Übergang ist das „Museum Brückenkopf" in Algund gewidmet. Die Gegend besticht nicht nur mit einer malerischen Kulturlandschaft zwischen Wein und Äpfeln, durch das mit dem Algunder und Marlinger Waal zwei der schönsten Waalwege führen. In und rund um Meran befinden sich auch die einzige Wellness-Therme entlang der Via Claudia Augusta, die Gärten von Schloss Trauttmansdorf oder Schloss Tirol. Die Region ist eine ganzheitliche Wohlfühlregion, in der auch herrlich die Früchte der Natur zu genießen sind.

Radroute Algund, Meran, Marling

Ab der Geländekante Töll beginnt einer der spektakulärsten Teile der Radroute Via Claudia Augusta. Gleich oben empfängt das Gartendorf Algund mit einer Laube und überdimensionalen Stühlen, von denen man den Ausblick genießen kann. Über mehrere Schleifen gehts dann hinunter in den Ort, wo das Klima erstmals richtig mediterran ist. In Algund und der anschließenden Kurstadt Meran sind Palmen und andere mediterrane Pflanzen keine Seltenheit. Unten angelagt empfängt Algund aber erstmal mit dem „Museum Brückenkopf", das den Resten der mittelalterlichen Etschbrücke gewidmet ist, die sich an der Stelle befand, wo vermutlich auch die Römer den Fluss querten, war es doch die letzte Möglichkeit, bevor der Fluss breit wie das ganze Tal wurde. Danach kann man entweder dem Radweg an den Rand von Meran folgen, von wo man auch gut ins Zentrum mit seiner bekannten Laubengasse oder dem Kurhaus gelangt, oder über die Holzbrücke in Algund die Etsch queren und entlang der alten Straße nach Marling gelangen.

Mehr Info zu einigem Sehenswerten in den Karten

- Am der Etsch liegt das neue Museum Brückenkopf, das den historischen Straßen gewidmet ist, die allesamt dort den Fluss querten. Auch heute gibt es eine Brücke, auf der der Besucher zu Fuß in den Ortsteil Forst mit Schloss und Privatbrauerei gleichen Namens gelangt.
- Algund hat eine sehenswerte moderne Kirche. Auch wenn viele Häuser renoviert und neu gebaut wurden, ist der Fortsetzung der Alten Landstraße durch den Ort anzumerken, dass sie die alte Verbindung zur Kurstadt ist.
- Nach Meran, in der sich in der Spätantike das befestigte Castrum Maiense befand, lockt nicht nur die sehenswerte Altstadt mit den bekannten Lauben. Auf einer ca. zweistündigen Runde ab dem Parkplatz beim Frauenmuseum sind fast alle Besonderheiten zu sehen, inkl. dem neuen Wellness-Tempel „Therme Meran" und den Sisi-Gärten. Oberhalb der Stadt thronen die Stammburg der Grafen von Tirol und die berühmten Gärten von Schloss Trauttmansdorf.
- Der malerisch am Hang gelegene Ort Marling verfügt noch über einen gut erhaltenen Kern. Vom Dorf und vor allem vom mit 12 km längsten Waalweg Südtirols, oberhalb des Ortes, hat man einen herrlichen Ausblick auf die Kurstadt. Schloss Lebenberg ist eines der schönsten Schlösser Südtirols. Es ist in Privatbesitz aber teilweise zu besichtigen.

Regionale Küche wie vor 2000 Jahren

Hier könnte ein Gastbetrieb stehen, der zumindest ein Gericht wie vor 2000 Jahren laufend auf die Karte führt.

Fragen und Auskunft zum Teilabschnitt

■ Touristinfo 39022 Algund, Hans-Gamper-Platz 3, 0039 0473 448 600

■ Touristinfo 39020 Marling, Kirchplatz 5, 0039 0473 447 147

Via Claudia Augusta Hotline, 0043664 27 63 555

Karte 28

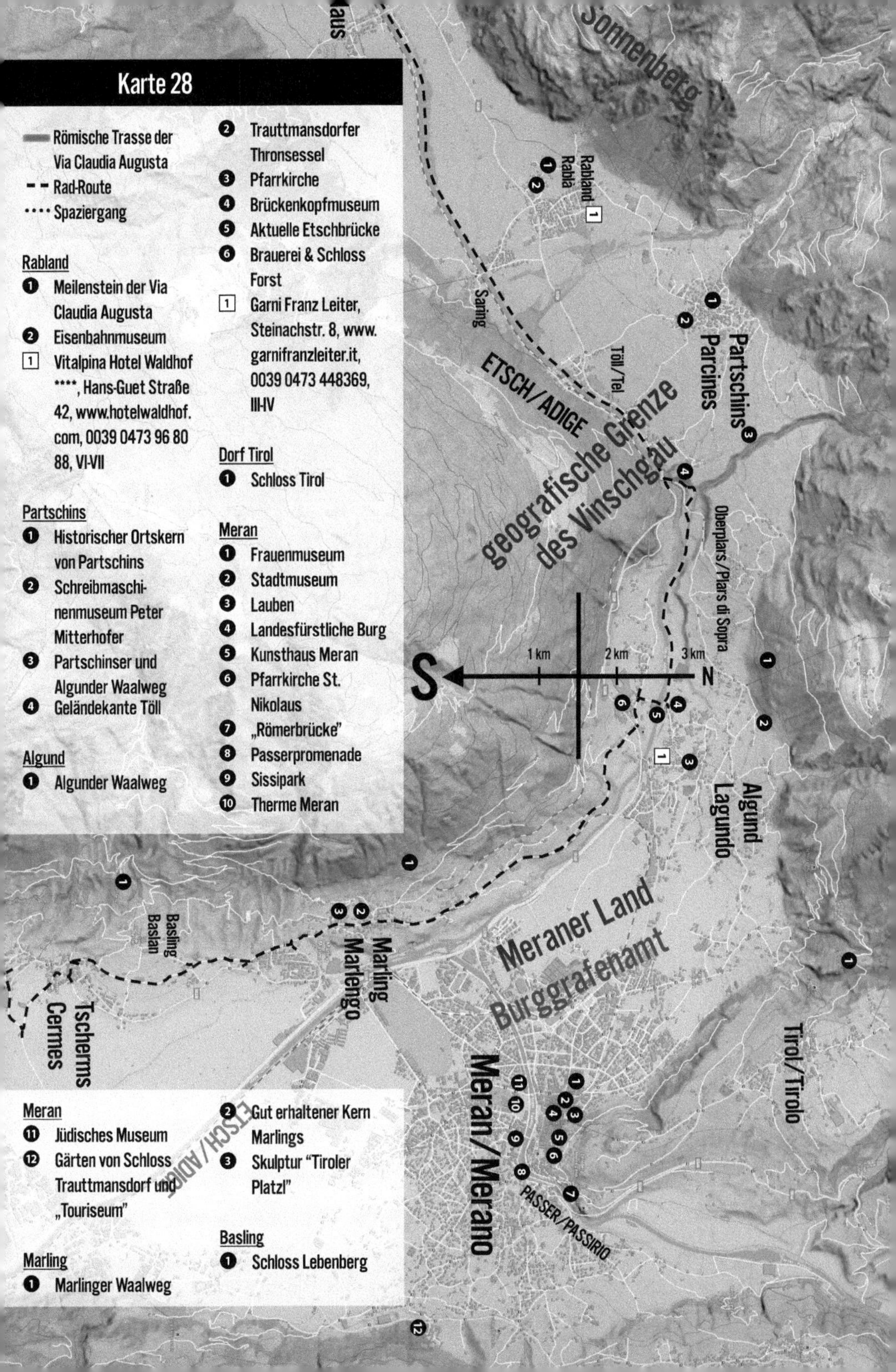

━━ Römische Trasse der Via Claudia Augusta
- - Rad-Route
···· Spaziergang

Rabland

❶ Meilenstein der Via Claudia Augusta
❷ Eisenbahnmuseum
1️⃣ Vitalpina Hotel Waldhof ****, Hans-Guet Straße 42, www.hotelwaldhof.com, 0039 0473 96 80 88, VI-VII

Partschins

❶ Historischer Ortskern von Partschins
❷ Schreibmaschinenmuseum Peter Mitterhofer
❸ Partschinser und Algunder Waalweg
❹ Geländekante Töll

Algund

❶ Algunder Waalweg

❷ Trauttmansdorfer Thronsessel
❸ Pfarrkirche
❹ Brückenkopfmuseum
❺ Aktuelle Etschbrücke
❻ Brauerei & Schloss Forst
1️⃣ Garni Franz Leiter, Steinachstr. 8, www.garnifranzleiter.it, 0039 0473 448369, III-V

Dorf Tirol

❶ Schloss Tirol

Meran

❶ Frauenmuseum
❷ Stadtmuseum
❸ Lauben
❹ Landesfürstliche Burg
❺ Kunsthaus Meran
❻ Pfarrkirche St. Nikolaus
❼ „Römerbrücke"
❽ Passerpromenade
❾ Sissipark
❿ Therme Meran

Rabland / Rablà

Partschins / Parcines

ETSCH / ADIGE

Saring

Töll / Tel

geografische Grenze des Vinschgau

Oberplars / Plars di Sopra

S

1 km   2 km   3 km

N

Algund Lagundo

Basling Baslan

Marling Marlengo

Tscherms Cermes

ETSCH / ADIGE

Meraner Land Burggrafenamt

Tirol / Tirolo

Meran / Merano

PASSER / PASSIRIO

Meran

⓫ Jüdisches Museum
⓬ Gärten von Schloss Trauttmansdorf und „Touriseum"

Marling

❶ Marlinger Waalweg

❷ Gut erhaltener Kern Marlings
❸ Skulptur "Tiroler Platzl"

Basling

❶ Schloss Lebenberg

Das Panoramadorf Algund und das Gartendorf Algund an der Römerstraße ,südlich und nördlich der römischen Brücke über die Etsch. Foto: Tschaikner

Der historische Brückenkopf in Algund.

Überdimensionale Trauttmansdorffer Thron-Sessel im Gartendorf Algund

Heutige Etschbrücke zwischen Algund und Forst mit der Brauerei.

Kurstadt Meran

Die Therme Meran.

Panoramadorf Marling

Durch das Etschtal zwischen Meran und Bozen führte die Römerstraße am Westhang. Auf den zahlreichen Hügeln befanden sich schon urgeschichtliche Siedlungen. In Nals entdeckten Archäologen ein spätantikes Haus mit Bodenheizung, Badeanlage und einer Apsis. Der Aschbach in Gargazon bildete die Grenze zwischen den römischen Provinzen Rätien I und Rätien II. Die Gegend war immer Grenzgebiet und ist es bis heute. Ab dem 13. Jahrhundert entstanden zahlreiche Festungen, die sie zur burgenreichsten Europas machten. Die Wurzeln der beiden Kirchen St. Georg und St. Margareten in Lana im 9. Jh. zeigen, dass einige Orte bereits sehr alt sind. Die Bevölkerung lebte von dem, was der Boden hergab, von der Straße und einige auch vom Bergbau. In Nals und in Terlan befanden sich bedeutende Silberminen. Im 15. Jh. schürften alleine in Terlan 1000 Knappen in mehr als 30 Gruben nach Erz. Ab Andrian war die Etsch schiffbar und das Silber konnte auf dem Wasserwege Richtung Süden gebracht werden.

1928 vom König in Nals eingemeindet, ist aber seit 1953 wieder selbständig. Mit dem Ansitz Stachelburg, Schloss Payrsberg und Schwanburg mit Schlosskel-lerei , Burg Wolfsthurn und der Burgruine Festenstein, finden sich gleich fünf Kastelle in den zwei kleinen Orten.

• Terlan, zu dem auch Vilpian im Norden und Siebeneich im Süden gehört, war einst ein bedeutender Bergbauort. Von dieser Zeit zeugt die gotische Pfarrkirche Maria Himmelfahrt aus dem 14. Jh., deren Turm mit mehrfärbigen Schindeln gedeckt ist. Als Wahrzeichen thront die Burgruine „Maultasch" über dem Ort. Er ist heute vor allem durch seinen Spargel bekannt.

Radroute Tscherms, Lana, Nals, Andrian, Bozen

Von Marling nach Bozen gelangt man entweder über den Etschradweg, der sehr steil der Talsohle entlang führt, oder durch die malerischen Dörfer Tscherms, Ober-, Mitter- und Unterlana, Nals und Andrian, in denen es eine Menge zu entdecken und zu erleben gibt. Besonders sehenswert sind die Pfarrkirche von Niederlana und das Südtiroler Obstbaumuseum gleich ums Eck. Oberhalb der Radroute thront ein Herrschaftssitz nach dem Anderen.

Mehr Info zu einigem Sehenswerten in den Karten

• Das Grenzgebiet war schon früh besiedelt. Die Großgemeinde Lana entstand aber erst durch Zusammenlegung der Gemeinden Vill, Oberlana und Niederlana im Jahr 1850. Sehenswert sind neben den Burgen, Schlössern und Ansitzen vor allem die Pfarrkirche Mariä Himmelfahrt von Niederlana, mit dem Schnatterbeckaltar und das Südtiroler Obstbaumuseum. Die römische Provinzgrenze Aschbach lockt mit gleich mehreren Wasserfällen in die Natur.

• Nals ist heute eine relativ kleine Gemeinde, verfügt aber über einen ausgedehnten Kern, der von der geschichtlichen Bedeutung zeugt. Wegen der zahlreichen Rosen gilt es als „Rosendorf".

• Andrian, eine der kleinsten Gemeinden Südtirols, wurde

Regionale Küche wie vor 2000 Jahren

■ Gasthof Schwarzer Adler
39010 Andrian, St. Urban-Platz 4, 0039 0471 510 288

Übernachtungs- und Camping-Möglichkeiten im Anhang

Fragen und Auskunft zum Teilabschnitt

■ Hotline Meraner Land, 0039 0473 200 443
■ Via Claudia Augusta Hotline, 0043664 27 63 555

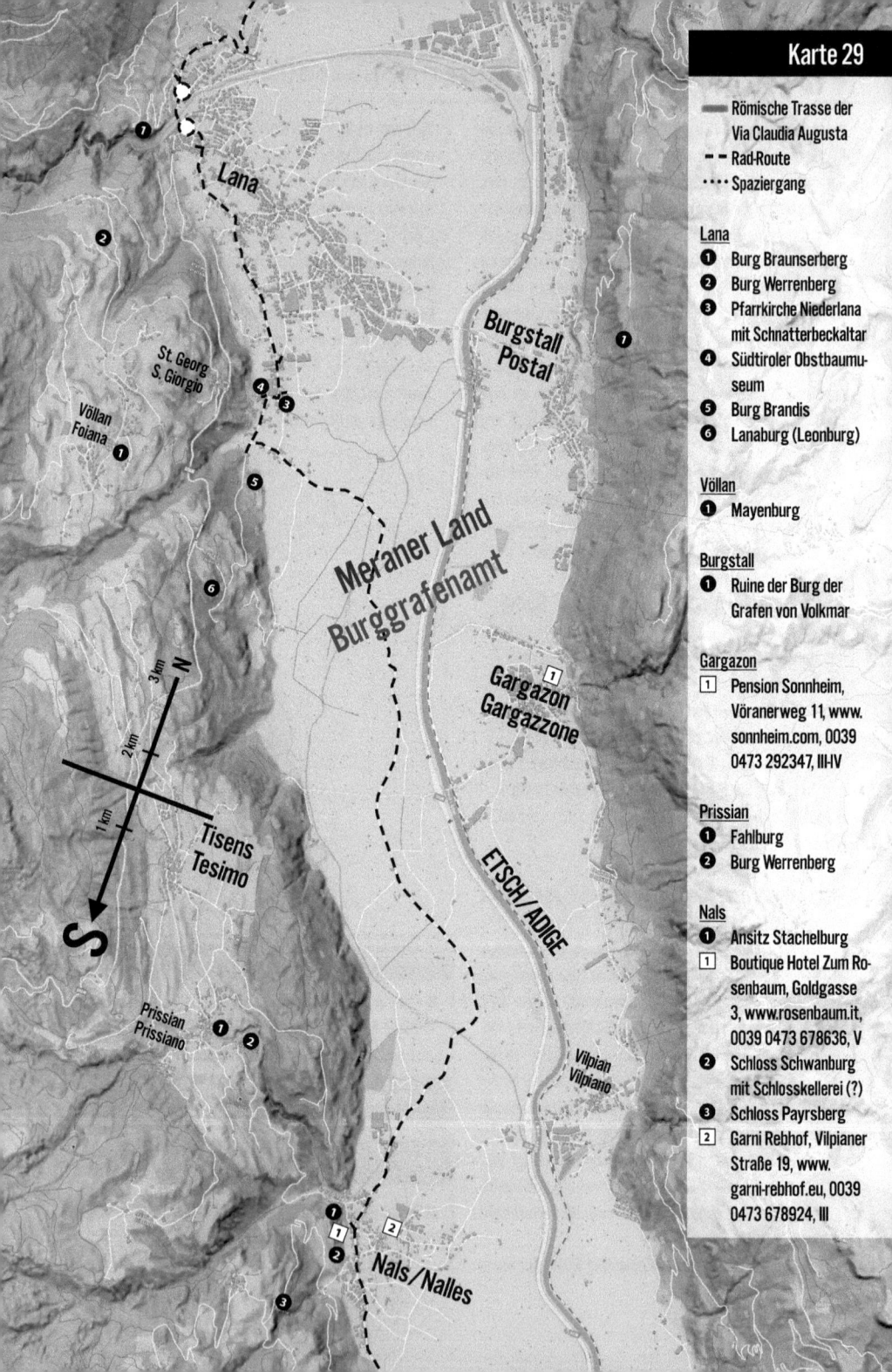

Lana

❶

❷

St. Georg
S. Giorgio

Völlan
Foiana ❶

❹
❸

❺

❻

Meraner Land
Burggrafenamt

Burgstall
Postal

❼

3 km

N

2 km

1 km

S

Tisens
Tesimo

Prissian
Prissiano ❶ ❷

Gargazon
Gargazzone [1]

ETSCH / ADIGE

Vilpian
Vilpiano

❶
[1]
❷
❸

Nals / Nalles

Karte 29

━━━ Römische Trasse der
Via Claudia Augusta
- - - Rad-Route
∙∙∙∙∙ Spaziergang

Lana
❶ Burg Braunserberg
❷ Burg Werrenberg
❸ Pfarrkirche Niederlana
mit Schnatterbeckaltar
❹ Südtiroler Obstbaumu-
seum
❺ Burg Brandis
❻ Lanaburg (Leonburg)

Völlan
❶ Mayenburg

Burgstall
❶ Ruine der Burg der
Grafen von Volkmar

Gargazon
[1] Pension Sonnheim,
Vöranerweg 11, www.
sonnheim.com, 0039
0473 292347, III-IV

Prissian
❶ Fahlburg
❷ Burg Werrenberg

Nals
❶ Ansitz Stachelburg
[1] Boutique Hotel Zum Rosenbaum, Goldgasse
3, www.rosenbaum.it,
0039 0473 678636, V
❷ Schloss Schwanburg
mit Schlosskellerei (?)
❸ Schloss Payrsberg
[2] Garni Rebhof, Vilpianer
Straße 19, www.
garni-rebhof.eu, 0039
0473 678924, III

Das Gebiet zwischen Meran und Bozen ist das an Burgen reichste Gebiet Europas. Im Bild die Burg Festenstein in Andrian.

St. Leonburg im Grenzgebiet bei Lana. Foto: Tschaikner

Das Südtiroler Obstbaumuseum in Lana

Der Schnatterbeckaltar in der Pfarrkirche in Niederlana.

Im Rosendorf Nals.

Zeugnis der Bergbauvergangenheit. Foto: Tourismusverein Terlan

Man vermutet, dass sich die überlieferte Pons Drusi der Römerstraße dort befand, wo heute in Bozen die Drusus-Brücke, kurz vor der Mündung in den Eisack-Fluss, über die Talfer führt. Zuvor musste sie am Fuße von Schloss Siegmundskron die Etsch und den Talkessel queren, der heute fast komplett von der Hauptstadt der autonomen Provinz ausgefüllt wird. Sie wurde 1170 – 1180 als planmäßige Marktsiedlung mit einer zentralen Gasse und einem Marktplatz (Kornplatz) errichtet, und in der Folge mehrfach erweitert.

Radroute Bozen (Alternativ über die Weinstraße)

In Frangart angelagt, hat man Bozen erreicht. Oberhalb thront Schloss Siegmundskron, das Reinhold Messner, als MessnerMoutainMuseum belebt. Hier hat der Radfahrer die Qual der Wahl, ob er dem Etschradweg im Tal folgt, mit möglichem Abstecher entlang des Eisack ins Stadtzentrum, oder am Radweg über die Weinstraße durch die Gemeinden Eppan und Kaltern am See radelt. Im Stadtzentrum lockt eine Mixtur aus großer Geschichte und agiler moderner Stadt, aus deutscher und italienischer Lebensart, ... An der Weinstraße, über die man auf einer ehemaligen Bahntrasse gelangt, locken bekannte Weindörfer und der Kalterer See.

Spaziergang durch die Stadt

Stadt-Spaziergang: Der Waltherplatz und das Denkmal in der Platzmitte sind dem Minnesänger Walther von der Vogelweide gewidmet. Ab dort gibt es auch einen Shuttle zur „Bilderburg" Schloss Runkelstein im Norden der Stadt, mit einigen der bedeutendsten profanen Fresken des Alpenraumes ■ 0039 0471 329 808, Di – So, bis 15. März 10 – 17 Uhr (letzter Einlass 16:30 Uhr), ab 16. März 10 – 18 Uhr (letzter Einlass 17:30 Uhr), www.runkelstein.info. Am Kornplatz fand früher der Korn- und Getreidemarkt statt. In der Mitte der malerischen Laubengasse beffiifindet sich das Merkantilmuseum ■ 0039 0471 945 702, Mo – Sa, 10 – 12:30 Uhr., das in der ehemaligen Handelskammer die Wirtschaftsgeschichte des Landes erzählt. Am Ostende der Prachtstraße liegt das Rathaus. Etwas weiter wartet das Naturmuseum Südtirol ■ 0039 0471 412 964, geöffnet Di – So 10 –18 Uhr, www.naturmuseum.it.. Wer einen schönen Blick auf die Stadt genießen möchte, der fährt am besten mit der Rittner Seilbahn auf das Hochplateau Ritten, die nur wenige Gehminuten entfernt liegt

■ Ganzjährig in Betrieb, www.ritten.com. Die Franziskanerstraße führt zur Franziskanerkirche, dem Franziskanerkloster und schließlich an die Ostseite der Laubengasse. Etwas westlich liegen das Südtiroler Archäologiemuseum mit „Ötzi" ■ 0039 0471 320 100, im Juli, Aug. und Dez. täglich 10 – 18 Uhr, in den übrigen Monaten Mo Ruhetag, letzter Einlass um 17:30 Uhr, www.iceman.it, und das Stadtmuseum mit einem der zwei originalen Meilensteine, die die Via Claudia Augusta schriftlich überliefern ■ 0039 0471 997 960, Di – So 10 – 18 Uhr. Über die Talferbrücke erreicht man das Siegesdenkmal, eines der letzten verbliebenen Monumente, die in der faschistischen Zeit errichtet wurden. Über die neue Rad- und Fußgängerbrücke quert die Route wieder die Talfer und führt direkt zum „Museion", das moderne und zeitgenössische Kunst präsentiert ■ 0039 0471 223 413, geöffnet Di – So 10 - 18 Uhr, letzter Einlass: 17:30 Uhr, Do 10 –22 Uhr,freier Eintritt 18 – 22 Uhr, Gratisführung: 19 Uhr, letzter Einlass: 21:30 Uhr, www.museion.it. Stadttheater und Konzerthaus bilden eine Einheit nahe dem Eisack-Fluss. Den würdigen Abschluss der Stadtrunde bildet der gotische Dom Maria Himmelfahrt aus dem 12. Jh., mit der Domschatzkammer. Er stand einst außerhalb der Stadtmauer ■ 0039 0471 978 676, Di – Sa 10 – 12 Uhr.

Regionale Küche wie vor 2000 Jahren
Hier könnte ein Gastbetrieb stehen, der zumindest ein Gericht wie vor 2000 Jahren laufend auf der Karte führt.

Fragen und Auskunft zum Teilabschnitt
■ Touristinfo Verkehrsamt der Stadt Bozen, 39100 Bozen, Waltherplatz 8, 0039 0471 307000 ■ Via Claudia Augusta Hotline, 0043664 27 63 555

Karte 30

Walther-Platz, Walther-Denkmal und gotischer Dom Maria Himmelfahrt in Bozen. Foto: Verkehr-

Meilenstein der Via Claudia Augusta im Stadtmuseum. Foto: SMG

Bozen. Foto: Luca Ognibeni

„Ötzi" im Archäologiemuseum. Foto: Verkehrsamt Bozen / Ochsenreiter

Talfer-Brücke und Museion. Foto: Seehauser

Die Laubengasse

Brücken waren teuer und aufwändig zu errichten bzw. zu erhalten. Deshalb gab es wenige und es war notwendig beidseits des Flusses am Hang entlang eine Straße zu führen. Eine Römerstraße dürfte ungefähr dort verlaufen sein, wo heute die Südtiroler Weinstraße durch die bekannten Weindörfer St. Pauls, St. Michael, Kaltern am See, Tramin, Kurtatsch, Margreid und Kurtinig führt. Die eigentliche Via Claudia Augusta, dürfte dem Osthang entlang südwärts geführt haben, am Fuß des bereits Jahrtausende besiedelten markanten Berges „Castelfeder" in Auer, zur nachgewiesenen römischen Straßenstation Endidae im heutigen Neumarkt nach Salurn, wo sich einst die viel besungene „Salurner Klaus" befand. Ab Branzoll bei Südtirols südlichster und zugleich jüngster Stadt Leifers war übrigens die Etsch floßbar und war bis zum Bau der Eisenbahn der wichtigste Wirtschaftsfaktor von Südtirol und dem Trentino.

Südtiroler Unterland (Etschtal oder Weinstraße)

Der Radweg führt der Etsch entlang, nach Pfatten, an den Rand des zur Stadt gewachsenen Leifers und nach Branzoll, zwischen denen der Punkt liegt, ab dem der Fluss einst als alternativer Transportweg für schwere Lasten verwendet wurde. Kurz vor Auer besteht die Möglichkeit zwischen der etschnahen Route und der Route entlang der Weinstraße zu wechseln. Die Weinstraßen-Route führt durch die malerischen Weindörfer Tramin, Kurtatsch, Magreid und Kurtinig nach Salurn. Die etschnahe Variante führt zunächst nach Auer. Der quirlige Ort liegt am Fuße des markanten Hügels Castelfeder. Danach folgt Neumarkt, in dem sich einst die römische Straßenstation Edidae befand. Das zu Neumarkt gehörige Laag, das anschließend folgt, hat seinen Namen vermutlich von einem See, der vom Geschiebe des Noce aufgestaut wurde und das Tal teilte. Schließlich folgt, an der Talenge, der malerische Ort Salurn. Die oberhalb liegende Haderburg war Teil der Befestigung der strategisch wichtigen Stelle, die heute die Grenze zwischen mehrheitlich deutsch- und italienisch-sprachigem Gebiet bildet.

Mehr Info zu einigem Sehenswerten in den Karten

* Leifers, Branzoll und Pfatten sind – abgesehen von Bozen – eine der wenigen Orte, die mehrheitlich von italienischsprachigen Südtirolern bewohnt werden.
* Mehrere Orte bilden gemeinsam die Großgemeinde Eppan im Norden des sogenannten „Überetsch", einer über dem Talboden erhobenen Hügellandschaft. 2005 entdeckten Archäologen in St. Pauls Reste einer römischen Villa mit Fußbodenmosaiken aus dem 4. Jh. und einer Thermenanlage. Der heutige Hauptort St. Michael und auch der ursprüngliche Hauptort St. Pauls mit einem der höchsten Kirchtürme des Landes, verfügen über einen malerischen historischen Ortskern.
* Das Weindorf Kaltern am See mit seinem malerischen verkehrsberuhigten Zentrum liegt am Hangfuß des Mendelkammes und ist durch den Mitterberg vom Fluss getrennt. Südlich des Hauptortes liegt das Naturjuwel Kalterer See, der wärmster Badesee südlich der Alpen.
* Ein Teil der Ausgrabungen der römischen Straßenstation Endidae in Neumarkt sind noch geöffnet und zu besichtigen.
* Bei Salurn verengt sich das Etschtal zur Salurner Klause. Die Orte Salurn und Buchholz gehen auf römerzeitliche Siedlungen zurück. Schon 575 v. Chr. wird Salurn erstmals urkundlich erwähnt. Es besticht mit einem malerischen alten Dorfkern, über dem die Haderburg thront.
* Tramin ist berühmt für die Rebsorte Gewürztraminer und verfügt über einen ausgedehnten alten Ortskern. Kurtatsch war schon im Mesolithikum besiedelt und wurde schon im 4. Jh. zum christlichen Glauben gebracht, vom Hl. Vigilius, dem eine romanische Wallfahrtskirche gewidmet ist.

Übernachtungs- und Campingmöglichkeiten im Anhang

Fragen und Auskunft zum Teilabschnitt

■ Touristinfo 39055 Leifers (auch für Branzoll und Pfatten) Kennedystraße 75/D, 0039 0471 950 420
■ Touristinfo 39040 Auer (auch Neumarkt und Salurn) Hauptplatz 4, 0039 0471 81 02 31
■ Touristinfo 39052 Kaltern am See Marktplatz 8, 0039 0471 96 31 69
■ Touristinfo 39040 Tramin an der Weinstraße Mindelheimerstraße 10A, 0039 0471 860 131
■ Touristinfo 39040 Kurtatsch (auch für Margreid u. Kurtasch), Hauptmann-Schweiggl-Pl. 8, 0039 0471 880 100
■ Hotline Via Claudia Augusta 0043 664 27 63 555

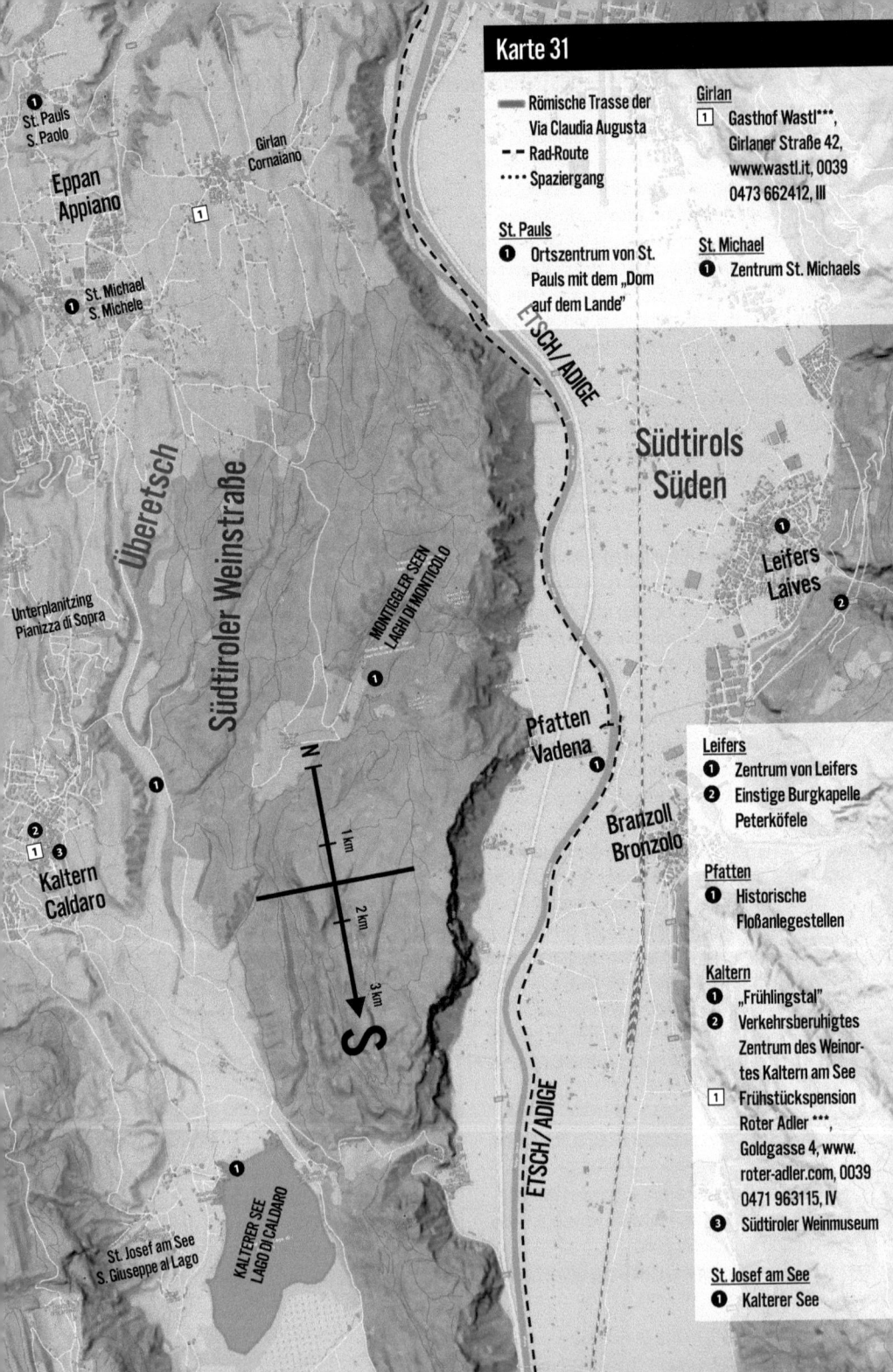

─── Römische Trasse der Via Claudia Augusta

– – Rad-Route

· · · · Spaziergang

St. Pauls
- ❶ Ortszentrum von St. Pauls mit dem „Dom auf dem Lande"

Girlan
- ☐1 Gasthof Wastl***, Girlaner Straße 42, www.wastl.it, 0039 0473 662412, III

St. Michael
- ❶ Zentrum St. Michaels

Leifers
- ❶ Zentrum von Leifers
- ❷ Einstige Burgkapelle Peterköfele

Pfatten
- ❶ Historische Floßanlegestellen

Kaltern
- ❶ „Frühlingstal"
- ❷ Verkehrsberuhigtes Zentrum des Weinortes Kaltern am See
- ☐1 Frühstückspension Roter Adler ***, Goldgasse 4, www.roter-adler.com, 0039 0471 963115, IV
- ❸ Südtiroler Weinmuseum

St. Josef am See
- ❶ Kalterer See

St. Pauls S. Paolo

Eppan Appiano

Girlan Cornaiano

ETSCH/ADIGE

St. Michael S. Michele

Südtirols Süden

Überetsch

Südtiroler Weinstraße

Leifers Laives

Unterplanitzing Pianizza di Sopra

MONTIGGLER SEEN LAGHI DI MONTICOLO

Pfatten Vadena

N

1 km

Branzoll Bronzolo

2 km

Kaltern Caldaro

3 km

S

ETSCH/ADIGE

St. Josef am See S. Giuseppe al Lago

KALTERER SEE LAGO DI CALDARO

Blick von Castelfeder Richtung Süden. Foto: Tourismusverein Castelfeder

Endidae. Foto: SMG

Kalterer See. Foto: TV Kaltern

Die Haderburg über Salurn

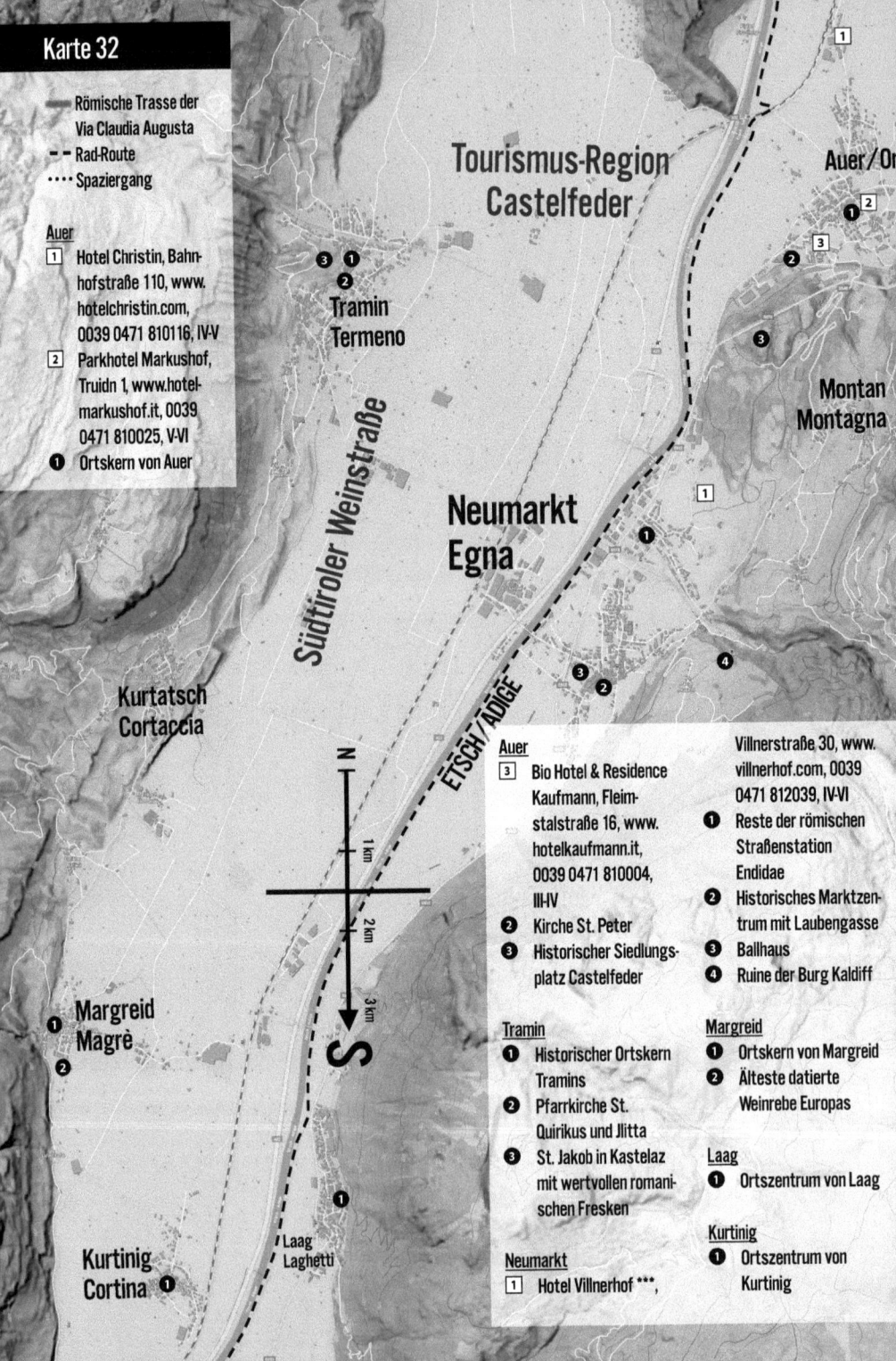

—— Römische Trasse der
Via Claudia Augusta
- - Rad-Route
···· Spaziergang

Auer
[1] Hotel Christin, Bahn-
hofstraße 110, www.
hotelchristin.com,
0039 0471 810116, IV-V
[2] Parkhotel Markushof,
Truidn 1, www.hotel-
markushof.it, 0039
0471 810025, V-VI
❶ Ortskern von Auer

**Tourismus-Region
Castelfeder**

Auer / Ora

**Montan
Montagna**

**Tramin
Termeno**

Südtiroler Weinstraße

**Neumarkt
Egna**

ETSCH / ADIGE

**Kurtatsch
Cortaccia**

N

1 km

2 km

3 km

S

**Margreid
Magrè**

**Kurtinig
Cortina**

**Laag
Laghetti**

Auer
[3] Bio Hotel & Residence
Kaufmann, Fleim-
stalstraße 16, www.
hotelkaufmann.it,
0039 0471 810004,
III-IV
❷ Kirche St. Peter
❸ Historischer Siedlungs-
platz Castelfeder

Tramin
❶ Historischer Ortskern
Tramins
❷ Pfarrkirche St.
Quirikus und Jlitta
❸ St. Jakob in Kastelaz
mit wertvollen romani-
schen Fresken

Neumarkt
[1] Hotel Villnerhof ***,

Villnerstraße 30, www.
villnerhof.com, 0039
0471 812039, IV-VI
❶ Reste der römischen
Straßenstation
Endidae
❷ Historisches Marktzen-
trum mit Laubengasse
❸ Ballhaus
❹ Ruine der Burg Kaldiff

Margreid
❶ Ortskern von Margreid
❷ Älteste datierte
Weinrebe Europas

Laag
❶ Ortszentrum von Laag

Kurtinig
❶ Ortszentrum von
Kurtinig

Das Geschiebe, das der Fluss Noce aus dem Nonstal mitbrachte, staute einst die Wasser der Etsch zu einem weitläufigen See auf, der das ganze Tal ausfüllte. Er lag als natürliche Grenze zwischen den Gemeinden des Süden Südtirols, des Nonstales und jenen nördlich der Stadt Trento. Gemeinsam mit anderen Ursachen erklärt der so erschwerte Kontakt zwischen den Orten, dass sich hier die Grenze zwischen dem deutschen und italienischen Sprachraum bildete. Die Bevölkerung der Piana Rotaliana spricht heute durchwegs italienisch. Das Wasser zog aber auch eine Grenze durch die Region. Mezzocorona (Kronmetz), ihr heutiges Landwirtschaftszentrum, ist eher deutsch geprägt, während z. B. die traditionellen Handelszentren Mezzolombardo am Eingang ins Nonstal und Lavis am Eingang ins Tal des Avisio mit ihren stattlichen Palazzi eher italienisch geprägt sind. Heute ist der See Geschichte. Die Ebene auf den Erden, die der Noce-Fluss mitgebracht hat, ist besonders fruchtbar. Die ganze Piana Rotaliana und ihre Hänge sind von Weingärten überzogen, in denen als regionale Spezialität die bekannten Teroldego-Trauben reifen. Die gedeihliche Entwicklung der Gegend wurde wesentlich vom ehemaligen Stift St. San Michele all'Adige geprägt, das noch heute mit dem Istituto Agrario das landwirtschaftliche Kompetenzzentrum des gesamten Trentino beherbergt und im Landesmuseum für Volkskunde das Leben und die Gebräuche im ganzen Land abbildet. Von den Schlössern und Festungen ist wohl die Höhlenburg San Gottardo im Fels hinter Mezzocorona die Bekannteste.

Mehr Info zu einigem Sehenswerten in den Karten

* Im malerischen alten Ortskern der ersten italienisch-sprachigen Gemeinde Roverè della Luna ist die ehemalige Friedhofskapelle St. Anna aus dem späten 15. Jh. besonders sehenswert.
* Prähistorische Funde zeigen, dass Mezzocorona schon vor den Römern besiedelt war. Wie Ausgrabungen belegen, war er auch ein wichtiger Wegpunkt an der Römerstraße. Mezzocorona verfügt auch über einen sehenswerten, weitläufigen Kirchplatz.
* Oberhalb von Mezzolombardo thronen die Kirche San Pietro und die Burg Castello della Torre
* Trentiner Volkskundemuseum „Museo degli Usi e Costumi della Gente Trentina". San Michele all'Adige, Via Mach 2, 0039 046 650 314, geöffnet täglich 9:00 – 12:30 sowie 14:30 – 18 Uhr, nur 1. Nov, 25. Dez. und 1. Jan geschlossen. www.museosanmichele.it.
* Faedo thront wie ein Adlerhorst über dem Tal.
* Vom alten Ort Zambana steht nur mehr die Kirche. Der Rest wurde 1955 von einem katastrophaler Bergsturz komplett begraben.
* Lavis hat einen malerischen alten Kern mit vielen sehenswerten Gebäuden. Besonders erwähnenswert ist der geheimnisvolle hängende Garten der „Ciucioi", der mit seinen romantischen Ruinen das unterhalb liegende Tal dominiert.

Radroute durch die Piana Rotaliana

Wenn man am Etschradweg bleibt und nicht der Radroute durch die Piana Rotaliana folgt, entgeht einem so Einiges. In der Ebene an der Mündung des Noce in die Etsch wird fast jeder Meter zum Anbau der Teroldego-Traube verwendet, die hier ihre Heimat hat. Die Radroute führt zunächst nach Roverè della Luna und dann nach Mezzocorona. Mit einer Seilbahn gelangt man auf das Hochplateau „Monte" hoch oben am Berg, von wo man einen herrlichen Ausblick auf die Ebene hat. Das nachfolgende Mezzolombardo ist das Handelszentrum der Gegend, während San Michele traditionell das kulturelle Zentrum war. Im Süden der Piana Rotaliana liegen schließlich die einstige Flusshafen Nave San Rocco, der Spargelort Zambana und Lavis, das mit einem schönen Zentrum und dem dahinterliegenden hängenden Gärten lockt.

Regionale Küche wie vor 2000 Jahren

■ Hotel Garni B&B „La Vigna", Via Postal 49a, 38010 San Michele all'Adige, 0039 0461 650276

Übernachtungs- und Campingmöglichkeiten im Anhang

Fragen und Auskunft zum Teilabschnitt

■ Touristinfo Consorzio Turistico Piana Rotaliana-Königsberg, 38017 Mezzolombardo, Corso del Popolo 35, 0039 0461 175 25 25 (italienisch und englisch)
■ Hotline Via Claudia Augusta 0043 664 27 63 555
■ Hotline Via Claudia Augusta, 0043664 27 63 555

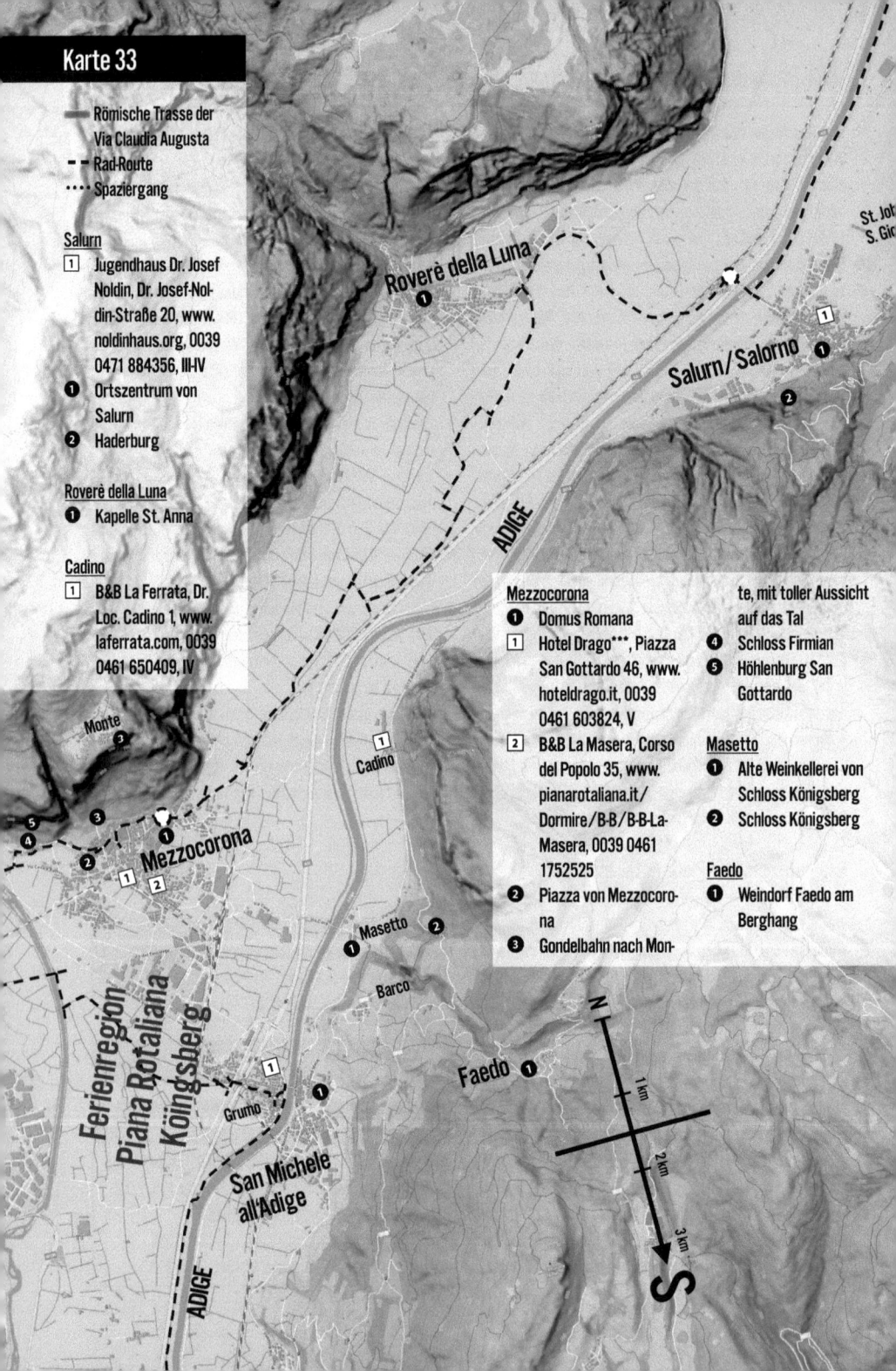

Karte 33

Römische Trasse der Via Claudia Augusta

- - - **Rad-Route**

······ **Spaziergang**

Salurn
☐1 Jugendhaus Dr. Josef Noldin, Dr. Josef-Noldin-Straße 20, www.noldinhaus.org, 0039 0471 884356, III-IV
❶ Ortszentrum von Salurn
❷ Haderburg

Roverè della Luna
❶ Kapelle St. Anna

Cadino
☐1 B&B La Ferrata, Dr. Loc. Cadino 1, www.laferrata.com, 0039 0461 650409, IV

Mezzocorona
❶ Domus Romana
☐1 Hotel Drago***, Piazza San Gottardo 46, www.hoteldrago.it, 0039 0461 603824, V
☐2 B&B La Masera, Corso del Popolo 35, www.pianarotaliana.it/Dormire/B-B/B-B-La-Masera, 0039 0461 1752525
❷ Piazza von Mezzocorona
❸ Gondelbahn nach Monte, mit toller Aussicht auf das Tal
❹ Schloss Firmian
❺ Höhlenburg San Gottardo

Masetto
❶ Alte Weinkellerei von Schloss Königsberg
❷ Schloss Königsberg

Faedo
❶ Weindorf Faedo am Berghang

Piana Rotaliana

Höhlenburg (Corona). Foto: Tschaikner

Das ehemalige Kloster San Michele all'Adige.

Hängende Garten der „Ciucioi" über Lavis. Foto: A. Ceolan

Mezzolombardo

Das römische Tridentum unterhalb der Altstadt.

Das in der Renaissance geprägte Stadtbild von Trento. Foto (3): APT Trento

Der Dom von Trient

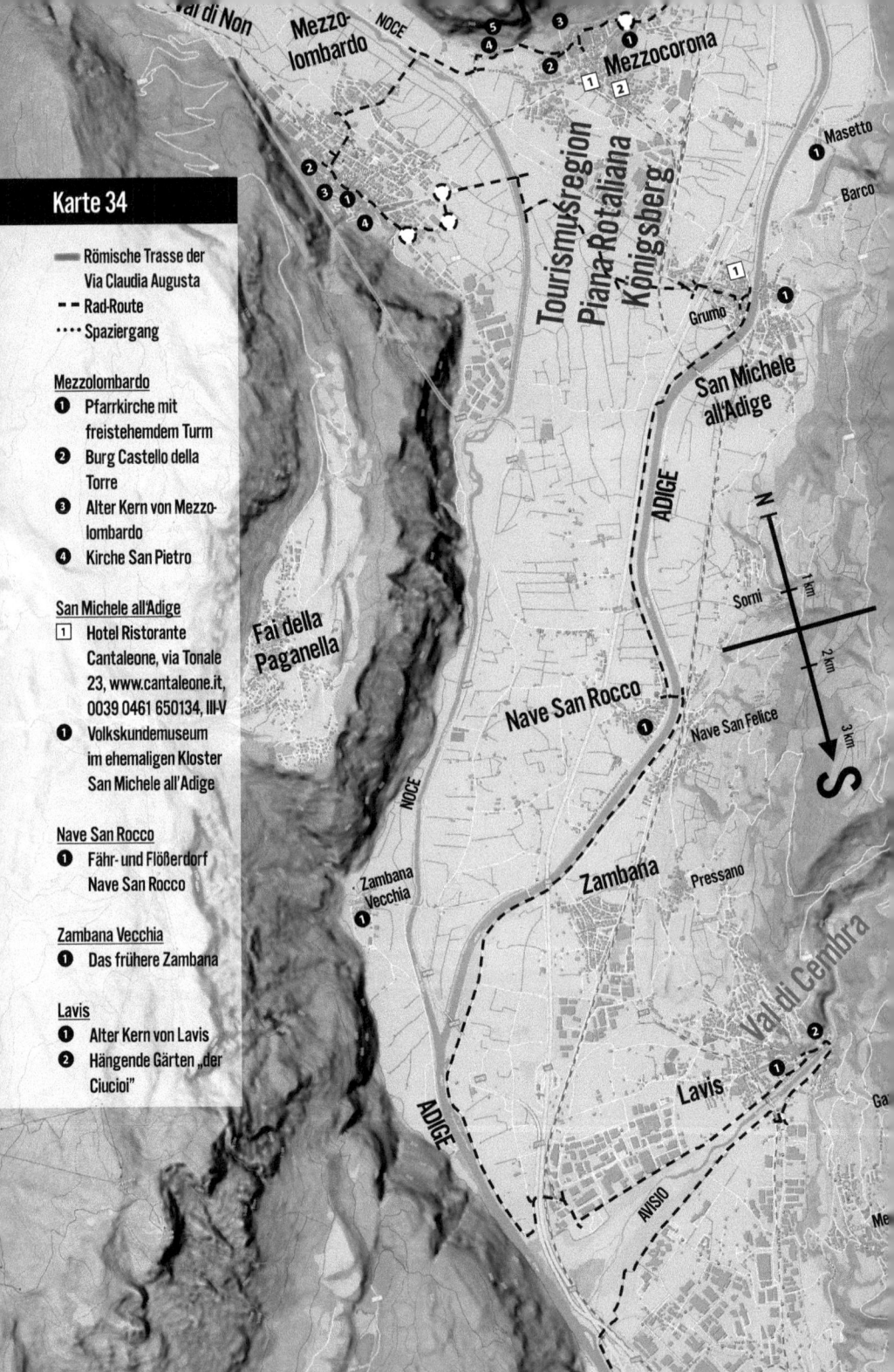

Karte 34

— Römische Trasse der
  Via Claudia Augusta
- - - Rad-Route
····· Spaziergang

Mezzolombardo
❶ Pfarrkirche mit
  freistehemdem Turm
❷ Burg Castello della
  Torre
❸ Alter Kern von Mezzo-
  lombardo
❹ Kirche San Pietro

San Michele all'Adige
☐1 Hotel Ristorante
  Cantaleone, via Tonale
  23, www.cantaleone.it,
  0039 0461 650134, III-V
❶ Volkskundemuseum
  im ehemaligen Kloster
  San Michele all'Adige

Nave San Rocco
❶ Fähr- und Flößerdorf
  Nave San Rocco

Zambana Vecchia
❶ Das frühere Zambana

Lavis
❶ Alter Kern von Lavis
❷ Hängende Gärten „der
  Ciucioi"

Trento geht – wie auch der Name zeigt – auf die Räter zurück und war schon zu dieser Zeit ein wichtiger Verkehrsknoten. Die Via Claudia Augusta gabelte sich in Tridentum in die Via Claudia Augusta Altinate Richtung Adriahafen Altinum bei Venedig und die Via Claudia Augusta Padana zum Flusshafen Ostiglia am Po. Von dort führte eine Straße weiter nach Rom. Die spätere historische Bedeutung der Stadt geht vor allem auf das Konzil von Trient (1545 – 1563) zurück, das der Gegenreformation zu ihrem Auftrieb verhalf und ihren geistigen Rahmen bestimmte. In dieser Zeit wurde das Bild der heutigen Altstadt geprägt. Der Renaissancestil wurde später vom Barock ergänzt. Bis zum Einmarsch der napoleonischen Truppen herrschten die Fürstbischöfe von Trient vom mächtigen Schloss Buonconsiglio aus über die Stadt und das umliegende Land.

die vom Renaissance-Palazzi gesäumte Via Belenzani mit dem Rathaus im Palazzo Thun gelangt der Besucher zum Domplatz. Die parallelen Gassen Via Cavour im Westen und Via Oss Mazzurana im Osten strahlen mit ihr um die Wette. Direkt am Domplatz liegen auch das Diözesanmuseum und die Kathetrale Vigilio. Schließlich führt der Spaziergang zum Schloss Buonconsiglio, das auch das historische Museum von Trento beherbergt.

Radroute durch Trento

Die Grenze zwischen Lavis und den nördlichen Teilen der Trentiner Landeshauptstadt Trento ist der Avisio, zu dessen Querung die Route nach Lavis, am Talrand, folgt. Danach geht es wieder ans Ufer der Etsch und relativ ruhig und beschaulich fast ins Zentrum der schon in der Römerzeit gegründeten Stadt. Die Altstadt wurde für das Konzil von Trient im Stil der Renaissance groß herausgeputzt. Auch das Schloss Buonconsiglio erinnert daran. Unter der Stadt sind unterirdische Ausgrabungen der römischen Stadt Tridentum zu bestaunen. Danach hat der Radfahrer die schwierigste Entscheidung seiner Reise entlang der Via Claudia Augusta zu treffen, nämlich, ob er die Via Claudia Augusta „Altinate" über Feltre nach Venedig nimmt oder die „Padana" nach Verona und Ostiglia im Herzen der Po-Ebene.

Mehr Info zu einigem Sehenswerten in den Karten

- An der Brücke über den Avisio in Lavis beginnt das Stadtgebiet von Trento. Richtung Altino bei Venedig führte die alte Straße bereits dort den Hang hinauf, über Meano und Martignano, in die Valsugana.
- Spaziergang durch die Stadt: Beim Eintritt in den historischen Teil der Stadt erwarten den Besucher die Touristinformation und die zeitgenössische Stadtgalerie. Unweit davon warten unterhalb des Battisti Platzes die unterirdischen Ausgrabungen des römischen Tridentum. Über

Regionale Küche wie vor 2000 Jahren

Hier könnte ein Gastbetrieb stehen, der zumindest ein Gericht wie vor 2000 Jahren laufend auf der Karte führt.

Übernachtungs- und Campingmöglichkeiten im Anhang

Fragen und Auskunft zum Teilabschnitt

■ Touristinfo APT Trent, Monte Bodone, Valle dei Laghi 38122 Trento, Via Manci 2, 0039 0461 216 000
■ Hotline Via Claudia Augusta, 0043664 27 63 555

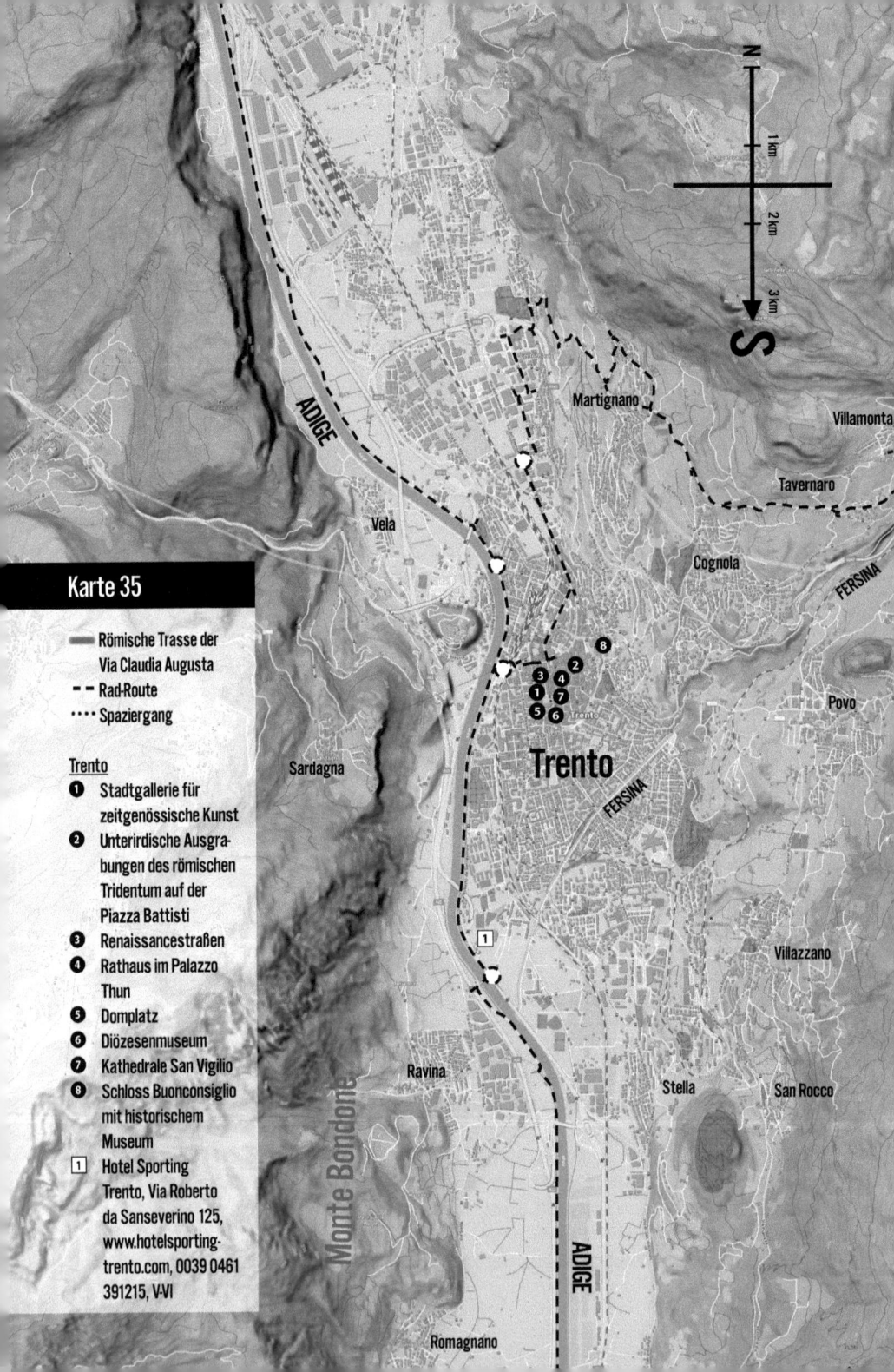

N

1 km

2 km

3 km

S

ADIGE

Martignano

Villamonta

Tavernaro

Vela

Cognola

FERSINA

Karte 35

Povo

Römische Trasse der
Via Claudia Augusta

- - Rad-Route

...... Spaziergang

Trento

❶ Stadtgallerie für
zeitgenössische Kunst

❷ Unterirdische Ausgra-
bungen des römischen
Tridentum auf der
Piazza Battisti

❸ Renaissancestraßen

❹ Rathaus im Palazzo
Thun

❺ Domplatz

❻ Diözesenmuseum

❼ Kathedrale San Vigilio

❽ Schloss Buonconsiglio
mit historischem
Museum

1 Hotel Sporting
Trento, Via Roberto
da Sanseverino 125,
www.hotelsporting-
trento.com, 0039 0461
391215, V-VI

Sardagna

❸ ❹ ❷
❶ ❼
❺ ❻

❽

Trento

FERSINA

Monte Bondone

1

Villazzano

Ravina

Stella

San Rocco

ADIGE

Romagnano

Ausgrabungen zeugen von der frühen Besiedelung des Tales zwischen Trento und dem Veneto. Burgen, wie jene über Pergine, dienten auch der Kontrolle der wichtigen Straße. Die Alta Valsugana gehörte seit jeher zum Einflussbereich Trentos. Während des 1. Weltkrieges war die Gegend hart umkämpft, verlief doch die Grenze zwischen Österreich-Ungarn und Italien in unmittelbarer Nähe, südlich der Hochebene von Lavarone. Von dieser Zeit zeugen zahlreiche Festungsanlagen. Mit dem Caldonazzosee und dem Levicosee prägen zwei große Badeseen die Gegend. Die Valsugana ist außerdem schon seit den Habsburgern eine beliebte Kurgegend, mit der Kurstadt Levico Terme und dem Kurort Roncegno Terme.

Radroute Alta Valsugana bis Levico

Die Radroute Richtung Altino führt wieder ein Stück in den Norden der Stadt, von wo sie die Anhöhe zwischen Etschtal und Valsugana erklimmt, die auch die Römerstraße zu bewältigen hatte. Die Route eröffnet schöne Blicke zurück, auf die Stadt. Sie führt auch durch das Ecomuseo Argentario, das die Silberbergbau-Vergangenheit dieser Gegend dokumentiert. In der Valsugana angelangt führt die Radroute durch ein Sperr-Fort aus dem 1. Weltkrieg, durch schmucke Dörfer, und malerische Naturlandschaft. In Pergine geht es unter anderem durch die Renaissancestraße Via Maier. Anschließend führt die Radroute am Fuße des Castello di Pergine und oberhalb des Levicosees in die von den Habsburger begründete Kur- und Garnisons-Stadt Levico Terme.

Mehr Info zu einigem Sehenswerten in den Karten

- In der Valsugana empfängt sie direkt an der Straße die erste von zahlreichen österreichisch-ungarischen Festungsanlagen aus dem 1. Weltkrieg.
- In der Kirche des malerischen alten Ortskerns von Civezzano gibt es die älteste Kirchenorgel des Trentino zu bewundern. Der Ort ist auch Sitz des Ecomuseo Argentario, das den bedeutenden mittelalterlichen Silberbergbau in der Gegend für Besucher zugänglich macht.
- Die Gegend von Pergine Valsugana ist schon seit prähistorischer Zeit besiedelt und erlebte ihre größte Blüte durch den Bergbau. Die heutige Großgemeinde entstand allerdings erst durch die Eingemeindung von 13 Gemeinden im Jahr 1928. Die Altstadt mit ihrem stattlichen Rathaus und

der Renaissancestraße Via Maier zeugen von den größten Zeiten.

- Oberhalb von Pergine thront das gleichnamige Schloss, von dem man annimmt, dass es seine Wurzeln schon in der Römerzeit hat.
- Die historische Trasse der Via Claudia Augusta wird in Tenna am Bergrücken zwischen Caldonazzo- und Levicosee vermutet. Dort wurde auch ein Meilenstein gefunden.
- Levico wurde von den Habsburgern zur einzigen Stadt in der Alta Valsugana erhoben. Es war Standort einer Garnison sowie beliebter Kurort der Habsburger und der oberen Gesellschaft von Österreich-Ungarn. Mitten in der ausgedehnten Altstadt mit seinen malerischen Gassen befindet sich der Kurpark mit dem Grandhotel Terme. In Levico ist auch ein römischer Sarkophag zu bewundern.

Übernachtungs- und Camping-Möglichkeiten im Anhang und in den Karten

---

Fragen und Auskunft zum Teilabschnitt

- ■ Hotline Tourismusverband APT Valsugana
  0039 0461 727760
- ■ Touristinfo Pergine Valsugana
  38057 Pergine Valsugana, Piazza Serra 10
- ■ Touristinfo Levico Terme
  38056 Levico Terme, Viale Vittorio Emanuele III 3
- ■ Hotline Via Claudia Augusta, 0043 664 27 63 555

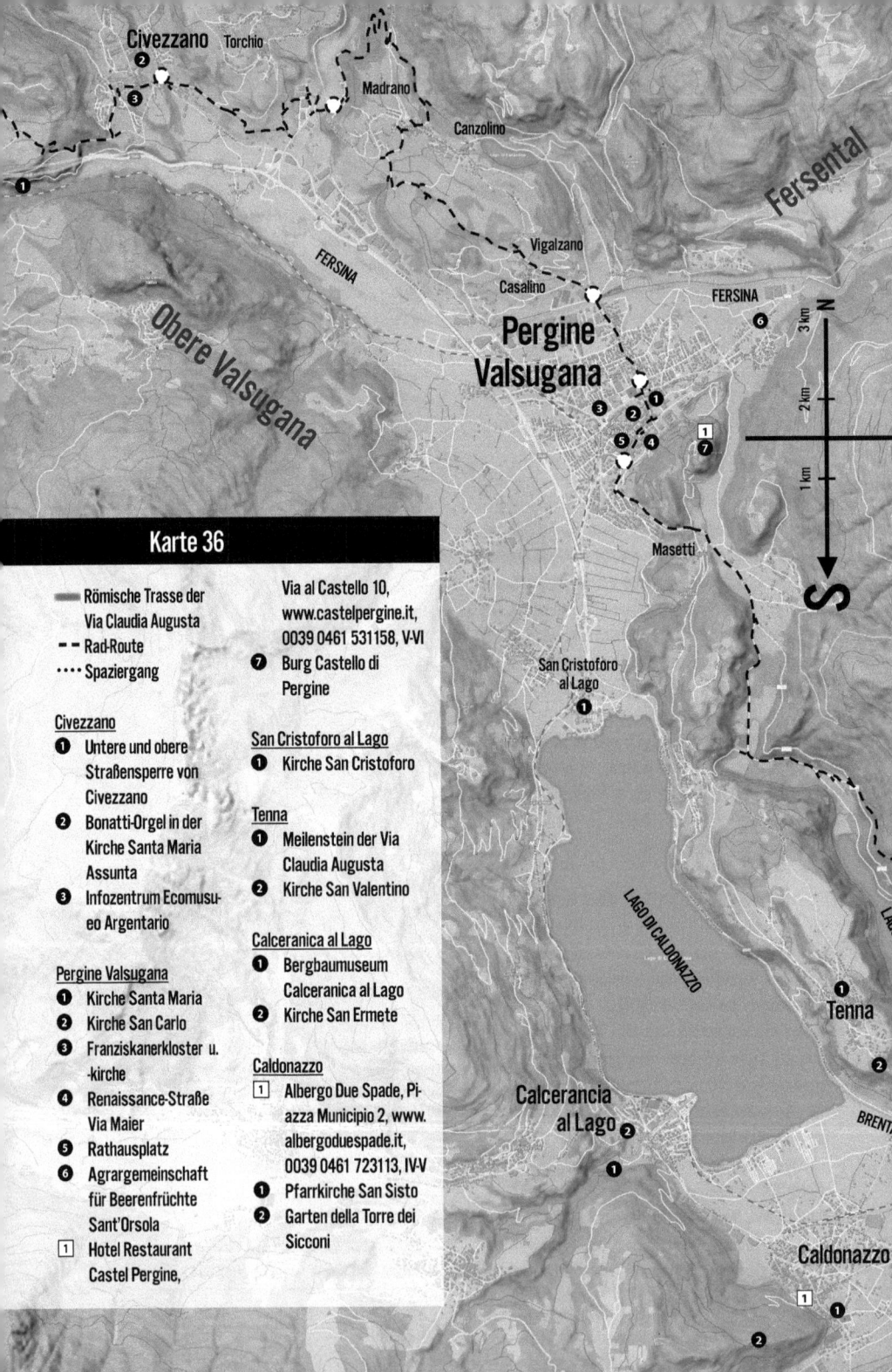

Civezzano
Torchio
Madrano
Canzolino
Vigalzano
Casalino
FERSINA
FERSINA

Pergine Valsugana

Obere Valsugana

Masetti

San Cristoforo al Lago

LAGO DI CALDONAZZO

Calcerancia al Lago

Caldonazzo

Tenna

BRENTA

Fersental

N

3 km
2 km
1 km

S

Karte 36

— Römische Trasse der
Via Claudia Augusta
- - Rad-Route
···· Spaziergang

Civezzano
❶ Untere und obere
Straßensperre von
Civezzano
❷ Bonatti-Orgel in der
Kirche Santa Maria
Assunta
❸ Infozentrum Ecomuseo Argentario

Pergine Valsugana
❶ Kirche Santa Maria
❷ Kirche San Carlo
❸ Franziskanerkloster u.
-kirche
❹ Renaissance-Straße
Via Maier
❺ Rathausplatz
❻ Agrargemeinschaft
für Beerenfrüchte
Sant'Orsola
☐1 Hotel Restaurant
Castel Pergine,

Via al Castello 10,
www.castelpergine.it,
0039 0461 531158, V-VI
❼ Burg Castello di
Pergine

San Cristoforo al Lago
❶ Kirche San Cristoforo

Tenna
❶ Meilenstein der Via
Claudia Augusta
❷ Kirche San Valentino

Calceranica al Lago
❶ Bergbaumuseum
Calceranica al Lago
❷ Kirche San Ermete

Caldonazzo
☐1 Albergo Due Spade, Piazza Municipio 2, www.
albergoduespade.it,
0039 0461 723113, IV-V
❶ Pfarrkirche San Sisto
❷ Garten della Torre dei
Sicconi

Der Caldonazzo und der Levicosee. Foto: APT Valsugana

Die Festung Pergine beherrscht die Alta Valsugana

Das Grandhotel Imperial im Kurpark von Levico. Foto: APT Valsugana

Castel Telvana

Kunstpark Arte Sella. Foto: Arte Sella / Giacomo Bianchi

Borgo Valsugana versprüht schon ein wenig venezianischen Flair

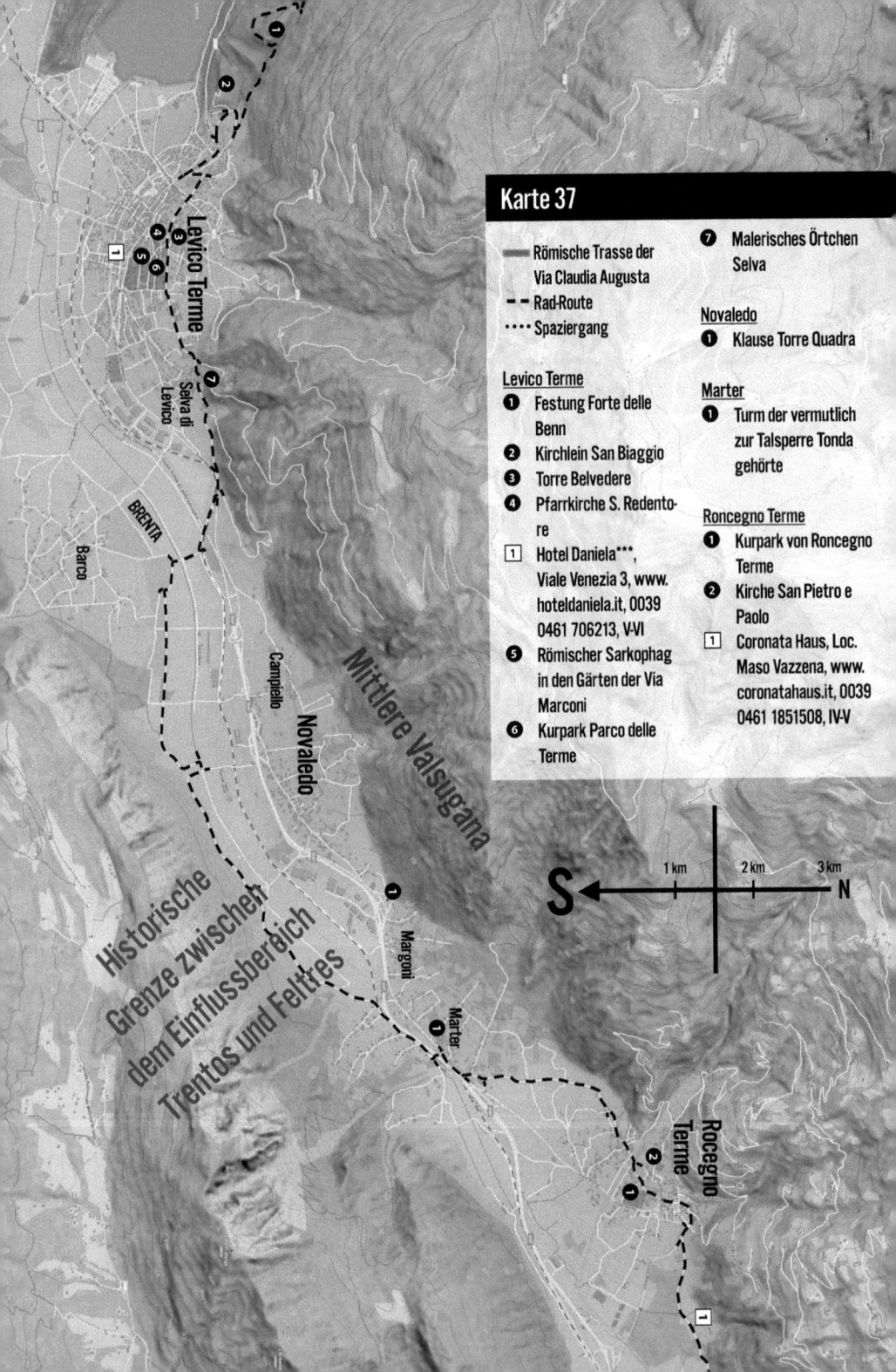

Karte 37

Römische Trasse der Via Claudia Augusta

- - - **Rad-Route**

···· **Spaziergang**

Levico Terme

1 Festung Forte delle Benn

2 Kirchlein San Biaggio

3 Torre Belvedere

4 Pfarrkirche S. Redentore

1 Hotel Daniela***, Viale Venezia 3, www. hoteldaniela.it, 0039 0461 706213, V-VI

5 Römischer Sarkophag in den Gärten der Via Marconi

6 Kurpark Parco delle Terme

7 Malerisches Örtchen Selva

Novaledo

1 Klause Torre Quadra

Marter

1 Turm der vermutlich zur Talsperre Tonda gehörte

Roncegno Terme

1 Kurpark von Roncegno Terme

2 Kirche San Pietro e Paolo

1 Coronata Haus, Loc. Maso Vazzena, www. coronatahaus.it, 0039 0461 1851508, IV-V

S ← → N

1 km 2 km 3 km

Das Torre Quadra in der Wiese neben der Straße vor Novaledo zeugt von der Talsperre, die einst quer durch das Tal verlief. Dort befand sich einst die Grenze zwischen dem Einflussbereich Trentos und Feltres. Im mittelalterlich geprägten Borgo Valsugana ist unschwer der venetianische Einfluss erkennbar. Die Römerstraße verlief vermutlich auch in der mittleren Valsugana am Sonnenhang. Mehrere Festungen säumen ihren Weg. Im Talkessel östlich von Borgo führte die Via Claudia Augusta schließlich bergwärts, da sich im Tal immer wieder die Brenta breit machte und es so nicht dauerhaft passierbar war.

Radroute Mittlere Valsugana

Von Levico führt die Radroute weiter in den malerischen Ortsteil Selva, von wo sie in die Talsohle hinunter führt. Bis Marter folgt sie dann dem Brenta-Radweg, bevor sie durch den 2. Thermalort der Valsugana führt, Roncegno Terme. Von dort geht es – immer das Castel Telvana im Blick – über malerische Wiesen nach Borgo, dem Hauptort der Media und Bassa Valsugana. Die Straße durch das historische Zentrum entspricht der Via Claudia Augusta. Nach Borgo führt die Radroute nach Castelnuovo, von wo aus man einen schönen Blick auf die Burg Ivano hat. Vom Talgrund geht es jetzt Stück für Stück zum Hochtal Tesino hinauf, immer wieder mit herrlichem Blick zurück, auf die Valsugana.

Mehr Info zu einigem Sehenswerten in den Karten

- Auf dem Weg nach Borgo führt die Route – wie vermutlich auch die alte Straße – am Sonnenhang entlang durch Selva, das noch zu Levico gehört.
- Neben dem Torre Quadra am Ortseingang von Novaledo sind auch in Marter nach Novaledo Reste mittelalterlicher Festungsanlagen zu entdecken, die – teilweise erkennbar – an den Berghängen ihre Fortsetzung haben.
- Roncegno ist ein traditioneller Kurort mit hübschem Zentrum
- über Borgo Valsugana thront – von Weitem sichtbar – die leider nicht von innen zu besichtigende Burg Telvana
- Borgo ist vom Brentafluss und von einer langen Laubengasse am Wasser geprägt. Der einstige venetianische Einfluss ist unverkennbar. Besonders sehenswert sind weiters die weitläuge Piazza Degasperi mit dem Rathaus und der Chiesa di Sant'Anna, von der man über die Venezianische Brücke

zum Corso Ausugum gelangt, der die alte Straße durch die Stadt war. Wie Levico war Borgo Valsugana zu Zeiten der österreichisch-ungarischen Monarchie Standort einer Garnison.

- der Land-Art-Kunstpark lädt zum Entdecken ins Sella-Tal, 8 km von Borgo, ein
- Borgo liegt an einer Engstelle des Suganatals. Danach weitet sich das Tal noch einmal, bevor es dann immer enger wird – so eng, dass es einst immer wieder komplett vom Brentafluss ausgefüllt wurde. Deshalb führte die Römerstraße ab dort über zwei Pässe in den Veneto. Bevor die historische Trasse und die Reiseroute zum Hochtal Tesino hin ansteigen durchquert die Reiseroute noch die Orte Castelnuovo, Scurelle und Strigno. Am Sonnenhang, leicht oberhalb, liegen Spera und Samone. Über dem Becken thront die Burg Ivano

---

Regionale Küche wie vor 2000 Jahren

Hier könnte ein Gastbetrieb stehen, der zumindest ein Gericht wie vor 2000 Jahren laufend auf der Karte führt.

Übernachtungs- und Camping-Möglichkeiten im Anhang und in den Karten

---

Fragen und Auskunft zum Teilabschnitt

■ Hotline Tourismusverband APT Valsugana
+39 0461 727760

■ Touristinfo Pergine Valsugana
38057 Pergine Valsugana, Piazza Serra 10

■ Touristinfo Levico Terme
38056 Levico Terme, Viale Vittorio Emanuele III 3

■ Hotline Via Claudia Augusta, +43(0)664 27 63 555

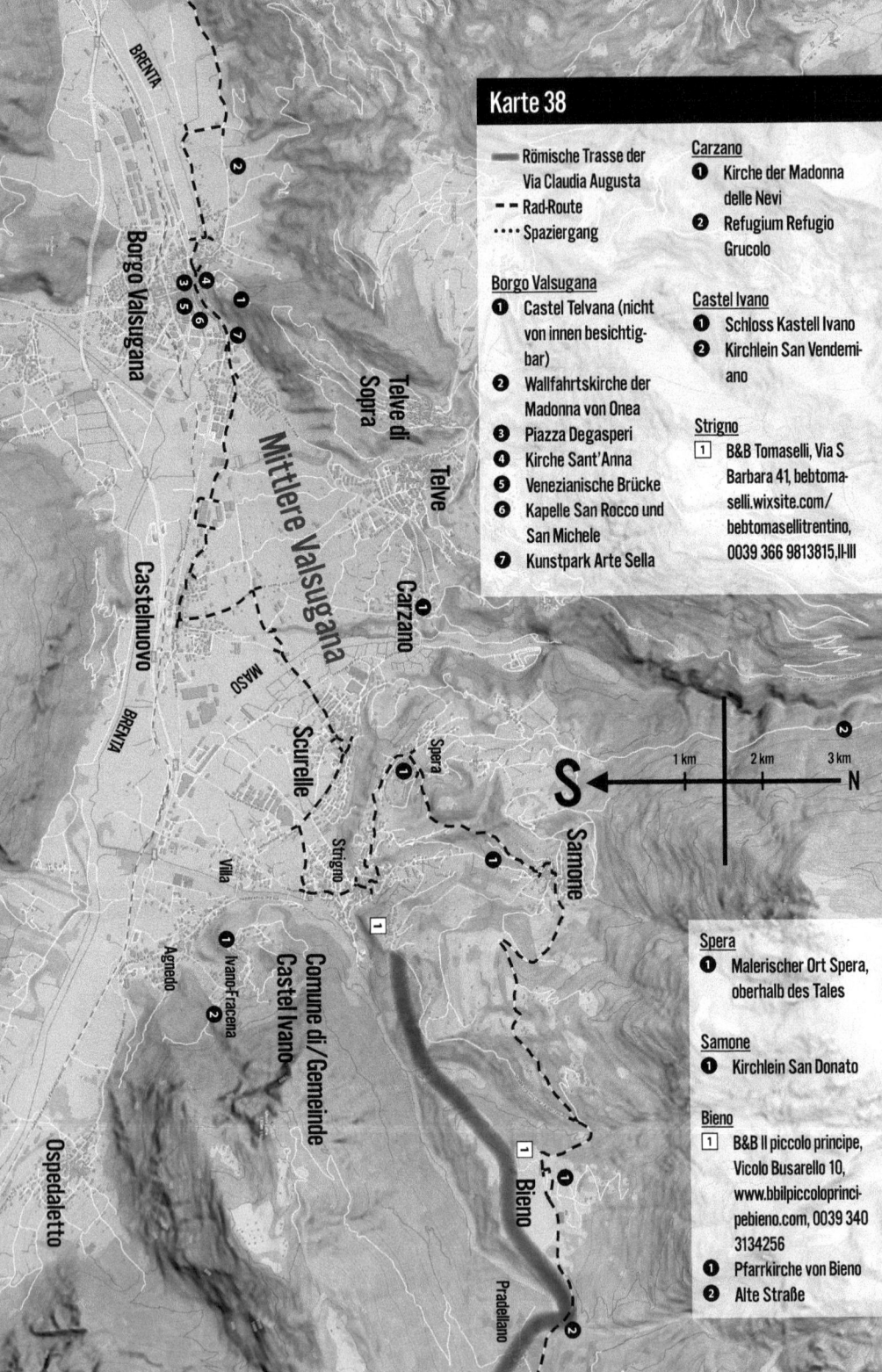

Karte 38

- ![Römische Trasse] Römische Trasse der Via Claudia Augusta
- - - - Rad-Route
- ···· Spaziergang

Borgo Valsugana
❶ Castel Telvana (nicht von innen besichtigbar)
❷ Wallfahrtskirche der Madonna von Onea
❸ Piazza Degasperi
❹ Kirche Sant'Anna
❺ Venezianische Brücke
❻ Kapelle San Rocco und San Michele
❼ Kunstpark Arte Sella

Carzano
❶ Kirche der Madonna delle Nevi
❷ Refugium Refugio Grucolo

Castel Ivano
❶ Schloss Kastell Ivano
❷ Kirchlein San Vendemiano

Strigno
1 B&B Tomaselli, Via S Barbara 41, bebtomaselli.wixsite.com/ bebtomasellitrentino, 0039 366 9813815, II-III

Spera
❶ Malerischer Ort Spera, oberhalb des Tales

Samone
❶ Kirchlein San Donato

Bieno
1 B&B Il piccolo principe, Vicolo Busarello 10, www.bbilpiccoloprincipebieno.com, 0039 340 3134256
❶ Pfarrkirche von Bieno
❷ Alte Straße

Die Römerstraße führte vom Valsugana Tal hinauf ins Hochtal Tesino, querte das tiefe Tal des Wildbaches Senaiga an der Regionsgrenze zwischen Trentino und dem Veneto und führte dann über den Croce D'Aune-Pass nach Feltre. Auf ihren Spuren geht es durch abwechslungsreiche Landschaften und malerische Dörfer am Tor zu den Dolomiten. Die wichtige alte Straße hat entlang des Weges zahlreiche Spuren hinterlassen. Lamon ist übrigens auch Heimat der international geschätzten Lamon-Bohnen.

Radroute Hochtal Tesino, Lamon, Sovramonte

In Bieno angelangt, hat man die Steigungen weitgehend hinter sich. Deshalb empfindet man den Ort schon als Teil des Hochtals Tesino. Durch eine idyllische Landschaft führt die Radroute über einen Wildbach, an einem See entlang bis in den malerischen Ort Pieve Tesino weiter, den sie in voller Länge durchquert. Auf dem Hügel oberhalb von Castello Tesino soll sich einst ein Römerkastell befunden haben. Von dort führt die Route auf malerischen Bergsträßchen bis Lamon. Die Römerstraße führte auf der anderen Talseite über die Schlucht des Wildbaches Senaiga und durch das malerische San Donato, wo ein römischer Friedhof von einer Siedllung zeugt. Wer Schotterwege nicht schaut, kann auch diese Route nehmen und wird von einer herrlichen Natur belohnt, und tollen Einblicken in die Geschichte. Lamon und das folgende Sovramonte liegen am Rand des Nationalparks Dolomiti Bellunesi. Vor Sovramonte folgt noch ein Taleinschnitt, dann geht es beständig auf den Passo Croce D'Aune. Sowohl hinauf ins Hochtal Tesino als auch von Ponte Oltra auf den Croce D'Aune Pass gibt es einen Rad-Shuttle, der mit SMS gebucht wird (www.viaclaudia.org).

Mehr Info zu einigem Sehenswerten in den Karten

- Die rötlichen und grünlichen Felswände der Lagoraikette sind vulkanischen Ursprungs.
- Von einem Rastplatz, an einer Brücke zwischen Bieno und Pieve Tesino, ist die alte Straße gut zu erkennen, die unterhalb den Wildbach quert.
- Auch die lang gezogenen engen Gassen, die Pieve Tesino von Ost nach West durchziehen, zeugen von der historischen Straße. Der Geburtsort von Alcide Degasperi hat dem österreichisch-ungarischen-italienischen Staats-

mann und Gründervater der Europäischen Gemeinschaften ein Museum gewidmet; ■ 38050 Pieve Tesino, 0039 345 848 99 75 oder 0039 339 698 4804, geöffnet 1. Juni – 30. Sept. Di – Fr 15 – 18 Uhr, Sa 10 – 12 und 15 – 18 Uhr sowie So 15 – 18 Uhr; 1. Okt. – 31. Mai Fr 15 – 18 Uhr, Sa, 10 – 12 und 15 – 18 Uhr sowie So 15 – 18 Uhr.

- Kurz vor Castello Tesino ist eine Brücke zu entdecken, die auf der erkennbaren römischen Straßentrasse liegt, aber vermutlich nach römischem Vorbild im Mittelalter neu errichtet wurde.
- Oberhalb von Castello – dort wo heute das Kirchlein Sant Ippolito steht – thronte einst ein Römerkastell.
- Auf dem Weg weiter, nach Lamon, warten atemberaubende Blicke in die tiefen Schluchten, die die Wildbäche im fast unbewohnten Grenzland gegraben haben. ■ Am Ende der tiefen Schlucht im Grenzgebiet lockt eine Tropfsteinhöhle, die auf Voranmeldung zu besichtigen ist, 0039 0461 593 322.
- Unterhalb San Donato, das sich an der Römerstraße entwickelte, entdeckten Archäologen einen antiken Friedhof. Die reichen Grabbeigaben erzählen im kleinen Archäologischen Museum in Lamon die Siedlungsgeschichte der Gegend. ■ Zentrum Lamon, 0039 328 311 83 36, im Sommer öffnet das Museum zu fixen Zeiten, den Rest des Jahres auf Anfrage.
- Die malerischen kleinen Ortschaften der Gemeinde Sovramonte sind wie Lamon Teil des Nationalparks Dolomiti Bellunesi

Regionale Küche wie vor 2000 Jahren
Hier könnte ein Gastbetrieb stehen, der zumindest ein Gericht wie vor 2000 Jahren laufend auf der Karte führt.

Übernachtungs- und Camping-Möglichkeiten im Anhang und in den Karten

Fragen und Auskunft zum Teilabschnitt
■ Touristinfo Castello Tesino - Visit Valsugana, Via Dante 10, +39 0461 593 322
■ Hotline Ufficio Turistico di Feltre - Consorzio Dolomit Prealpi, +39 0439 2540
■ Hotline Via Claudia Augusta, +43(0)664 27 63 555

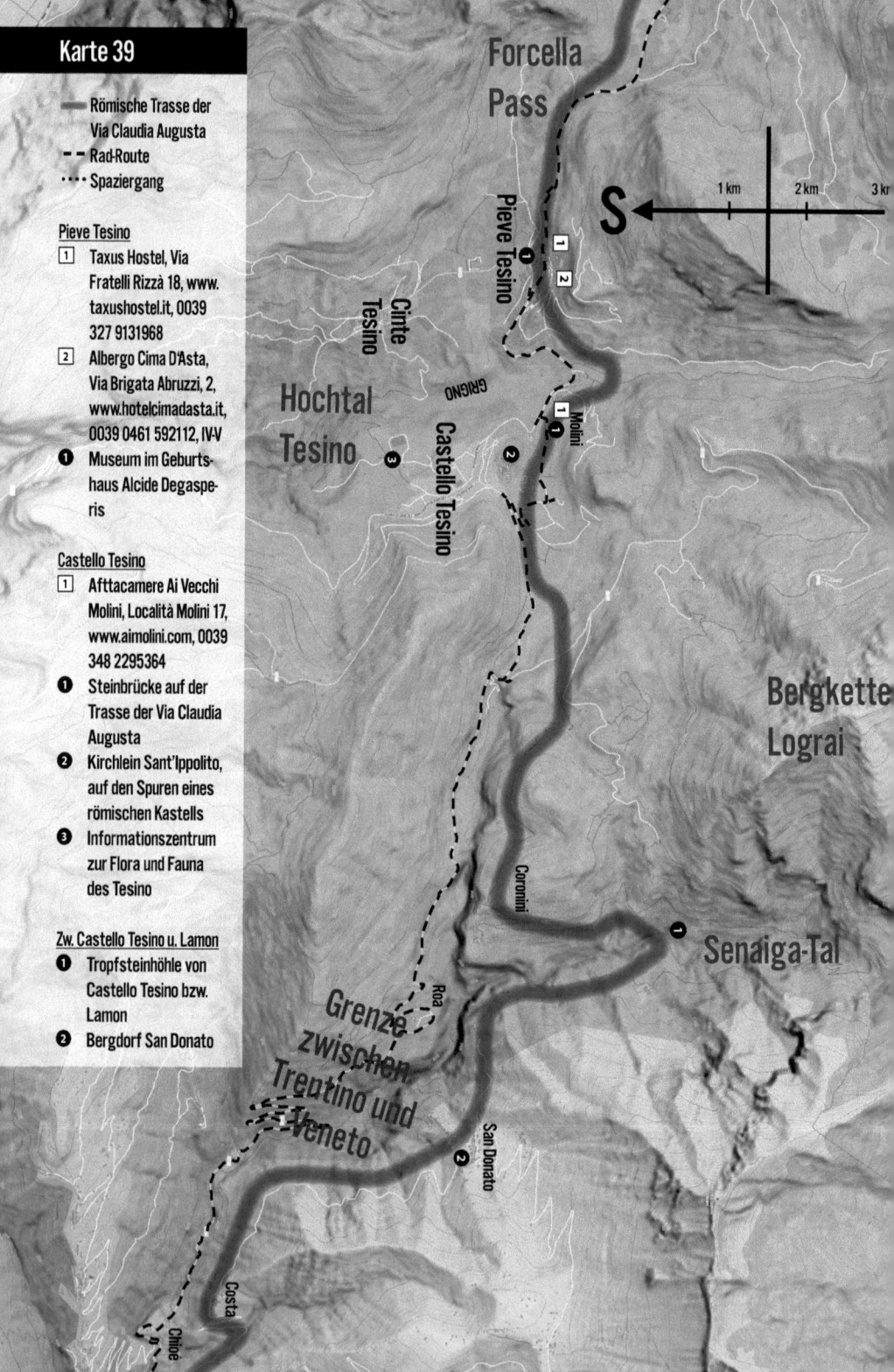

Karte 39

Legende:

─── Römische Trasse der Via Claudia Augusta

--- Rad-Route

····· Spaziergang

Pieve Tesino

1 Taxus Hostel, Via Fratelli Rizzà 18, www.taxushostel.it, 0039 327 9131968

2 Albergo Cima D'Asta, Via Brigata Abruzzi, 2, www.hotelcimadasta.it, 0039 0461 592112, IV-V

❶ Museum im Geburtshaus Alcide Degasperis

Castello Tesino

1 Afttacamere Ai Vecchi Molini, Località Molini 17, www.aimolini.com, 0039 348 2295364

❶ Steinbrücke auf der Trasse der Via Claudia Augusta

❷ Kirchlein Sant'Ippolito, auf den Spuren eines römischen Kastells

❸ Informationszentrum zur Flora und Fauna des Tesino

Zw. Castello Tesino u. Lamon

❶ Tropfsteinhöhle von Castello Tesino bzw. Lamon

❷ Bergdorf San Donato

Forcella Pass

S

1 km   2 km   3 kr

Pieve Tesino

Cinte Tesino

GRIGNO

Molini

Hochtal Tesino

Castello Tesino

Bergkette Lograi

Coronini

Senaiga-Tal

Roa

Grenze zwischen Trentino und Veneto

San Donato

Costa

Chioe

Die Belluneser Dolomiten. Foto: Dolomiti Pre Alpi.

Die Brücke der Via Claudia Augusta vor Lamon ziert sogar eine Briefmarke

Castello Tesino. Foto (2): Tschaikner

Der originale Meilenstein der Via Claudia Augusta in Cesiomaggiore

Sudkessel in der Brauerei Fabbrica Pedavena. Foto: Tschaikner

Feltre. Foto: Tschaikner

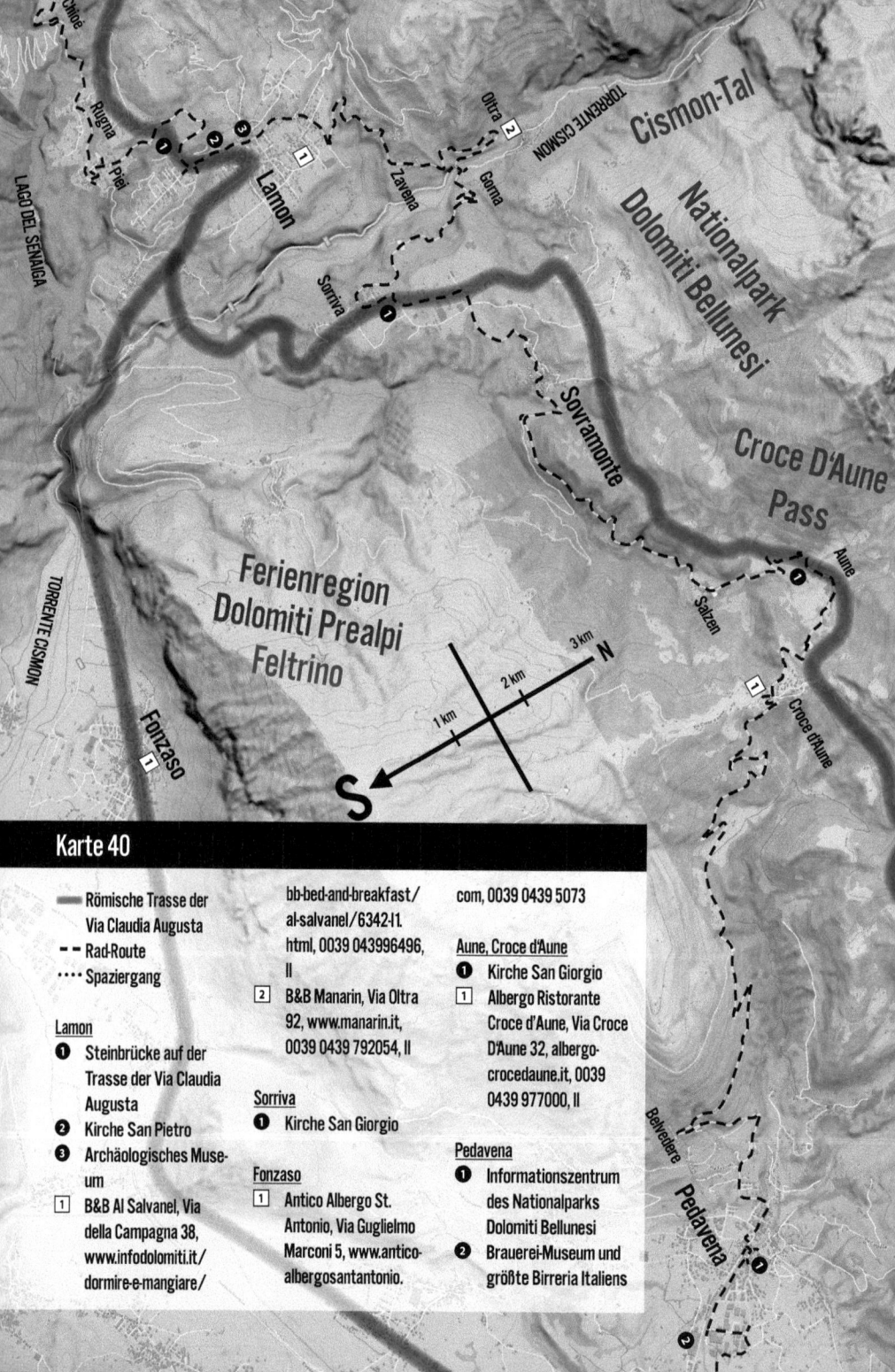

Chioé

Rugna
Prai
um

Laco del Senaiga

Lamon

Oltra 2

TORRENTE CISMON

Cismon-Tal

Nationalpark
Dolomiti Bellunesi

Zavena

Gorna

Sovramonte

Sorriva

Croce D'Aune
Pass

Aune

Salzen

TORRENTE CISMON

Ferienregion
Dolomiti Prealpi
Feltrino

3 km
N
2 km
1 km
S

Croce d'Aune

Fonzaso

Belvedere

Pedavena

Karte 40

— Römische Trasse der
Via Claudia Augusta

- - Rad-Route

···· Spaziergang

Lamon
❶ Steinbrücke auf der
Trasse der Via Claudia
Augusta
❷ Kirche San Pietro
❸ Archäologisches Muse-
um
☐1 B&B Al Salvanel, Via
della Campagna 38,
www.infodolomiti.it/
dormire-e-mangiare/
bb-bed-and-breakfast/
al-salvanel/6342-l1.
html, 0039 043996496,
II
☐2 B&B Manarin, Via Oltra
92, www.manarin.it,
0039 0439 792054, II

Sorriva
❶ Kirche San Giorgio

Fonzaso
☐1 Antico Albergo St.
Antonio, Via Guglielmo
Marconi 5, www.antico-
albergosantonio.

com, 0039 0439 5073

Aune, Croce d'Aune
❶ Kirche San Giorgio
☐1 Albergo Ristorante
Croce d'Aune, Via Croce
D'Aune 32, albergo-
crocedaune.it, 0039
0439 977000, II

Pedavena
❶ Informationszentrum
des Nationalparks
Dolomiti Bellunesi
❷ Brauerei-Museum und
größte Birreria Italiens

Feltre ist schon seit prähistorischer Zeit ein Verkehrsknoten. Der schmale Bergrücken, auf dem die sehenswerte Altstadt liegt, und die umliegenden Sonnenhänge, waren auch durchwegs besiedelt. Das belegen der etrusikische Name Feltres und zahlreiche archäologische Befunde. Die Römerstraße Via Claudia Augusta führte nicht direkt in die Stadt, sondern geradewegs vom Croce D'Aune Pass, am Hang entlang, nach Cesiomaggiore. Feltria war aber eine bedeutende römische Stadt. Der Einfluss der Dogen von Venedig ist im Stadtbild unverkennbar. Der Einflussbereich des Fürstbischofs von Feltre reichte zeitweilig bis in die Valsugana.

Radroute Feltre und Feltrino

Vom Croce D'Aune Pass geht es über einige Kehren hinunter in den Raum Feltre. In die geschichtsträchtige Stadt gelangt man über Pedavena, das zu einem erfrischenden Bier in die größte Birreria Italiens lädt. Die Radroute führt durch die verkehrsberuhigte Geschäftsstraße von Feltre und ihrer mittelalterlichen Stadtmauer entlang. In das historischen Zentrum hinauf gelangt man über Stiegen oder mit einem Lift, der in einem Tunnel unter der Stadt startet. Nach Feltre geht es durch eine malerische Allee, mit wunderschönen Blicken auf die Voralpen, vorbei an herrschaftlichen „Ville Venete" und durch malerische Dörfer, nach Cesiomaggiore, wo einer der zwei Meilensteine gefunden wurde, die uns die Geschichte des Baus der Via Claudia Augusta erzählen. Die Römerstraße querte zwischen Santa Giustina und Mel den Fluss Piave. Die Radroute zwischen Busche und Cesana, einem weiteren historischen Flussübergang, an dem heute der Wildfluss aufgestaut ist. Unterhalb des Stausees wartet ein beliebter Badestrand mit Strand-Café.

Mehr Info zu einigem Sehenswerten in den Karten

- Das alte Rathaus in Pedavena ist Sitz des Nationaparks Dolomiti Bellunesi.
- in der traditionsreichen Brauerei Fabbrica di Pedavena befindet sich eine Ausstellung zur Geschichte der Bierherstellung – allgemein und im Pedavena. Der Brauerei ist das größte Bierlokal Italiens, die Birreria Pedavena vorgelagert, in der man die zahlreichen Biere zu passenden Gerichten probieren kann.
- Der Großteil der ausgedehnten Altstadt von Feltre liegt

auf einem langen Felsrücken. Wer einen schnellen Eindruck davon gewinnen möchte, steigt wegen der Einbahn-Regelung ab und schiebt sein Rad vom Tor im Südwesten in die Altstadt und verlässt sie wieder über das Tor im Osten. Während einer ausgiebigen Besichtigung lässt der Besucher aber besser sein Rad im Süden der Altstadt. Durch einem Turm der südlichen Stadtmauer gelangt der Besucher über einen malerischen Stiegenaufgang in die Stadt hinauf. Von dort geht es rechts zum Stadtmuseum Museo Civico und zum östlichen Stadttor. Auf der Piazza Maggiore befinden sich das Rathaus und die Kirche der Hl. Rocco und Sebastiano. Im Rathaus ist das Tetra della Sena zu entdecken, das als kleiner Bruder des Teatro la Fenice in Venedig gilt. Von der Piazza geht es hinauf zur Festung Castello di Aboino. Anschließend folgen innerhalb der Stadtmauern noch das Diözesanmuseum und die zeitgenössische Galerie Carlo Rizzarda. Außerhalb der Stadtmauer liegt der Dom, unter dessen Vorplatz archäologische Ausgrabungen des römischen Feltria zu bewundern sind. Durch ein Kloster gelangt der Besucher schließlich wieder retour zum Ausgangspunkt.

- in Cesiomaggiore wartet ein sehenswertes historisches Radmuseum
- Zwischen Feltre und Cesiomaggiore liegen zahlreiche alte Landsitze der wohlhabenden Bürger der Gegend. In einer davon, der Villa delle Centenere, steht einer der beiden Meilensteine der Via Claudia Augusta.
- Die Reiseroute macht eine Schleife durch das Tal und führt durch Santa Giustina über die Hintertür nach Mel, das malerisch auf einem Hügel thront.
- Auf einen Abstecher nach Santa Giustina lädt unter anderem die Kirche Vergine e Martire.

Regionale Küche wie vor 2000 Jahren

Hier könnte ein Gastbetrieb stehen, der zumindest ein Gericht wie vor 2000 Jahren laufend auf der Karte führt.

Übernachtungs- und Camping-Möglichkeiten im Anhang und in den Karten

Fragen und Auskunft zum Teilabschnitt

■ Ufficio Turistico di Feltre · Consorzio Dolomit Prealpi, Piazza Vittorio Emanuele II 21, 0039 0439 2540
■ Hotline Via Claudia Augusta, 0043(0)664 27 63 555

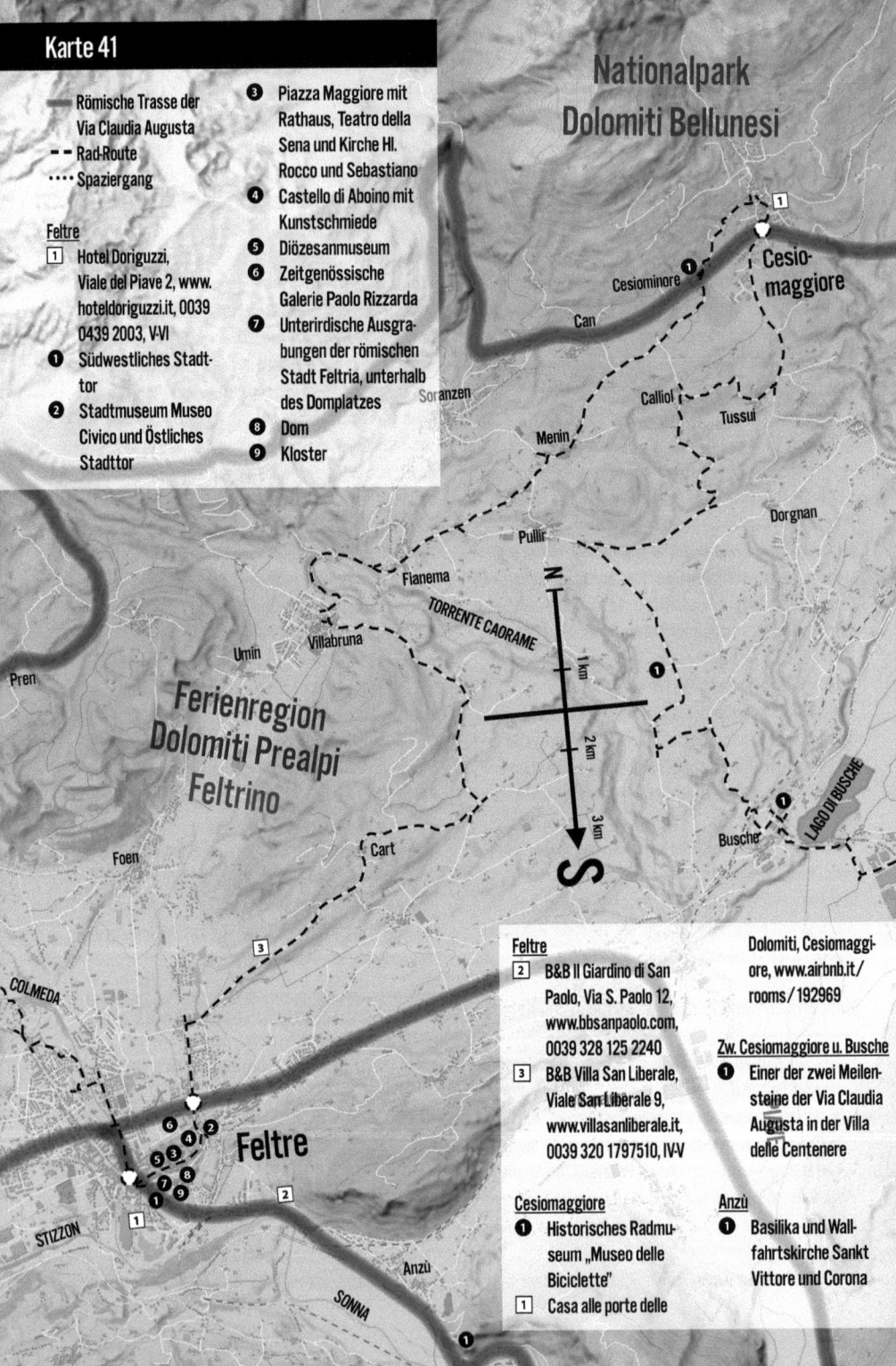

Karte 41

Legende

— Römische Trasse der Via Claudia Augusta
-- Rad-Route
···· Spaziergang

Feltre

1. Hotel Doriguzzi, Viale del Piave 2, www.hoteldoriguzzi.it, 0039 0439 2003, V-VI
1. Südwestliches Stadttor
2. Stadtmuseum Museo Civico und Östliches Stadttor
3. Piazza Maggiore mit Rathaus, Teatro della Sena und Kirche Hl. Rocco und Sebastiano
4. Castello di Aboino mit Kunstschmiede
5. Diözesanmuseum
6. Zeitgenössische Galerie Paolo Rizzarda
7. Unterirdische Ausgrabungen der römischen Stadt Feltria, unterhalb des Domplatzes
8. Dom
9. Kloster

Nationalpark Dolomiti Bellunesi

Cesiomaggiore
Cesiominore
Can
Calliol
Tussui
Soranzen
Menin
Dorgnan
Pullir
Flanema
TORRENTE CAORAME
Villabruna
Umin
Pren
Ferienregion Dolomiti Prealpi Feltrino

N
1 km
2 km
3 km
S

LAGO DI BUSCHE
Busche

Foen
Cart

COLMEDA

Feltre

STIZZON

Anzù

SONNA

Feltre
2. B&B Il Giardino di San Paolo, Via S. Paolo 12, www.bbsanpaolo.com, 0039 328 125 2240
3. B&B Villa San Liberale, Viale San Liberale 9, www.villasanliberale.it, 0039 320 1797510, IV-V

Cesiomaggiore
1. Historisches Radmuseum „Museo delle Biciclette"
1. Casa alle porte delle

Dolomiti, Cesiomaggiore, www.airbnb.it/rooms/192969

Zw. Cesiomaggiore u. Busche
1. Einer der zwei Meilensteine der Via Claudia Augusta in der Villa delle Centenere

Anzù
1. Basilika und Wallfahrtskirche Sankt Vittore und Corona

Das mittlere Piavetal, zwischen der Provinzhauptstadt Belluno und der Grenze zur südlich gelegenen Provinz Treviso, nennt sich Valbelluna. In früherer Zeit wurde es auch Val Serpentina genannt. Das Tal ist eingebettet zwischen den Ausläufern der Dolomiten und dem letzten Bergrücken vor der venezianischen Ebene. Eine hochrangige Römerstraße querte den Piave zwischen Santa Giustina und dem historischen Städtchen Mel. Der Name der Fraktion Nave (Schiff) erinnert an einen Flussübergang, von denen es bis heute wenige gibt. Grund ist die Weitläufigkeit des Flusses. Danach quert die Römerstraße den Praderadegopass, der heute für Autos nicht mehr geeignet ist. Deshalb führt die Reiseroute durch das malerisch auf einem Hügel liegende Mel, Lentiai mit der oberhalb thronenden Burg Zumelle, vorbei an der malerisch auf einem Hügel liegende Wallfahrtskirche der Hl. Vittore und Corona und weiters durch das Piavetal nach Süden, das die Römerstraße einst nicht ganzjährig passieren konnte.

Radroute Entlang des Piave durch die Valbelluna

Die Römerstraße querte einst über eine Furt zwischen Santa Giustina und der Fraktion Nave der Gemeinde Borgo Valbelluna den Piave. Schon der Name „Nave" zeugt davon. Auch dort, wo die Radroute heute den Fluss quert, zwischen Busche und Cesana, dürfte es schon in römischer Zeit einen Übergang gegeben haben. Spätestens nach der Querung des Flusses muss sich der Radfahrer entscheiden, ob er aus eigener Kraft oder mit dem Shuttle (per SMS zu buchen, www.viaclaudia.org) über den malerischen Praderadego fährt, wie einst auch die Römer oder entlang des Piave, auf einer relativ stark befahrenen Straße, nach Valdobbiadene fährt und von dort auf die Südseite des Passes. Der Blick vom Praderadego auf die Proseccohügel lohnt sich allemal. Bei guter Sicht reicht er sogar bis zur Lagune von Venedig. Der Weg durch die Valbelluna Richtung Praderadego führt durch mehrere kleine Ortschaften nach Lentiai. Von Bardies steigt die Route zum Pass hin an. Von Corte aus führt ein Abstecher in den Hauptort der Gemeinde Mel, von dessen Piazza auch der Pass-Shuttle startet (alternativer Einstieg in Bardies).

Mehr Info zu einigem Sehenswerten in den Karten

- In Busche befindet sich der regionale Milch-Produzent Latte Busche, der dort eine Milchbar „Bar bianca" mit Direkt-Verkauf von Milchprodukten und Eis-Diele betreibt.
- Auf der anderen Seite der Piave wartet der kleine Ort Cesana, dem einst die Brücke weit größere Bedeutung verlieh. Davon zeugt ein Palazzo und die liebevoll renovierte Kirche San Bernardo.
- Auf der weitläufigen Piazza von Lentiai steht die Wallfahrtskirche St. Vittore und Corona. Sie wurde bereits im frühen 11. Jh. gegründet.
- Zwischen Lentiai und Mel stieg die Römerstraße die letzte Passhöhe hinauf. An der alten Pass-Straße thront die Burg Zumelle, die vorbildlich renoviert wurde. Von der wichtigen Straßenverbindung zeugt auch eine alte Steinbogenbrücke, die oberhalb von Bardies im Laubwald zu entdecken ist und aus byzantinischer Zeit stammt.
- Unbedingt einen Abstecher wert ist das Städtchen Mel, malerisch auf einem Hügel gelegen. Kurz davor liegt am Piave die Ortschaft Nave (= Schiff), die an den historischen Flussübergang erinnert. Mel hat nicht nur ein sehenswertes Zentrum mit einer weitläufigen Piazza, Geschäften und Einkehrmöglichkeiten, sondern es lockt auch mit einem kleinen archäologischen Museum.

Regionale Küche wie vor 2000 Jahren
Hier könnte ein Gastbetrieb stehen, der zumindest ein Gericht wie vor 2000 Jahren laufend auf der Karte führt.

Übernachtungs- und Camping-Möglichkeiten im Anhang und in den Karten

Fragen und Auskunft zum Teilabschnitt
■ Hotline Ufficio Turistico di Feltre - Consorzio Dolomit Prealpi, 0039 0439 2540
■ Hotline Via Claudia Augusta, 0043(0)664 27 63 555

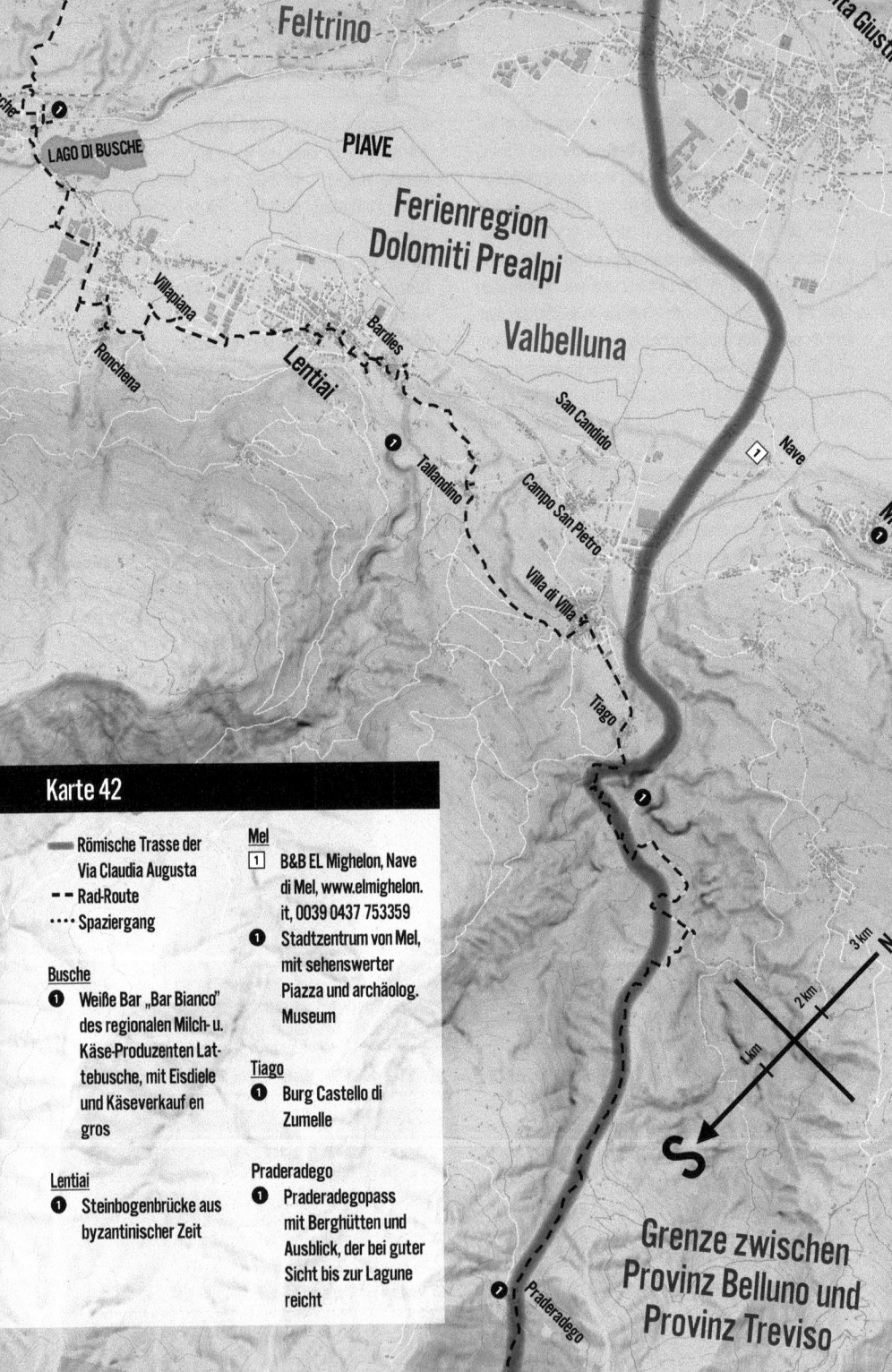

Feltrino

Santa Giustina

LAGO DI BUSCHE

PIAVE

**Ferienregion
Dolomiti Prealpi**

Villapiana

Ronchena

Bardies

Lentiai

Valbelluna

San Candido

Nave

Mel

Tallandino

Campo San Pietro

Villa di Villa

Tiago

Karte 42

— Römische Trasse der
  Via Claudia Augusta
- - Rad-Route
···· Spaziergang

Busche
❶ Weiße Bar „Bar Bianco"
   des regionalen Milch- u.
   Käse-Produzenten Lat-
   tebusche, mit Eisdiele
   und Käseverkauf en
   gros

Lentiai
❶ Steinbogenbrücke aus
   byzantinischer Zeit

Mel
🔲1 B&B EL Mighelon, Nave
   di Mel, www.elmighelon.
   it, 0039 0437 753359
❶ Stadtzentrum von Mel,
   mit sehenswerter
   Piazza und archäolog.
   Museum

Tiago
❶ Burg Castello di
   Zumelle

Praderadego
❶ Praderadegopass
   mit Berghütten und
   Ausblick, der bei guter
   Sicht bis zur Lagune
   reicht

3 km

2 km

1 km

N

S

Praderadego

**Grenze zwischen
Provinz Belluno und
Provinz Treviso**

Der kaum regulierte Piavefluss bemächtigt sich noch heute immer wieder großer Teile der Valbelluna. Foto: Via Claudia Augusta / Tschaikner

Archäologischen Museum Mel. Foto (2): Via Claudia Augusta / Tschaikner

Das Renaissanceschloss Castelbrando. Foto: Castelbrando

Die Prosecco-Weinhügel in der Altamarca, im Norden der Ebene Venetiens. Foto: Altamarca

Die Alpen gehen nicht abrupt in die venezianische Ebene über. Südlich des letzten Bergrückens und Passes der Via Claudia Augusta liegen wie der Vorgarten der Alpen die Prosecco-Weinhügel der Altamarca, dem Norden der Provinz Treviso. Zwei Weinstraßen durchziehen das malerische Gebiet und zeigen den Weg zu Sehenswürdigkeiten, Weinorten und den besten Tropfen: Die Strada del Prosecco e Vini dei Colli Cnegliano Valdobbiadene und die Strada del Vino del Montello e dei Colli Asolani.

Radroute Praderadego, Altamarca

Von Bardies aus steigt die Radroute gegen Praderadego an. Am Weg liegen malerische kleine Orte und das Castello di Zumelle. Auf der idyllischen Passhöhe warten eine Berghütte und ein einfacher Berg-Gasthof. Etwas weiter hat man von einem Fels aus einen herrlichen Blick auf die Proseccohügel und in die Ebene Venetiens, bei guter Sicht sogar bis zur Lagune Venedigs. Dann geht es über zahlreiche Sepertinen hinunter nach Valmareno. Von dort hat man einen wunderschönen Blick auf das Renaissance-Schloss Castelbrando, das zu einem Abstecher lädt. Die Radroute führt durch die Orte Follina mit seiner sehenswerten Abtei und Pieve di Soligo . Danach quert die Radroute vorbei an Castello Collalto die Prosecco-Weinhügel, um nach Susegana und Santa Lucia di Piave zu gelangen. Im zu Susegana gehörigen Ort „Ponte della Priula" gibt, es – wie der Namen schon sagt – eine der wenigen Brücken über den Fluss Piave, über die auch die Radroute auf die rechte Seite des Piave-Flusses wechselt. Sie zeigt ein wenig von der linken und der rechten Seite des Flusses, entsprechend den Theorien der historischen Experten, die die Via Claudia Augusta zum Teil links und zum Teil rechts vermuten.

Mehr Info zu einigem Sehenswerten in den Karten

* Vom einem Ausblick südlich des Praderadegopasses kann man – bei guter Sicht – bis in die Lagune von Venedig blicken.
* Oberhalb der historischen Straße thront das Renaissance-schloss Castelbrando. Es ist von Cison di Valmarino aus mit dem Schrägaufzug erreichbar und beherbergt heute ein Wellness- und Congress-Hotel, sowie Restaurants und mehrere Ausstellungen.
* Im Ort Follina betrat die historische Route nach dem letz-

ten Pass die hügelig beginnende, weite Ebene Venetiens. Direkt im Ortszentrum befindet sich das sehenswerte Kloster Follina.
* Weiter westlich liegen die Ortschaften der bekanntesten Prosecco-Anbau-Gemeinde Valdobbiadene, mit ihrer sehenswerten Piazza.
* Pieve di Soligo, mit sehenswertem alten Kern, durch das der Wildfluss Soligo, fliesst, hat ebenfalls eine imposante Piazza. Der große Palast am Platz soll zum Rathaus umgebaut werden.
* Kurz bevor es zum Castello Collalto geht, sind am Ufer der Piave Reste der Via Claudia Augusta zu entdecken.
* Zwischen dem Castello und der Gemeinde Susegana führt die Reiseroute über malerische Proseccohügel. Auf einem davon thront das Castello San Salvatore.
* Am Rand von Susegana befinden sich die sehenswerte Kirche del Carmine und das Weingut Collalto.
* Von Susegana aus gelangen Interessierte nach Conegliano, der fast 35.000 Einwohner zählenden Hauptstadt der Region, die für ihre traditionelle „Dame-Partie" mit lebenden Figuren in historischen Kostümen bekannt ist und auch über eine sehenswerte Altstadt verfügt.
* Im Agrarort Santa Lucia di Piave finden alljährlich Agrarmessen statt.
* Im zu Susegana gehörigen Ponte della Priula befindet sich eine von heute noch wenigen Brücken über das breite, weitgehend naturbelassene Flussbett des Piave.

Regionale Küche wie vor 2000 Jahren
Hier könnte ein Gastbetrieb stehen, der zumindest ein Gericht wie vor 2000 Jahren laufend auf der Karte führt.

Übernachtungs- und Camping-Möglichkeiten im Anhang und in den Karten

Fragen und Auskunft zum Teilabschnitt
■ Hotline Consorzio di Promozione Turistica Marca Treviso, +39 0422 54 10 52
■ Hotline Via Claudia Augusta, +43(0)664 27 63 555

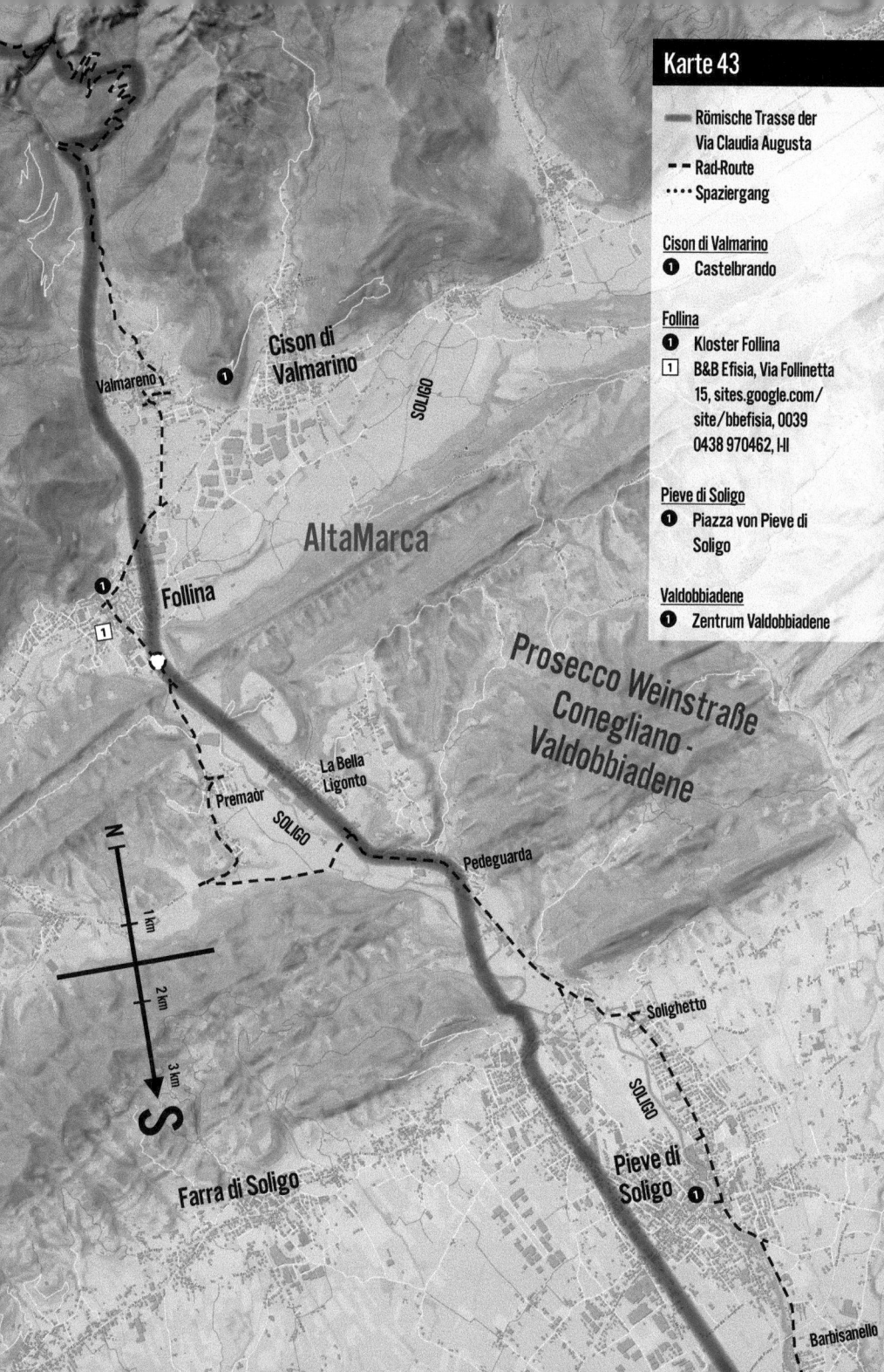

Römische Trasse der
Via Claudia Augusta
Rad-Route
Spaziergang

Cison di Valmarino
❶ Castelbrando

Follina
❶ Kloster Follina
[1] B&B Efisia, Via Follinetta
15, sites.google.com/
site/bbefisia, 0039
0438 970462, HI

Pieve di Soligo
❶ Piazza von Pieve di
Soligo

Valdobbiadene
❶ Zentrum Valdobbiadene

Cison di
Valmarino ❶

SOLIGO

Valmareno

AltaMarca

❶ Follina
[1]

Prosecco Weinstraße
Conegliano -
Valdobbiadene

La Bella
Ligonto

Premaòr

SOLIGO

Pedeguarda

N

1 km

2 km

3 km

S

Solighetto

SOLIGO

Farra di Soligo

Pieve di
Soligo ❶

Barbisanello

Die italienischen Archäologen sind uneins, welche von mehreren hochrangigen Straßen, die man gefunden hat, die Via Claudia Augusta war. Die Themenstraße von heute präsentiert deshalb beide Seiten der Piave, das Gebiet „sinistra Piave" und das Gebiet „destra Piave". Das malerische Hügelland im Norden und das Schwemmland auf der rechten Seite der Piave, im Zentrum der trevisianischen Ebene, ist über Jahrtausende von Transit und Grenzen zwischen verschiedenen Einflüssen geprägt, und vermutlich schon in der Römerzeit besiedelt. Der Name Spresiano soll sogar römischen Ursprung haben. In den Urkunden tauchen die Orte Nervesa della Battaglia, Spresiano und Villorba im 10 Jh. auf. Der Boden warf ursprünglich nicht viel ab. Lediglich die Furt über die Piave und die Flößerei brachten einigen Einwohnern Arbeit. Die Bevölkerung war entsprechend arm. Erst von der Republik Venedig errichtete Bewässerungsanlagen verbesserten ihre Situation. Von dieser Zeit zeugen zahlreiche für die Region typische „Ville Venete". Diese findet man auch im Wein-Entdecker- und Nah-Erholungsgebiet in den Hügeln zwischen Bergen und Ebene, „Montello e Colli Asolani". Arg in Mitleidenschaft gezogen wurde das Gebiet von den großen Piaveschlachten im 1. Weltkrieg. Nervesa della Battaglia, das die Schlacht (Battaglia) sogar im Namen trägt, wurde fast komplett dem Erdboden gleich gemacht. Groß wurden die Gemeinden erst durch die Entwicklung der Textilindustrie nach dem 2. Weltkrieg. U. a. hat Benetton seinen Stamm-Sitz in Villorba.

Radroute auf der rechten Piaveseite nach Treviso

Nach Querung des weitläufigen Fluss-Bettes des Piave zeigt die Radroute verschiedene Facetten, die die Ebene Venetiens zu bieten hat: Natur, ausgedehnte landwirtschaftliche Flächen, kleine verträumte Siedlungen und rege größere Orte im Vorfeld der Stadt Treviso. Bevor es nach Süden geht, lockt noch ein Abstecher nach Nervesa della Battaglia, dessen Name, wie die Ruine der Abtei San Eustacchio, an ein besonders hart umkämpftes Schlachtfeld des 1. Weltkriegs erinnert. Im Norden der Gemeinde liegt das Weinbau- und Naherholungs-Gebiet „Montello e Colli Asolani". Nach Spresiano führt die Radroute nochmal zum Piave, wo in Palazzon die Reste des mittelalterlichen Flusshafens liegen. Dann geht es über Lovandina und Villorba nach Treviso. In Villorba sind besonders viele der regions-typischen „Ville Venete" zu entdecken. Eine davon dient der Gemeinde zu Repräsentationszwecken.

Mehr Info zu einigem Sehenswerten in den Karten

- Nervesa war von den verheerenden Schlachten des 1. Weltkriegs besonders stark zerstört. Daran erinnern die auf den Hügeln südlich des Ortes als Mahnmal für den Frieden erbauten, Beinhaus de Montello und die Ruine der Abtei San Eustacchio aus dem 14. Jh., in der heute Konzerte stattfinden.

- In Spresiano ist neben der Pfarrkirche mit einem Monument zur Erinnerung an die Gefallenen des 1. Weltkriegs die Villa Giustinian-Recanti sehenswert.

- In der Fraktion Visnadello der Gemeinde Spresiano sind die Kirche Sebbene und die Villa Gritti zu entdecken. In der Fraktion Lovadina u. a. der Palazzo Bove aus dem 15. Jh.

- Villorba heißt nicht von ungefähr so. Es hat besonders viele der bekannten herrschaftlichen „Ville Venete". Eine davon, die Villa Giovannina, ist heute der repräsentative Teil der Gemeindeverwaltung und als solche auch zu den Bürozeiten geöffnet.

Regionale Küche wie vor 2000 Jahren

Hier könnte ein Gastbetrieb stehen, der zumindest ein Gericht wie vor 2000 Jahren laufend auf der Karte führt.

Übernachtungs- und Camping-Möglichkeiten im Anhang und in den Karten

---

Fragen und Auskunft zum Teilabschnitt

■ Hotline Consorzio di Promozione Turistica Marca Treviso, 0039 0422 54 10 52

■ Hotline Via Claudia Augusta, 0043(0)664 27 63 555

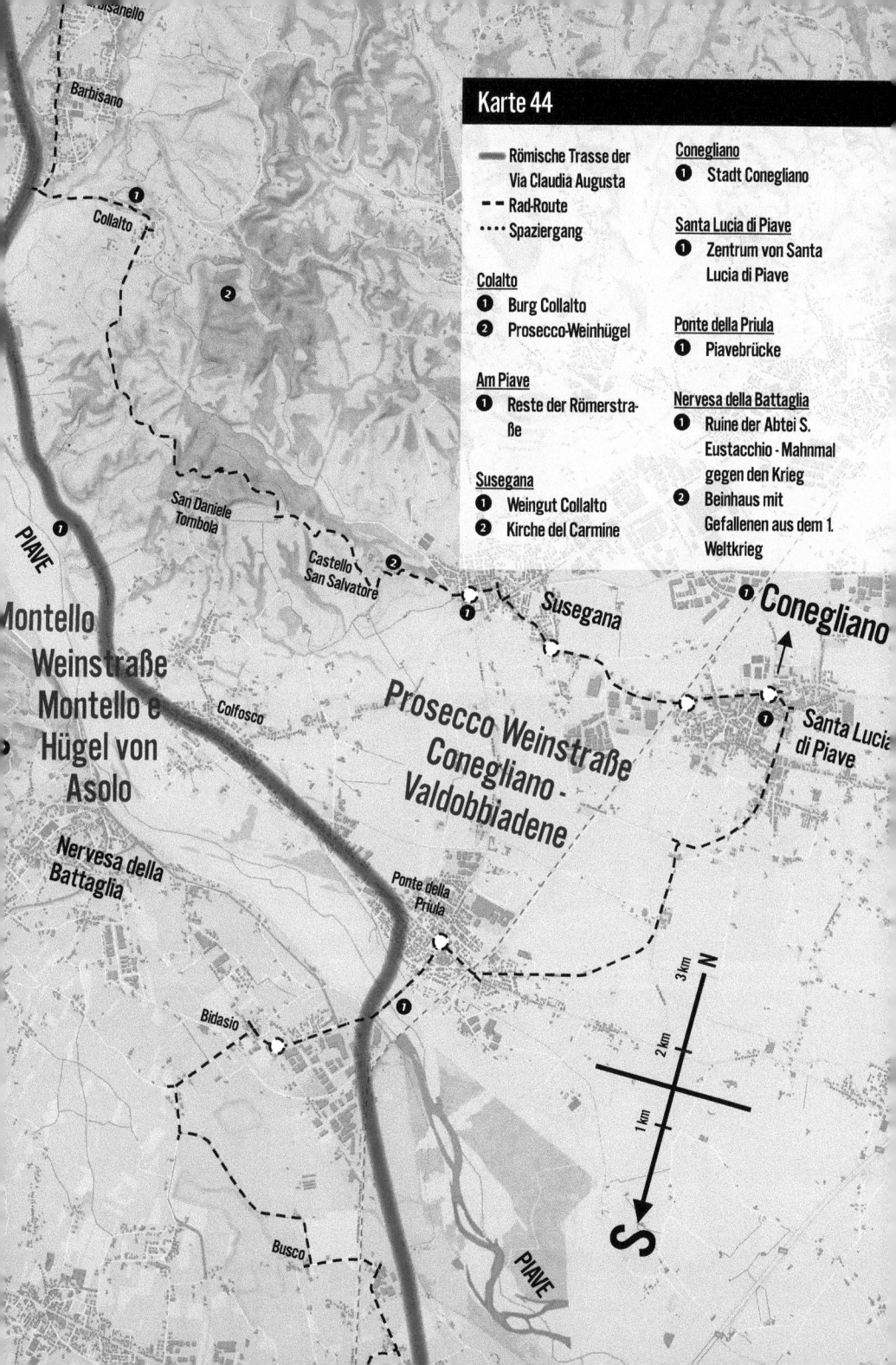

Karte 44

─── Römische Trasse der
Via Claudia Augusta
--- Rad-Route
···· Spaziergang

Colalto
① Burg Collalto
② Prosecco-Weinhügel

Am Piave
① Reste der Römerstra-
ße

Susegana
① Weingut Collalto
② Kirche del Carmine

Conegliano
① Stadt Conegliano

Santa Lucia di Piave
① Zentrum von Santa
Lucia di Piave

Ponte della Priula
① Piavebrücke

Nervesa della Battaglia
① Ruine der Abtei S.
Eustacchio - Mahnmal
gegen den Krieg
② Beinhaus mit
Gefallenen aus dem 1.
Weltkrieg

Als Mahnmal für den Frieden ließ man die Abtei Eustacchio im Zustand nach dem 1. Weltkrieg. Heute ist sie auch Kulturort. Foto: Nervesa

Die Villa Contarini degli Armeni in Asolo. Foto: wikimedia / Patrick Denker

Der Piave ist weitgehend naturbelassen. Fotos: Gemeinde Spresiano

Treviso besticht als Kunst-Stadt und mit seinen Kanälen. Foto (2): Treviso

Die Villa Giovannina in Villorba. Foto: Gemeinde Villorba

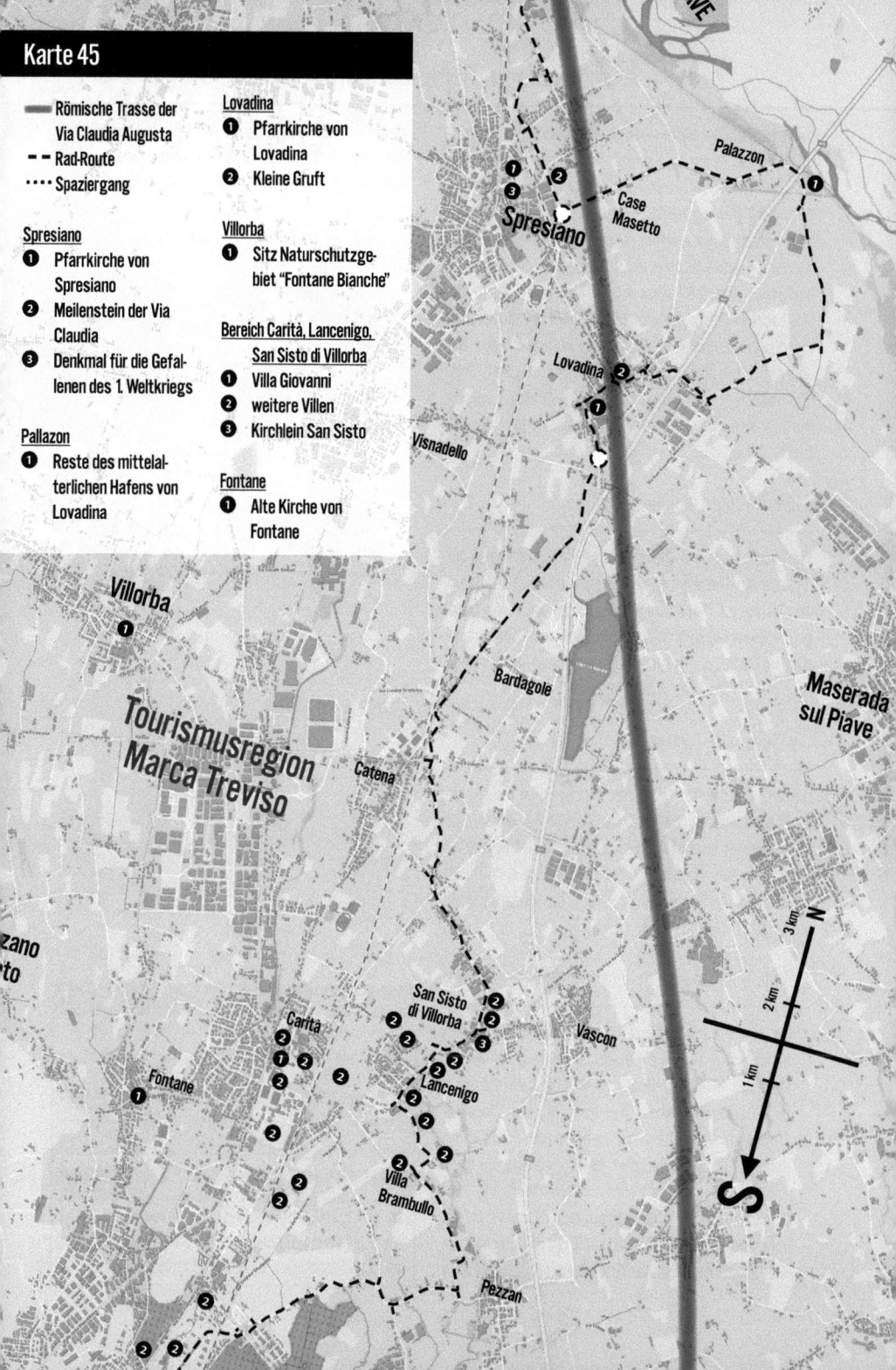

Karte 45

━━ Römische Trasse der
Via Claudia Augusta

– – Rad-Route

···· Spaziergang

Spresiano

❶ Pfarrkirche von
Spresiano

❷ Meilenstein der Via
Claudia

❸ Denkmal für die Gefal-
lenen des 1. Weltkriegs

Pallazon

❶ Reste des mittelal-
terlichen Hafens von
Lovadina

Lovadina

❶ Pfarrkirche von
Lovadina

❷ Kleine Gruft

Villorba

❶ Sitz Naturschutzge-
biet "Fontane Bianche"

Bereich Carità, Lancenigo,
San Sisto di Villorba

❶ Villa Giovanni

❷ weitere Villen

❸ Kirchlein San Sisto

Fontane

❶ Alte Kirche von
Fontane

Palazzon

Spresiano

Case
Masetto

Lovadina

Visnadello

Villorba

Tourismusregion
Marca Treviso

Bardagole

Maserada
sul Piave

Catena

zano
to

Carità

San Sisto
di Villorba

Vascon

Fontane

Lancenigo

Villa
Brambullo

Pezzan

N

3 km

2 km

1 km

S

Treviso liegt in der Mitte eines stark landwirtschaftlich genutzten Gebietes am Zusammenfluss von Botteniga und Sile, das schon in der Bronzezeit besiedelt war. 49 v. Chr. verliehen die Römer Tarvisium das Stadtrecht. Bereits 396 n. Chr. wird es als Bischofssitz erwähnt. Nach langen Auseinandersetzungen, in denen Venedig einen freieren Handel durch die Provinzen Padua und Treviso durchsetzen wollte, wurde die Stadt schließlich über mehrere Jahrhunderte Teil der Republik Venedig. Die ausgedehnte Altstadt ist fast durchwegs von einer Mauer und einem davor liegenden Kanal umgeben. Zahlreiche Kanäle – auch im Inneren der Stadt – brachten Treviso den Beinamen „città delle acque". Außerdem gilt die Stadt als „città dell'arte".

Kirche und zum Kloster der Franziskaner und zum Palazzo dei Trecento aus dem 13. Jh. mit seinen sehenswerten Fresken auf der malerischen Piazza dei Signori.

Radroute durch den Raum Treviso

Von Villorba kommend steuert die Radroute geradewegs auf die Porta San Tommaso zu, die eines von zahlreichen Toren in die Altstadt ist. Diese wird von einer imposanten Mauer begrenzt. Davor liegen Grünflächen und ein Kanal. Die Radroute führt im Uhrzeigersinn um die Altstadt herum. Anschließend folgt sie dem Sile-Fluss in den Naturpark Sile.

Die Reiseroute rund um die Altstadt

Die Reiseroute führt gegen den Uhrzeigersinn um die Altstadt herum, die durchwegs von einem Kanal bzw. dem Silefluss umgeben ist. Von Norden kommend steuert man direkt auf das Tor San Tommaso zu. Will der Reisende die Altstadt besichtigen, fährt er besser im Süden in das Zentrum hinein, wo es gute Parkmöglichkeiten gibt.

Mehr Info zu einigem Sehenswerten in den Karten

- Die Altstadt Trevisos hat viel zu entdecken. Vor allem die vielen Kanäle, die die Stadt durchziehen, und die mit typischen Malereien verzierten Bürgerhäuser verleihen ihr besonderen Charme. Den ganz eigenen Charakter Trevisos fängt der Besucher am besten ein, indem er frei durch die Gassen schlendert. Unser Vorschlag für einen Spaziergang durch die Stadt im Schnelldurchgang führt u. a. zur Kirche Sankt Nikolaus aus dem 13. und 14. Jh. und zum imposanten Dom der Bischofstadt. Im Norden ist die Stadtmauer begehbar. Weiters führt der Spaziergang zur

Regionale Küche wie vor 2000 Jahren

Hier könnte ein Gastbetrieb stehen, der zumindest ein Gericht wie vor 2000 Jahren laufend auf der Karte führt.

Übernachtungs- und Camping-Möglichkeiten im Anhang und in den Karten

Fragen und Auskunft zum Teilabschnitt

■ Ufficio Turistico Treviso - Consorzio Marca Treviso, Viale degli Eroi 2, 0039 0422 54 10 52

■ Hotline Via Claudia Augusta, 0043(0)664 27 63 555

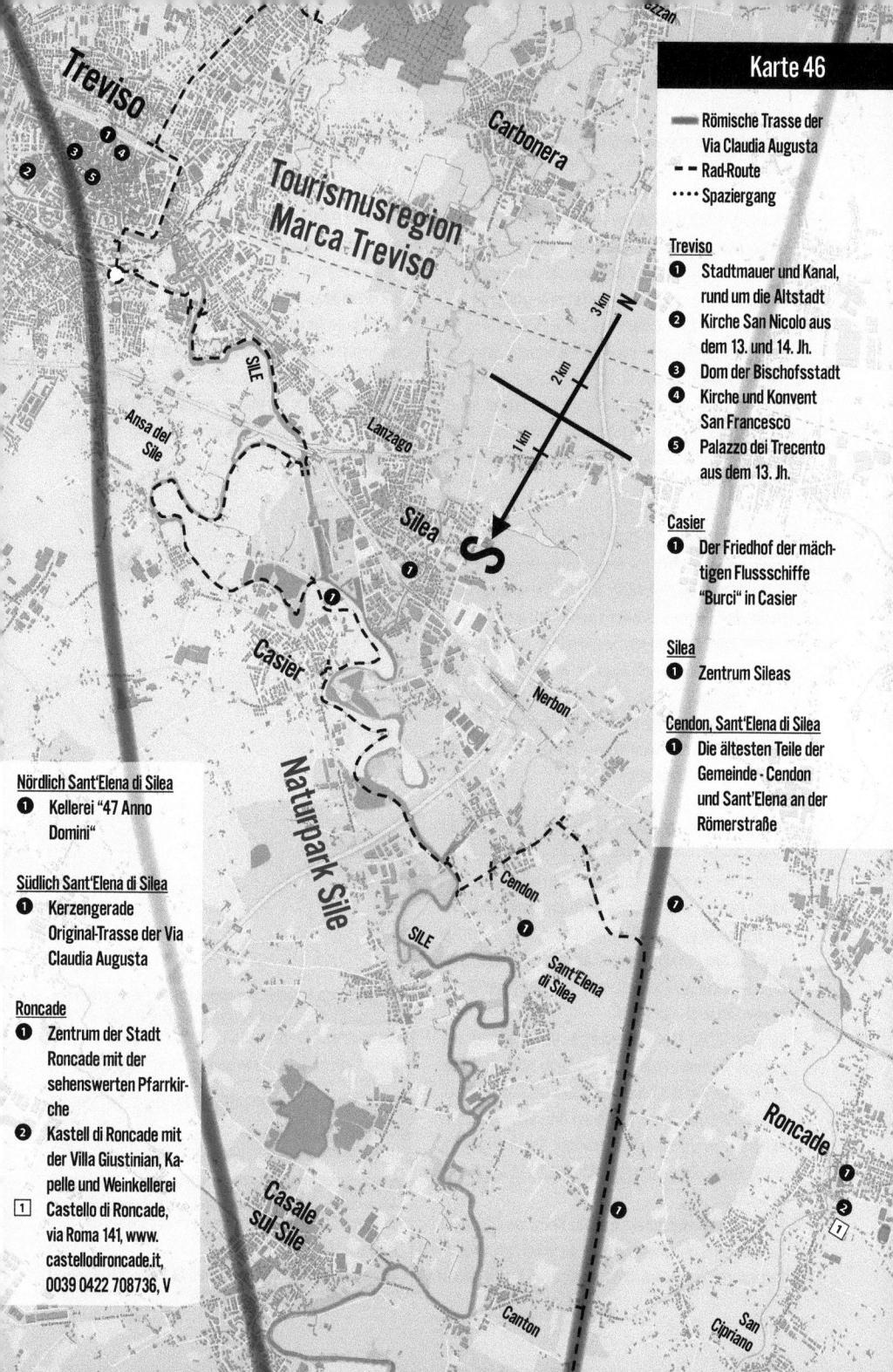

Karte 46

Legende:
- ▬ Römische Trasse der Via Claudia Augusta
- – – Rad-Route
- •••• Spaziergang

Treviso
1. Stadtmauer und Kanal, rund um die Altstadt
2. Kirche San Nicolo aus dem 13. und 14. Jh.
3. Dom der Bischofsstadt
4. Kirche und Konvent San Francesco
5. Palazzo dei Trecento aus dem 13. Jh.

Casier
1. Der Friedhof der mächtigen Flussschiffe "Burci" in Casier

Silea
1. Zentrum Sileas

Cendon, Sant'Elena di Silea
1. Die ältesten Teile der Gemeinde - Cendon und Sant'Elena an der Römerstraße

Nördlich Sant'Elena di Silea
1. Kellerei "47 Anno Domini"

Südlich Sant'Elena di Silea
1. Kerzengerade Original-Trasse der Via Claudia Augusta

Roncade
1. Zentrum der Stadt Roncade mit der sehenswerten Pfarrkirche
2. Kastell di Roncade mit der Villa Giustinian, Kapelle und Weinkellerei
   1. Castello di Roncade, via Roma 141, www.castellodironcade.it, 0039 0422 708736, V

Die Gemeinden südlich von Treviso sind neben der alten Straße auch durch den Naturpark entlang des Sile verbunden. Der malerische Fluss ist eine Besonderheit, bleibt er doch auch bei Unwettern ruhig, behält über das Jahr fast die gleiche Temperatur, führt kaum Geschiebe mit sich und bietet so auf seinem Grund einen idealen Lebensraum für Wasserpflanzen. Das Naturjuwel ist mit Hausbooten und Ausflugsschiffen zu befahren, die zwischen Venedig und Treviso verkehren. Die Gegend am Fluss ist schon seit der Jungsteinzeit besiedelt. Die ältesten Ortschaften werden schon im 11. und 12. Jh. erwähnt und liegen durchwegs an der Trasse der Römerstraße, die zum Teil auf einem Asphaltsträßchen befahrbar ist. Roncade lockt außerdem mit dem Schloss Castello di Roncade, in dem schlosseigene Weine gelagert und verkauft werden.

Augusta den Fluss Sile querte. Den größten Entwicklungsschub verzeichnete die Stadt nach 1500 als Teil der Republik Venedig. Davon zeugen einige Villen. Die bedeutendste ist sicherlich die Renaissance-Villa Giustinian im Kastell di Roncade, das auch ein renommiertes Weingut ist. Sehenswert sind weiters die Pfarrkirche und die die Kapelle im Kastell, mit einem bedeutenden barocken Bilderzyklus.

- Direkt an der historischen Trasse und Radroute der Via Claudia Augusta – zwischen Roncade und Silea – liegt das Weingut „47 Anno Domini" (47 n. Christius – das ist das Jahr der Fertigstellung der Via Claudia Augusta), das die Tradition der Weine gekonnt mit moderner Technik und neuen Trends kombiniert.

Radroute Sile, Roncade, Quarto D'Altino

Auf dem Weg nach Quarto D'Altino führt die Radroute zunächst am Sile-Radweg durch den Sile-Naturpark in der Gemeinde Silea. In Cendron quert sie den Fluss und führt zur schnurgeraden Originaltrasse der Via Claudia Augusta, auf der sie durch das Territorium der Stadt Roncade führt. Das gleichnamige Castello di Roncade lädt zu einem Abstecher ins Stadtzentrum, bevor es durch das malerische Örtchen Musestre, über den Sile auf die Piazza von Quarto D'Altino geht.

Mehr Info zu einigem Sehenswerten in den Karten

- Der Sile, der heute mit Ausflugsschiffen befahren werden kann, war seit jeher auch ein wichtiger Kommunikations- und Handels-Weg. Bis 1970 verkehrten die „Burci", mächtige Boote für den Schwertransport, auf dem Fluss. Heute sind sie am Friedhof der Burci in Casier – am Silea gegenüberliegenden Flussufer – zu sehen.
- Die über 10.000 Einwohner zählende Gemeinde Silea war schon im 2. Jh. nach Christus besiedelt. Die ältesten Siedlungen lagen in den Fraktionen Sant'Elena und Cendon an der Trasse der Römerstraße. Die beiden Orte tauchen auch im Mittelalter als erste in den Urkunden auf. Silea hieß übrigens früher Melma und wurde erst 1935 nach dem Fluss in Silea umbenannt.
- Bereits ab dem Neolithikum war das Gebiet der 14.000 Einwohner zählenden Stadt Roncade besiedelt, in römischer Zeit vor allem in der Fraktion Musestre, wo die Via Claudia

---

Regionale Küche wie vor 2000 Jahren

Hier könnte ein Gastbetrieb stehen, der zumindest ein Gericht wie vor 2000 Jahren laufend auf der Karte führt.

Übernachtungs- und Camping-Möglichkeiten im Anhang und in den Karten

---

Fragen und Auskunft zum Teilabschnitt

■ Hotline Consorzio di Promozione Turistica Marca Treviso, 0039 0422 54 10 52

■ Hotline Via Claudia Augusta, 0043(0)664 27 63 555

Im Sile Flusspark. Foto: Club Unesco Venezia

Das Zentrum der Stadt Roncade. Foto: Stadt Roncade

Die Villa Giustinian im Kastell di Roncade. Foto: Stadti Roncade

In der Lagune. Foto: Lammerhuber   Römerstraße. Foto: Via Claudia Augusta

Archäologisches Museum in Altino. Foto: Tschaikner

Fast unvorstellbar – in der Römerzeit gab es noch kein Venedig. Die antike Hafenstadt war Altinum an der Mündung des Flusses Sile in die Lagune. Dort starteten bzw. endeten gleich mehrere Römerstraßen, die ihre wirtschaftliche Bedeutung unterstreichen. Erst nach dem Niedergang des Römischen Reiches verlagerten sich die Siedlungen in die geschütztere Lagune. Die Römerstraße wurde aber weiter genutzt, wie die ihr entlang gegründeten Orte zeigen. Heute befinden sich im Weiler Altino der Gemeinde Quarto D'Altino am denkmalgeschützten Hafenareal eine Ausgrabungsstätte und ein archäologisches Museum, das heute, durch die zunehmende Verlandung der Flussmündungen, nicht mehr am Wasser liegt. Vom heutigen Bootshafen sind Ausflugsfahrten nach Venedig und am Sile nach Treviso möglich.

sche Zone, die auf relativ kleinem Raum ein paar Einblicke in die große Geschichte erlaubt, das neue Archäologische Museum sowie eine einfache Gastwirtschaft. ■ Museum, Via Sant'Eliodoro 37, 0039 0422 82 9008, geöffnet täglich von 8:30 – 19:30.

• Quarto D'Altino, wo die Quartiere ruhiger und günstiger sind, liegt ziemlich genau in der Mitte zwischen der Kunststadt Treviso, der Lagunenstadt Venedig und den Stränden von Jesolo. Nach Venedig gelangt man mit der Bahn oder mit dem Ausflugsschiff, das nahe am Archäologischen Museum seine Einstiegsstelle hat. Mit Ausflugsschiffen gelangt man auch über den Sile nach Treviso. Die zahlreichen Strände von Jesolo erreicht man am besten mit dem Auto oder mit dem Fahrrad.

Radroute Altino, Jesolo, Venezia

Die Römerstraße und die Radroute Via Claudia Augusta führen von Quarto D'Altino weiter nach Altino, dem Standort des antiken Adria-Hafens am Rande der Lagune, in der ein sehenswertes Museum mit einem drei-dimensionalen Modell der Hafen-Stadt wartet. Will man im Anschluss an die Radtour ein paar Urlaubstage anhängen, schlägt man sein Lager am besten im ruhigeren und günstigeren Quarto D'Altino auf. Von dort gelangt man mit dem Zug oder mit der Barca, durch die Lagune, nach Venedig. Auch ist es möglich mit dem Rad nach Trevio, zum Lido di Jesolo oder Lido di Venzia zu radeln.

Mehr Info zu einigem Sehenswerten in den Karten

• Quarto d'Altino ist die Gemeinde in der sich einst der römische Hafen befand. Bevor die Reiseroute in ihr Zentrum mündet, führt sie noch auf einer relativ schmalen Brücke über den Sile. Gleich danach wartet ein schöner Blick auf den Fluss und Musestre. Im kleinen Zentrum befinden sich die Gemeindeämter, die Pfarrkirche, einige Lokale und Geschäfte.
• Nach Unterquerung der Trasse der Bahn, mit der man bequem in wenigen Minuten nach Venedig gelangt, kann man noch ein Stück der schnurgeraden Trasse der Via Claudia Augusta folgen. Das letzte Stück zum Museum am Areal des antiken Hafens radelt man dann auf relativ direktem Wege durch die Lagune .
• Das Areal der antiken Hafenstadt liegt heute durch die fortschreitende Verlandung etwas im Landesinneren. Es gibt dort nur mehr wenige Gebäude – darunter eine Archäologi-

Regionale Küche wie vor 2000 Jahren
Hier könnte ein Gastbetrieb stehen, der zumindest ein Gericht wie vor 2000 Jahren laufend auf der Karte führt.

Übernachtungs- und Camping-Möglichkeiten im Anhang und in den Karten

Fragen und Auskunft zum Teilabschnitt
■ Hotline Consorzio di Promozione Turistica Marca Treviso, 0039 0422 54 10 52
■ Hotline Via Claudia Augusta, 0043(0)664 27 63 555

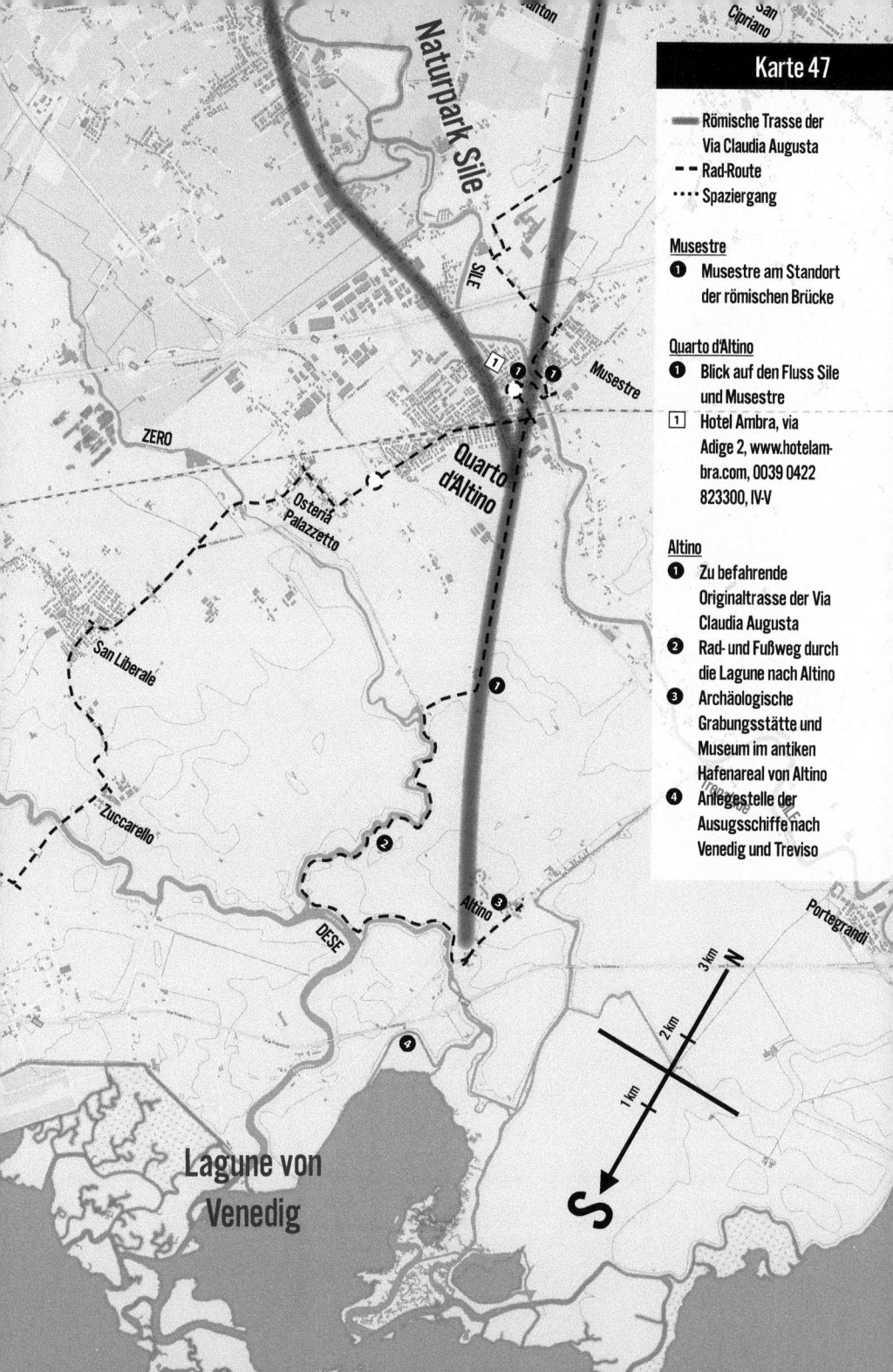

Naturpark Sile

SILE

ZERO

San Cipriano

Musestre

Quarto d'Altino

Osteria Palazzetto

San Liberale

Zuccarello

DESE

Altino

Portegrandi

Lagune von Venedig

— Römische Trasse der
Via Claudia Augusta

- - Rad-Route

···· Spaziergang

Musestre
❶ Musestre am Standort
der römischen Brücke

Quarto d'Altino
❶ Blick auf den Fluss Sile
und Musestre
1️⃣ Hotel Ambra, via
Adige 2, www.hotelam-
bra.com, 0039 0422
823300, IV-V

Altino
❶ Zu befahrende
Originaltrasse der Via
Claudia Augusta
❷ Rad- und Fußweg durch
die Lagune nach Altino
❸ Archäologische
Grabungsstätte und
Museum im antiken
Hafenareal von Altino
❹ Anlegestelle der
Ausugsschiffe nach
Venedig und Treviso

N

3 km

2 km

1 km

S

Karte 48/1

Römische Trasse der Via Claudia Augusta

- - **Rad-Route**

···· **Spaziergang**

Altino

❹ Anlegestelle der Ausugsschiffe nach Venedig und Treviso

Venezia

❶ Lagunenstadt Venedig

Mestre

Porto Marghera

MARZENGO

Campalto

Favaro Veneto

DESE

DESE

DESE

Pradelli

Tessera

Zuccarello

DESE

LAGUNA VENETA

Venezia

Murano

Lagune von Venedig

Burano

Cavallino-Treporti

S   1 km   2 km   3 km   N

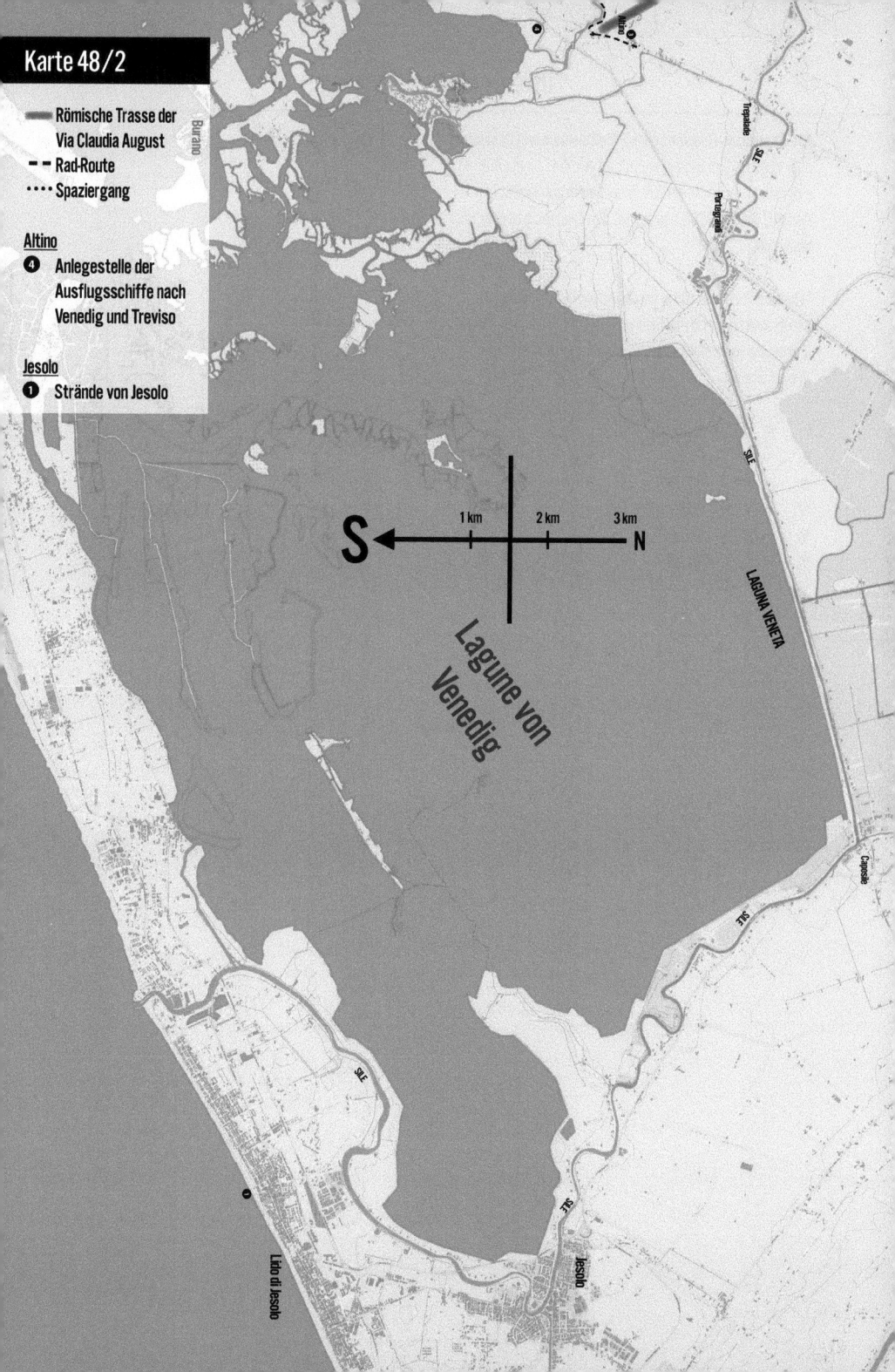

Karte 48/2

S ◄———— N

1 km   2 km   3 km

Lagune von
Venedig

Burano

Trepalade

Portegrandi

SILE

SILE

LAGUNA VENETA

Caposile

SILE

SILE

SILE

Lido di Jesolo

Jesolo

Altino

Übernachtung & Camping

Alle Gastgeber sind speziell auf Radreisende und Wanderer, aber auch andere Reisende entlang der Via Claudia Augusta eingestellt. Jene mit der Schüssel haben zumindest ein Gericht, wie vor 2000 Jahren, auf der Speisekarte oder am Menüplan.

I-VII – die Preisklassen in den nachfolgenden Inseraten sollen einen ungefähren Eindruck von der Preislage geben und beziehen sich auf eine Übernachtung pro Person im Doppelzimmer.

I   <   15,00
II   =   15,00 – 23,00
III   =   23,00 – 30,00
IV   =   30 00 – 35,00
V   =   35,00 – 50,00
VI   =   50,00 – 70,00
VII   >   70,00.

Fragen zu Donauwörth - Mertingen
- Touristinfo Region Donau-Ries, 0049 906 74211
- Touristinfo Donauwörth, 0049 906 789151
- Via Claudia Augusta Info, 0043 664 27 63 555

Donauwörth

Hotel Goldener Greifen
86609 Donauwörth, Pflegstraße 15
T 0049 (0) 906 705 826 - 0
www.goldener-greifen.de
III

Hotel Donau – zentral, an der Donau
Donauwörth, Augsburger Straße 6
T 0049 (0) 906 700 60 42
www.hoteldonau.de
III-IV

Mertingen

Landgasthof Wirtshaus „Alte Brauerei"
Mertingen, Hiliaria-Lechner-Straße 21
T 0049 9078 912 320
www.alte-brauerei-mertingen.de
III renovierte hist. Brauerei

Hotel Donau-Ries - Naturholz-Ausstattung
Mertingen, Gewerbepark Ost 15a
T +49 (0) 9078 / 912 51 51
www.donau-ries-hotel.de
IV-V Parkplatz während der Reise

Fragen Allmannshofen - Obermeitingen
- Touristinfo Regio Augsburg, 0049 821 502070
- Via Claudia Augusta, 0043 664 27 63 555

Augsburg

Best Hotel Riegele - Fam. Schmid - am hist. Stadtkern
86150 Augsburg, Viktoriastr. 4, T 0049 (0) 821 50 90 00
www.hotel-riegele.de, auskunft@hotel-riegele.de, III-IV

Wenige Gehminuten vom historischen Stadtkern entfernt, gegenüber dem Bahnhof. Genießen Sie im Restaurant Viktoria auf der Gartenterrasse edle bayerische und mediterrane Pfannkerlküche oder zünftige Brotzeiten - Hotelgäste sparten 10 %.

Hotel am Rathaus - ruhig gelegen
Augsburg, Am Hinteren Perlachberg 1
T +49 (0) 821 34 649 0
www.hotel-am-rathaus-augsburg.de
V hauseigene Tiefgarage

Hotel Augusta*S im Zentrum**
Augsburg, Ludwigstraße 2
T +49 (0) 821 50140
www.hotelaugusta.de
V-VII Biofrühstücks-Ecke

Königsbrunn

Best Hotel Zeller*Superior**
Königsbrunn, Bürgerm.-Wohlfahrth-Str. 78
T +49 (0) 8231 9960
www.hotelzeller.de
IV-VI

Fragen zu Hurlach - Kinsau
- Touristinfo Ammersee-Lech, 0049 8191 128-246
- Touristinfo Landsberg am Lech, 0049 8191 128-246
- Via Claudia Augusta Info, 0043 664 27 63 555

Hurlach

Rasthaus Hurlach
Hurlach, Kolonie 25 (alte B17)
T 0049 (0) 8248 352
www.rasthaus-an-der-b17.de
III

Landsberg am Lech

Stadthotel garni „Augsburger Hof"
Landsberg am Lech, Schlossergasse 378
T 0049 (0) 8191 96 95 96
www.augsburger-hof.com
III-IV hist. Zentrum, Biergarten

Hotel Goggl * im historischen Stadtkern**
Landsbg., Hubert-von-Herkomer-Str. 19/20,
T 0049 8191 324-0
www.ana-hotels.com/goggl-landsberg
V

Landhotel Endhart* an der Radroute**
Erpftinger Straße 19
T 0049 8191 9293 0
www.landhotel-endhart.de
V Massageangebote

Fuchstal

Landgasthof Hohenwart
Fuchstal, Hohenwart 1
T 0049 8243 2231
www.hohenwart-hotel.de
III-VI an der historischen Straße

Landhaus Restaurant Blätz
Fuchstal, Am Bahnhof 1
T +49 (0) 8243 2323
www.zum-blaetz.de
III-V

Epfach / Denklingen

Wirtshaus „zur Sonne"
Epfach, Sonnenbichl 1
T +49 (0) 8869 911666
www.zursonne.info
III

Fragen zu Hohenfurch - Bernbeuren am Auerberg
- Touristinfo Pfaffenwinkel, +49 (0)8861 211 3200
- Touristinfo Schongau, 0049 8861 21 41 81
- Touristinfo Peiting, 0049 8861 59 9 61
- Touristinfo Bernbeuren a. A., 0049 8860 92 12 70
- Via Claudia Augusta Info, 0043 664 27 63 555

Schwabniederhofen / Altenstadt

Gasthof Janser
86982 Altenstadt, Burgstraße 2
T +49 (0)8861 22 17 26
www.gasthof-janser.com
IV

Schongau

Hotel Rössle Garni
Schongau, Christophstrasse 49
T +49 (0)8861 23050
www.hotel-roessle-schongau.de
V in der Altstadt

Peiting

Gasthaus „Zechenschenke"
86971 Peiting, Zechenstraße 2
T 0049 (0) 8861 68 164
www.zechenschenke.de
III-IV

Karte 01
Karte 02
Karte 08
Karte 10
Karte 13
Karte 15
Karte 16
Karte 18
Karte 19
Karte 20

Bernbeuren am Auerberg

Karte 21

Panorama-Gasth. a. d. Auerberg***
Bernbeuren, Auerberg 2
T +49 8860 235
www.auerberghotel.de
V-VI hauseigene Konditorei

Fragen und Auskunft zum Teilabschnitt
• Lechbruck a. S., +49 (0)8862 987 830
• Rosshaupten, +49 (0)8367-364
• Rieden a. F., +49 (0)8362 37025
• Füssen, +49 (0)8362 93 850
• Schwangau, +49 (0)8362 81 980
• Via Claudia, +43 (0)664 27 63 555

Lechbruck am See

Karte 22

Hotel****Landhaus Auf der Gsteig
Lechbruck am See, Gsteig 1
T +49 (0)8862 98 770
www.landhaus-gsteig.de
V-VI

Gasthof Holler
Lechbruck am See, Bahnhofstr. 10
T +49 8862 85 57
www.gasthof-holler.de
III

Via Claudia Camping und mietbare
Ferienwohnungen der besonderen
Art: Blockhütten, Zirkus-Wagen,
Schlaffässer, ...
Lechbruck, Via Claudia 6
T 0049 (0) 8862 8426
www.via-claudia-camping.de
ab I

🏨 Naturnah und komfortabel übernachten im südlichen Bayern. Der ideale Standort für Urlaubswege zwischen Seen, Bergen und Kultur. Direkt am smaragdgrünen Lechsee und an der Via Claudia Augusta gelegen.

* Wohnmobilabstellplatz
* Komfort-Camping
* Mietunterkünfte
* Restaurant und Biergarten

Rosshaupten im Allgäu

Karte 23

Landgasthof Schwägele - Dorfzentrum
Rosshaupten, Hauptstr. 15
T +49 (0)8367 305
www.landgasthof-schwaegele.de
III-IV

Haus am Wettebad
Rosshaupten, Wettenweg 4+6
T +49 (0) 8367 631
www.hartmannfm.de
III

Füssen

Karte 25

Wellnesshotel Sommer****
Füssen, Weidachstraße 74
T 0049 (0) 8362 914 70
www.hotel-sommer.de
III-IV Königscard: Bergbahnen inklusive

Hotel Luitpoldpark **** im Zentrum
Füssen, Bahnhofstraße 1 - 3
T 0049 8362 90 40
www.luitpoldpark-hotel.de
III-IV Wellness, Fitness & Beauty

Sightsleeping-Hotel Hirsch, im Stadtzentrum
Füssen, Kaiser Maximilian Platz 7, T 0049 8362 93980
www.hotelfuessen.de, III-IV

🏨 Seit 4 Generationen ist das Hotel in der Stadtmitte
liebevoll geführt. Die Designerzimmer erzählen Geschichten
aus dem Füssener Land und auch von der Via Claudia
Augusta. Saisonale Küche aus regionalen Produkten,
Kastanienbiergarten, Panoramadachterrasse.

Hotel Ruchti*** zentral & ruhig, im Grünen
Füssen, Alatseestraße 38
T 0049 (0) 8362 910 10
www.hotel-ruchti.de
III-IV

Parkhotel Bad Faulenbach ***S
87629 Füssen, Fischhausweg 5
T +49 (0) 8362 91 9 80
www.parkhotel-fuessen.de
V-VI

Schwangau

Karte 25

Feriengasthof Restaurant Helmer***+
Schwangau, Mitteldorf 10
T 0049 (0) 8362 9800
www.hotel-helmer.de
III-IV

Neuschwanstein Hotels
Hohenschwangau, Alpseestr. 12
T +49 8362 88 7600
www.neuschwanstein-hotels.de
III-VII

Übernachtung und Camping
Pinswang - Ehrwald

gen zu Pinswang - Ehrenberg
Naturparkregion Reutte, +43 (0)5672 62 336
Via Claudia Augusta Info, 0043 664 27 63 555

Pinswang · Karte 02

thof Zum Schluxen*** Kultur- und Ausflugs-Gasthof
swang, Unterpinswang 24, T 0043 5677 53217
vw.schluxen.com, V

Der Ausflugs-Gasthof direkt an der Römerstraße bietet köst-
e Tiroler Wirtshauskultur, römische Küche, einen lauschigen
rgarten und gemütl. Zimmer. Zwischen Füssen und Reutte
egen ist der Gutshof in ländlicher Idylle beliebte Labe- und
ernachtungsstation für Radfahrer

ängle · Karte 03

Gästehaus Pension Talblick
Wängle/Reutte, Holz 8
T +43 (0) 5672 62280-0
www.talhof.com
ab III

eutte · Karte 03

thof Hotel Zum Mohren**** Komfort – Tradition – zentral
ermarkt 26, T 0043 (0) 5672 62 345
w.hotel-mohren.at, III-IV

Sie finden unser Hotel im historischen Untermarkt von
tte, umrahmt von ortstypisch mit „Lüftlmalerei" verzierten
sern. Genießen Sie in unseren Stuben die vielen Gaumen-
den aus unserer Küche und lassen Sie sich in unserem
ern gestalteten Vitalbereich verwöhnen.

Camping Reutte sonnig und ruhig
Reutte, Ehrenbergstrasse 53
T +43 (0) 5672 62 809
www.camping-reutte.com
I Unterstand fuer Zelter

Lechaschau · Karte 03

Wandergasthof Romantik Krone
Lechaschau, Wänglestraße 6
T 0043 5672 62354
www.romantik-krone.at
III-IV, mit Wellness

Ehenbichl · Karte 03

Pension Waldrast
Ehenbichl, Krankenhausstr. 16
T +43 (0) 5672 62443
www.waldrasttirol.com
IV

Wander-Hotel Maximilian
Reutte-Ehenbichl, Reuttenerstr. 1
T 0043 5672 62 585
www.hotelmaximilian.at
III-IV

Ehrenberg · Karte 03

Zimmer und Appartements in der Burgenwelt Ehrenberg
Ehrenberg / Reutte, Klause 1, T +43 (0) 5672 62007
www.ehrenberg.at, II-V

Übernachten im Burgen-Ensemble: Appartements in der
Kaserne aus dem 17. Jh. oder Zimmer im Landgasthof Klause.
Alle Zimmer mit Dusche/Bad und Sat-TV. Der Gasthof bietet
traditionelle Gerichte, aber auch römische und mittelalterliche
Bankette.

Fragen zu Bichlbach - Biberwier
- Tiroler Zugspitz Arena, +43 (0)5673 20000
- Via Claudia Augusta Info, 0043 664 27 63 555

Heiterwang am See · Karte 04

****Hotel Fischer am See / Camp Heiterwangersee
6611 Heiterwang am See, 0043 5674 51 16
www.fischeramsee.at, III-IV

Geheimtipp: Neu umgebautes, familiengeführtes Hotel direkt am
See, den schon Maximilian I schätzte. Exklusiv für übernachtende
Via-Claudia-Reisende: 16:00 kostenlose Schiffsrundfahrt (110 min).
Kreative Köche & aufmerksame Kellner & Wellness & Massage.
Kommen - Bleiben - Genießen!

Bichlbach · Karte 05

Gasthof Sonne & Pension Tyrol
Bichlbach, Gipfl 13+64
T +43 (0) 5674 5282
www.feineler.com
II

Lermoos · Karte 06

Hotel Garni Lärchenhof**** + Camping
6631 Lermoos, Gries 16
T 0043 (0) 5673 2197
www.laerchenhof-lermoos.at
III-IV, Wellnessanlage

Haus Olympia & Restaurant Bauernstube
Lermoos, Innsbrucker Straße 4
T +43 (0) 5673 3131
www.zollerreisen.com
III

Hotel Hubertushof
Lermoos, Kirchplatz 7
T +43 (0) 5673 2161
www.hotel-hubertushof.com
ab V

Pension Garni „Bartlhof"
Lermoos, Schladgasse 1
T 0043 (0) 5673 2894
www.bartlhof.at
III

Ehrwald · Karte 06

Gasthof Panorama
Ehrwald, Ebne 52
T +43 (0) 5673 3393
www.gasthaus-panorama.at
III-IV

Verwöhn-Hotel Stern
Ehrwald, Innsbrucker Straße 8
T 0043 (0) 5673 2287
www.hotel-stern.info
III-IV, Sauna, Dampfbad, Infrarot

Karte 06

Biberwier

Camping + Appartements Biberhof
6633 Biberwier, Schmitte 8
T 0043 5673 29 50
www.biberhof.at
I-III

Hotel Gasthof Zum Goldenen Löwen – Tradition & Wellness
Biberwier, Kirchplatz 1, T 0043 (0) 5673 2293
www.hotel-loewe.at, III-IV

Gemütlicher, neu renovierter und erweiterter Traditions-Gasthof, ruhig im Ortskern gelegen. Fam. Seeber und ihre Vorgänger bürgen schon 300 Jahre für Gastlichkeit. Der Hausherr bereitet Tiroler, internat. und auch römische Spezialitäten. Reichhaltiges Frühstücksbuffet.

Fragen zu Fernpass - Schönwies
- Ferienregion Imst, +43 (0)5412 6910-0
- Via Claudia Augusta Info, 0043 664 27 63 555

Karte 07

Fernpass, Fernstein

Hotel Schloss Fernsteinsee ★★★★
Fernstein / Nassereith
T +43 (0) 5265 5210
www.fernsteinsee.at
V-VII

Yoga-Resort AlpenRetreat
Fernpass 483 (Gemeinde Nassereith)
T +43 (0)680 55 44 324
www.alpenretreat.at
IV-V vegetarische Vitalkost

Nassereith

Karte 08

Pension Melmer
Nassereith, Fernpass-Straße 10
T 0043 (0) 5265 54 18
www.imst.at/haus-melmer
II

Gasthof Rest. „Gurgltalblick" ★★★
Nassereith, Ing.-Kastnerstr. 181
T +43 (0) 5265 5282
www.gurgltalblick.at
IV-V   tiroler u. internat. Küche

Familienfreundl. Gästehaus Maria - gleich am Ortseingang
Nassereith, Fernpass Str. 1c, T +43 (0) 650 59 05 801
www.gästehaus-maria-nassereith.at, II

Herzlich willkommen im idealen Quartier für Radler, Wanderer und Kletterer! Lassen Sie den Tag auf der Terrasse oder am Balkon ausklingen. Ruhen Sie wohl in unseren großzügigen Komfortzimmern. Starten Sie mit unserem reichhaltiges Frühstücksbuffet in einen neuen Tag.

Strad & Tarrenz

Karte 08+09

Gasthof Seewald - direkt an der Via Claudia Augusta
Fam. Donnemiller
A-6464 Strad / Tarrenz, Strad 12
T +43 (0) 5412 66 0 24, F +43 (0) 5412 66 02 44
gasthof-seewald@aon.at
www.gasthof-seewald.at, III

Familienbetrieb mit 30 Betten - direkt an der Via Claudia Augusta im Erholungsdorf Strad. Wir bieten unseren Gästen Einbettzimmer, Doppelzimmer und Familienzimmer, Speisesaal, gemütliche Stube, Schankgarten, Gästeparkplatz, Tischtennis, Tischfußball, naheliegender Kinderspielplatz und hauseigenen privaten Badesee, Unterstellplätze für Fahrräder. Alle Zimmer sind mit Dusche, WC, Kabel-TV, Safe und mit Balkon oder Terrasse ausgestattet.

Wir würden uns freuen, Sie bei uns im Haus begrüßen zu dürfen. Familie Donnemiller

Zimmer mit Frühstück Euro 27,-
Zimmer mit Bikermenü Euro 35,-
Kinderermäßigung bis 6 Jahre 60 %
7 bis 14 Jahre 30 %

Panoramahotel Gurgltalerhof
Tarrenz, Rotanger 1
T +43 (0) 5412 66 0 48
www.gurgltaler-hof.com
III-IV, Dampfbad, Sauna

Gästehaus Anni Kiechl
Tarrenz, Griesegg 32
T 0043 (0) 650 69 64 111
www.imst.at/haus-anni
II-III

Frühstückspension Haus Selma
Tarrenz, Griesegg 8a
T 0043 5412 66 0 66
www.imst.at/hausselma
selmalung@tele2.at, II-III

Imst

Hotel Gasthof Hirschen – im historischen Stadtzentrum
Imst, Thomas-Walch-Straße 3, T 0043 (0) 5412 6901
www.hirschen-imst.com, III-IV

Direkt neben der Kirche und dem Haus der Fasnacht liegt das traditionsreiche Hotel Gasthof Hirschen. Wellness, Schwimmbad gemütliche Stuben, Wintergarten. Mitglied der Initiative zur Pflege der Tiroler Küche und Gastlichkeit. Dass sich der Gast wohlfühlt, ist das oberste Ziel des Teams rund um den Wirt.

Hotel Gasthof Neuner, Restaurant Pizzeria
Imst, Brennbichl 81
T 0043 (0) 5412 63 332
www.hotel-neuner.com
III-IV

Mils bei Imst

Trofana Tyrol Erlebnisdorf, an der Au 1, an den geschützt. Innau
Mils bei Imst, T 0043 5418 601, infopoint@trofanatyrol.at
www.trofanatyrol.at, III-IV

Zwischen Imst und Landeck im Tiroler Oberland liegt an der A12 das „Trofana Tyrol". Die großzügige Verbindung von Traditi und Moderne hat es zu einem Wahrzeichen in Tirol werden lass Es ist eine vielfältige und romantische Welt für sich und ideal f Durchreisende!

Schönwies

Pension Silberspitze
6491 Schönwies, Öde 60
T 0043 5418 52 12 = Fax
www.schoenwies.at
II-III

gen zu Zams - Fließ
erienregion TirolWest,+43 (0)5442 65 600
ia Claudia Augusta Info, 0043 664 27 63 555

Karte 11

ams

Bergpension Gasthof Kreuz
6511 Zams, Rifenal 15
T 0043 (0)5442 61 2 40
www.gasthofkreuz.at
III-IV

Landhaus Tschuggmall, Ferienwohnungen
Zams, Bruckfeldweg 18
T 0043 (0) 5442 64 5 44
www.ferienwohung-zams.at
II

Hotel Restaurant Thurner ***
Zams, Magdalenaweg 6
T 0043 (0) 5442 61245
www.hotel-thurner.info
III-IV

l Jägerhof **** direkt an Innradweg und Via Claudia Augusta
Zams, Hauptstraße 52, an der Talstation der Venetbahn
43 (0) 5442 62 64 20, F +43 (0) 5442 62 6 42 - 199
v.jaegerhof-zams.at
@jaegerhof-zams.at, V

erzlich willkommen im 4-Sterne-Hotel Jägerhof in Zams
kt an Innradweg und Via Claudia Augusta. Liebevoll
erichtete Zimmer mit Bad/DU/WC, TV. Durchgehend
me Küche, schattige Gartenterrasse, gemütliches Re-
rant, Erlebnisbad mit Wasserfall, Wellnesslandschaft,
radgarage, Trockenraum, Wäscheservice, kostenl.
zeitparkplatz am Haus.

Pens. Haueis & Post-Gasthof Gemse
Zams, Tramsweg 4
T 0043 (0) 5442 63001
www.postgasthof-gemse.at
III-IV, zentral gelegen

Karte 11

Landeck

Hotel Rest. Bruggner Stubn ***
Landeck, Flirstrasse 30
T +43 (0) 5442 63 356
www.bruggnerstun.at
IV-V ausgez. Restaurant

Pension Thialblick
Landeck, Burschlweg 7
T 0043 (0)5442 62 2 61
www.thialblick.at
II-III

Bike-Hotel Enzian**** direkt am Radweg, zentral und doch ruhig
6500 Landeck, Adamhofgasse 6, T 0043 (0) 5442 62066
www.hotel-enzian.com, III-V, absperrbare Radgarage

Das familiengeführte Haus mit gemütlichem, gutem Restaurant mit Gastgarten und komfortablen Zimmern liegt direkt an der
Radroute, im Zentrum des ruhigeren Stadtteils Perjen. Im Garten
gibt es einen malerischen Schwimmteich. Das kostenlos zugäng-
liche Frei-Schwimmbad liegt direkt ums Eck. An kühleren Tagen

Hotel Schrofenstein**** im verkehrsberuhigten Zentrum
6500 Landeck, Malserstraße 31, T 0043 (0) 5442 62 395
www.schrofenstein.at, III-IV

- absperrbarer Fahrradraum, Trockenraum
- schattiger Gastgarten mit Kastanienbäumen
- leichte Gerichte, Nudeln und Salate
- akzeptable Zimmerpreise
- direkt an der Via Claudia Augusta gelegen

Fragen zu Prutz - Nauders
- Tiroler Oberland, Nauders, Kaunertal +43 (0) 50 225 100
- Via Claudia Augusta Info, 0043 664 27 63 555

Prutz

Karte 13

Aktiv-Camping Prutz, am Sauerbrunn
Prutz, Pontlatzstraße 22
T 0043 (0) 5472 26 48
www.aktiv-camping.at
I-II

Traditions-Hotel Post ****
direkt an der Via Claudia
Augusta, im Dorf-Zentrum
Prutz, Dorfstraße 1
T 0043 (0) 5472 62 17
www.postprutz.at

IV

Nach einem anstrengenden, erlebnisreichen Tag verwöhnen
wir Sie - direkt an der Via Claudia - in großzügigen Nichtrau-
cher-Zimmern, im täglich geöffneten Wellness-Bereich mit
Sauna, Dampfbad, Duftsauna, Infrarotsauna, Kneippbecken, ...,
im lauschigen Erlebnis-Garten, im eigenen Restaurant mit
regionalen und internationalen Spezialitäten und am leicht bis
deftigen Frühstücksbuffet. Unseren Gästen steht eine kostenlose Fahrradgarage und ein Trockenraum zur Verfügung.

Ried im Oberinntal

Karte 13

Active Apart Central
6531 Ried, Nr. 9, 0043 (0)5472 2567 /
0043 (0)664 73 601 509
www.apartcentral.com
III

Camping und Blockhütten Dreiländereck
6531 Ried No. 37 Gartenland, T 0043 (0) 5472 60 25
www.tirolcamping.at, HI

Camping und Blockhäuser für 2 - 6 Personen liegen direkt
am Radweg Via Claudia, mitten im Dorf, nahe dem Badesee.
Vorteile: reichhaltiges Frühstück, freier Eintritt zum Badesee,
top Wellnessbereich, Biker-Service-Garage, Trockenraum. Der
Bikerstop mit besonderer Note.

Aktiv-Hotel Trujenhof**
6531 Ried, Trujen Nr. 168
T +43(0)5472 6513
www.truyenhof.at
V-VI

Apart am Brunnen - Fam. Schranz
Ried im Oberinntal, Hausnummer 40
T 0043(0)664 19 87 961
www.apart-am-brunnen.at
III

Kräuterbaumhof Sagenschneider's
6531 Ried, St. Christina 96
T +43(0)5472 28077
www.tiscover.at/sagenschneiders
II-III

Übernachtung und Camping
Tösens - Nauders

Tösens

Gasthof Pension Wilder Mann
Tösens, Alte Bundesstrasse 60
T +43 (0) 5477 203
www.toesens.at
IV-V hist. Haus im rätorom. Stil

Bike-Wander-Gasthof Inntalerhof
Tösens, Obertösens 70
T +43 (0) 5477 240
www.inntalerhof-tirol.at
IV-V

Gasthof Tschuppbach
Tösens, Tschuppbach 1
T 0043 (0) 5447 443
www.gasthof-tschuppbach.at
II-III

Pfunds

Ferienhof Schöne Aussicht
6542 Pfunds, Gatter 354
T +43 5474 5238
www.schoene-aussicht-pfunds.at
III-IV

Vital Hotel Lafairser Hof ** Ihr idyllisches Wellnesshotel**
Pfunds, Lafairs 373, T +43 (0)5474 57 57
www.lafairserhof.at, VI

Wir bieten Urlaubserlebnis auf höchstem Niveau.
Eintreten und sich wohlfühlen - so ist das im Lafairser Hof. Wir
verwöhnen mit kulinarische Highlights aus regionalen Produkten
der Umgebung, breitem Wellness-Angebot und selbstverständlicher
familiärer Gastlichkeit.

Alpenhostel Austria
Pfunds, Dorf 92 und Stuben 293, T 0043 676 848 26 7600
www.alpenhostel.at, IV

Unsere Sportler- und Jugend-Gästehäuser verfügen über
Mehr-Bettzimmer mit Dusche, WC am Gang, gemütliche
Speise- und Aufenthaltsräume mit Sat-TV. Selbstbedienung bei
Frühstück und Abendessen sowie Selbstaufbettung ermöglichen
günstige Preise.

Hotel Gasthof Kreuz **** hist. Zollstation
Pfunds, Stuben Nr. 43
T 0043 (0) 5474 52 18
www.hotelkreuz.at
III-IV   Café im Haus

Pension St. Lukas **
Pfunds Dorf, St. Lukas 47
T 0043 (0) 5474 54 76
www.pensionstlukas.com
II-III

Pension St. Antonius, Fam. Kleinhans
Pfunds-Stuben, Reschenstraße 289
T +43(0)5474 5291 (0)676 55620 58
www.pension-antonius.at
III W-Lan im ganzen Haus

Hotel-Gasthof Traube
6542 Pfunds, Stubenerstr. 10
T +43 (0) 5474 5210
www.traube-pfunds.at
IV

Hotel Tyrol** Komfort im modernen Stil**
Pfunds, Stubenerstraße 296, T 0043 (0) 5474 52 47
www.hoteltyrol-austria.at, III-IV

Neu renoviertes und modern sowie mit allem Komfort
ausgestattetes Vier-Sterne-Hotel im Dreiländereck; mit Hal-
lenschwimmbad (9 x 12 Meter) und gratis Tiefgarage. Ein
Restaurant, eine Hausbar und eine große Sonnenterrasse
laden zum gemütlichen Verweilen.

Posthotel Pfunds
6542 Pfunds, Stuben 32, T +43 (0) 5474 5606
www.post-pfunds.at, IV-V

Seit Jahrhunderten machen Reisende entlang der Via Claudia
Augusta Station „in der Post". Neu rennoviert, heißt sie das Hotel
herzlich willkommen. Zimmer im modernen Tiroler Stil, gemütliche
Stuben, Hallenbad, Sauna, Radlkeller, kostenloser Wäscheservice
für Radfahrer!

Hotel Kajetansbrücke **
Pfunds, Rauth Nr. 391
T +43 (0) 5474 5831
www.hotel-kajetansbruecke.at
IV-V

Nauders am Reschenpass

Haus Dreiländereck
6543 Nauders, Martinsbruck 199
T +41 79 321 88 66
www.dreilaendereck-tirol.at
II-III

Gästeheim Sigrid
Nauders, Reschenbundesstr. 373
T +43(0)5473 87 429
www.resch-reschenpass.at
II-III

Bio-Bauernhof Haus Sonneck
Nauders, Hinderdorf 267
T 0043 (0) 5473 87 5 41
www.haus-sonneck.at
II

Ferienhaus Auer
Nauders, Dr. Tschiggfreystraße 446
T 0043 (0) 5473 86 1 58
www.ferienhaus-auer.at
III-IV

Apart Bauernhof Rosenhof
Nauders, Kleinhansgasse 93
T 0043 (0) 5473 86 16 50
www.rosenhof-nauders.at
II

Gästehaus Amontanara — ruhige, sonnige, freie Lage
Nauders, Spitzwiesenweg 243, T 0043 (0) 5473 87 3 23
www.amontanara.at, III-IV

Fahrradfr., familiär geführtes Gästehaus mit Komfortzi, Fer
enwo, DU & WC, SAT-TV, Sauna, Dampfbad, Infrarot, Frühstücks
buffet, Fahrradgarage, Reparatur- und Reinigungsmöglichkeit,
Trockenraum, Infotipps. Bei Bedarf Abholung & Gepäcksservic
mit www.bikeshuttle.at.

Gästehaus Vergissmeinnicht
6543 Nauders, Hausnummer 357
T 0043 (0) 5473 87426 o. 86280
www.zimmer-ferienwohnungen.at
III

Haus Jung
Nauders, Kleinhansgasse 78
T 0043 (0) 5473 87 3 60
www.haus-jung.at
II

Apartpension Anni Winkler
6543 Nauders, Mittergasse 61
T +43 5473 87238 +43 664 2600615
www.anniwinkler.com
II-III

Gasthof Zum Goldenen Löwen ***
Nauders, Postplatz 36
T 0043 (0) 5473 87 2 08
www.loewen-nauders.com
III-IV

tel Post**** Hist. Post-Gasthof mit Hallenbad im alten Gewölbe
uders, Nr. 37, T 0043 (0) 5473 87 20 20
ww.post-nauders.com, III-IV

Das Hotel für Leib und Seele. Familiär, sportlich, aktiv -
t heimeliger Atmosphäre und Tiroler Herzlichkeit!
0 m² Freizeitanlage mit Hallenbad im alten Gewölbe
s dem 16. Jh., Sauna, Dampfbad, Infrarot, Tischtennis
d Billiard.

Appartement Pension Haus Arina
Nauders, Nr. 392
T 0043 (0) 5473 877650
www.arina.at
III

Aktivhotel Schwarzer Adler ****
Nauders, Nr. 33
T 0043 (0) 5473 87254-0
www.adlerhotel.at
III-IV, im Zentrum, Wellness

Apart-Haus Bergkastelblick
Nauders, Reschenbundesstraße 287
T 0043(0)676 936 98 73
www.bergkastelblick.at
III

Alpenhotel Central **** Rad- und Bike-Hotel
Nauders, Nr. 196
T 0043 (0) 5473 87 22 10
www.hotel-central.at
III-IV Chef ist Mountainbikeguide

Alois ́ Ferienglück
Nauders, Sandbichl 455
T 0043 (0) 650 65 434 55
www.haus-ferienglueck.at
II-III

el Mein Almhof ****S mit Schwimmbad am Dach
ders, Nr. 214, T 0043 (0) 5473 87 3 13
w.meinalmhof.at, IV, Wellness, gemütl. Stuben, ...

as Tophotel am Rand des Dorfzentrums bietet alles, was man
nur wünschen kann. Kästen in denen die Wäsche getrocken-
d desinfiziert wird, eigenes Sport-Shop, ... Highlight sind das
wimmbad und die Terrassen am Dach, hoch über dem Ort, mit
auf das Schloss Naudersberg.

Bike- u. Wander-Garni Alpenhof***
6543 Nauders, Hausnummer 229
T 0043 (0) 5473 87 2 63
www.alpenhof-nauders.at
III-IV der Bike- u. Wanderprofi

Alberts Heimatglück
Nauders, Alte Straße 272
T +43(0)5473 87794
www.naudersurlaub.com
ab II

Hotel Neue Burg****
6543 Nauders, Alte Straße 37 c
T 0043(0)5473 87 700
www.neue-burg.at
V direkt neben dem Schloss

Land-Gasthof Martha ***
Nauders, Nr. 296
T 0043 (0) 5473 87 33 80
www.gasthofmartha.at
III-IV

Alpencamping Nauders
Nauders, Bundesstraße 279
T 0043 5473 87 2 17
www.nauders-camping.com
I am Dach der Tour

Fragen zu Reschen - Kastelbell-Tschars
- Vinschgau, +39 0473 620480
- Schlanders-Laas, +39 0473 620480
- Via Claudia Augusta Info, 0043 664 27 63 555

Reschen Resia

Seehotel*** am Reschensee mit herrlichem Panorama
Reschen, Hauptstraße 19, T 0039 0473 63 31 18
www.seehotel.it, III-IV

Unser Hotel in unmittelbarer Nähe der Rad- und Wanderroute und mit direktem Blick zum See bietet beste Gelegenheit zum Verweilen und Genießen: schmackhafte Speisen, erfrischende Getränke, gemütliche Zimmer, Hallenbad, Wellness, Massagen...

Graun Curon Venosta

Pension Cafe Bar Theiner – direkt am berühmten Kirchturm
Graun, Langtauferer Str. 47, T 0039 0473 63 32 31
www.theiner.it, III-IV

Neue Zimmer in warmen Farben. Vitales Frühstücksbuffet. Am Abend à la minute zubereitete saisonale Köstlichkeiten. Das Cafe ist für seine Cappuccini und hausgemachte Kuchen bekannt. Die Gastgeber radeln und wandern selbst mit den Gästen. 50 m zum Freibad.

St. Valentin auf der Haide San Valentino alla Muta

Vital-Hotel Ortlerspitz***S
St. Valentin a. d. Haide, Hauptstraße 15
T 0039 (0) 473 63 46 31
www.hotel-ortlerspitz.it
V-VI

Hotel Rest. Lamm*** am Haidersee
St. Valentin auf der Haide, Landstr. 67
T 0039 0473 63 46 41
www.hotel-lamm.it
III-V Pizzeria

Unser idyllische und familiär geführte Gasthof befindet sich in idealer Lage zwischen dem Haider- und dem Reschensee. Entspannen Sie sich abends in der Saunalandschaft und stärken Sie sich morgens mit unserem reichhaltigen Frühstücksbuffet. Unsere gut ausgestatteten Zimmer sind traditionell im Tiroler Stil eingerichtet und laden zum Wohlfühlen ein. Freuen Sie sich nach einem Tag in freier Natur auf die Spezialitäten des Hauses.
Ein Paradies für alle Wanderer!

Mals / Malles

Vital-u. Genuss-Hotel Greif *** Traditionshaus im Ortskern
Mals, Gen.-Verdroßstraße 40/A, T +39 0473 831 189
www.hotel-greif.com, III-IV

Willkommen im Familienbetrieb mit Geschichte im malerischen Kern des Obervinschger Hauptortes. Tradition in Gastlichkeit, eine herrliche Umgebung und moderne Vitalküche verschmelzen hier zu einer qualitätvollen Einheit, die sie entspannen und Kraft schöpfen läßt.

Glurns / Glorenza

Historische Gasthöfe Grüner Baum*** und Hotel Krone
Glurns, Stadtplatz 7, T +39 0473 83 12 06
www.gasthofgruenerbaum.it, IV-VI

Direkt am malerischen Hauptplatz des von einer Stadtmauer umgebenen historischen Glurns. Der komplett renovierte Grüne Baum machte mit einer gekonnten Mischung von mittelalterlichen Elementen und modernem Mobiliar viel von sich reden und schreiben.

Schluderns / Sluderno

Hotel Gufler**** Wellness
Schluderns, Konfall 9
T +39 0473 614127
www.hotel-gufler.com
V-VI

Garni am Bauernhof „Hausergut"
39020 Schluderns, Auenweg 3
T 0039 0473 61 53 26
www.hausergut.com
III

Prad am Stilfserjoch Prato allo Stelvio

Garni Wiesenheim
Prad a. Stilfserjoch, Hauptstr. 4A
T +39 0473 616 189
www.garni-wiesenheim.com
III

Pension Astoria - einst Kornmühle
Prad a. Stilfserjoch, Schmiedg. 1
T +39 0473 616 338
www.pension-astoria.it
III Reg. Frühstücksbuffet

Laas / Lasa

„Obstbauerhof" Fohlenhof
Laas, Bahnhofstraße 2
T 0039 335 693 2000
www.gartner.it
IV

Historischer Gasthof Schwarzer Adler
Laas, Vinschgaustraße 53
T 0039 0473 62 61 40
www.schwarzer-adler-laas.com
III

Schlanders+Vetzan/Silandro+Vezzano

Pension Schweitzer im Zentrum
Schlanders, Dantestr. 1
T +39 0473 730174
www.hotel-vinschgau.org
IV-V

Hotel Restaurant Goldener Löwe
Dantestraße 6
T +39 0473 730188
www.goldener-loewe.it
IV-V im hist. Zentrum

Bio-Landhotel und -Reiterhof Anna
Schlanders, Hauptstraße 27
T +39 0473 730 314
www.vill.it
III-IV

Wanderhotel Rest. Vinschgerhof
Vetzan, Alte Vinschger Str. 1
T +39 0473 742113
www.vinschgerhof.com
V-VI Sauna & Hallenbad

Karte 26

...tsch+Goldrain/Laces+Coldrano

Pension Obergrundhof (Pool)
390120 Goldrain, Auergasse 11
T +39 0473 74 00 44
www.obergrundgut.com
III am Rand des Dorfkernes

Aktiv-&Wellnesshotel Matillhof**S**
39021 Latsch, H.Peggerstr. 6a
T +39 0473 623 444
www.hotelmatillhof.com
V-VII leichte, mediterrane Küche

Pension Tannenhof
39021 Latsch, Montaniweg 8
T 0039 0473 623 373
www.pension-tannenhof.eu
III

...stelbell-Tschars/Castelbello-Ciardes

Karte 27

Törggelelokal Pens. Gstirnerhof *
Kastelbell, Spineidweg 5
T +39 0473 624032
www.gstirnerhof.eu
IV-V Schwimmbad im Garten

Bike-, Wander-Landhotel Sand **
Kastelbell/Tschars, Mühlweg 2
T +39 0473 624 130
www.hotel-sand.com
VI Wellness, Frei- und Hallenbad

...rtschins+Rabland rcines+Rablà

Karte 28

...el Restaurant Edelweiss 6 km vor Meran
...schins, Vinschgauerstr. 105, T +39 0473 967 128
...w.edelweissferien.com, V-VI

...ach der Radtour so richtig entspannen und regenerieren:
...der herrlichen Terrasse in der Abendsonne, in der finnischen
...na und im Dampfbad oder im Schwimmbad, bei Massagen
... genießen Sie ausgezeichnete Abendmenüs und stärken Sie
...am vitalen Power-Frühstück.

Vitalpina Hotel Waldhof **
Partschins, Hans-Guet-Straße 42
T 0039 0473 96 80 88
www.hotelwaldhof.com
III-IV Wellness, Frei- und Hallenbad

Karte 28

Algund Lagundo

Hotel An der Linde * gute Küche**
Algund, Mittelplars 15
T +39 0473 200 920
www.anderlinde.com
V-VI Hallenbad, Infrarot, Sauna

Garni Franz Leiter - ganz nah an Radweg und Dorfzentrum
Algund, Steinachstr. 8, T +39 0473 44 83 69
www.garnifranzleiter.it, III

🏨 Zimmer mit DU/WC, Safe, TV, teils Balkon. Lift, schöne
Frühstücks-Aufenthaltsräume, Frühstück mit Teilbuffet,
TV-Raum mit Sat-TV, Frei-Schwimmbad, Liegewiese, Sonnenterrasse, Kinderspielplatz, Tischtennis, Garage für Fahr-
räder, geschlossener Parkplatz. 80m zum Radweg, 5 Min.
ins Dorf.

Karte 28

Tscherms / Cermes

Hotel Paulus* in den Weinbergen, großer Garten, Hallenbad**
Tscherms, Raffeinweg 18, T +39 0473 562 400
www.hotel-paulus.com, V

🏨 Wo die südländische Wein- und Kulturlandschaft weit ins
Bergmassiv reicht, liegt das Meraner Land mit seinem milden
Klima und der faszinierenden Natur. Von unserer Terrasse und
von jedem Zimmer aus genießt man einen wunderbaren Blick
auf dieses Land.

Gargazon / Gargazzone

Karte 29

Pension Sonnheim zum Wohlfühlen
39010 Gargazon, Vöranerweg 11
T +39 0473 29 23 47
www.sonnheim.it
IV-V inmitten von Obstgärten

Lana

Karte 29

Aktivhotel Pöder **
Lana, Gilmannweg 1
T +39 0473 561 258
www.hotel-poeder.com
V-VI Rundum-Wohlfühloase

Garni Hotel Petra
Lana, Gartenstraße 5
T +39 0473 561568
www.garni-petra.it
IV-V

Nals / Nalles

Karte 29

Boutique Hotel Zum Rosenbaum**
39010 Nals, Goldgasse 3
T +39 0471 67 86 36
www.rosenbaum.it
III-IV im Zentrum, mit Freibad

Garni Rebhof – im Grünen, am Ortsrand
Nals, Vilpianer Straße 19
T +39 0471 67 89 24
www.garni-rebhof.eu
III Sonnenwiese und Balkon

Andrian / Andriano

Karte 30

Albergo Rist. Schwarzer Adler *
Andrian, St. Urbanplatz 4
T +39 0471 510288
www.schwarzeradler-andrian.net
IV-V

Eppan
Appiano

Karte 31

Gasthof WASTL Speckstube
Girlan/Eppan, Girlanerstrasse 42
T +39 0471 66 24 12
www.wastl.it
III lauschiger Gastgarten

Kaltern
Caldaro

Karte 31

Hist. Hotel Goldener Stern ****
Kaltern, Andreas-Hofer-Straße 28
T +39 0471 963153
www.goldener-stern.it
VI-VII

Frühstücks-Pension
Roter Adler***

Kaltern, Goldgasse 4
T 0039 0471 96 31 15
www.roter-adler.com

III

Unser familiär geführtes Haus mit modernen Komfort befindet sich im historischen Orstkern und an der Fußgängerzone des Weindorfes Kaltern und liegt ideal um nach einer Tagesetappe am Kalterer See auszuspannen, im romantischen Dorfkern zu bummeln, zu shoppen oder einen Weinkeller zu besuchen. Morgens erwartet Sie ein kräftiges und energiereiches Frühstücksbuffet mit Vitalecke um gut gestärkt den Tag zu beginnen. Weiters bieten wir unseren Gästen eine Wasch- und Trockenmöglichkeit.

Auer
Ora

Karte 32

Hotel Christin – Villa Vera
Auer, Bahnhofstraße 110
T 0039 0471 810 116
www.hotelchristin.com
III-IV

Parkhotel Camping Residence Markushof
Auer, Truidn Nr. 1
T 0039 0471 81 00 25
www.hotelmarkushof.com
I, III Freibad, malerischer Gastgarten

Bio-Hotel & Residence Kaufmann
39040 Auer, Fleimstalstraße 16
T +39 0471 81 000 4
www.hotelkaufmann.it
III-IV mediterrane u. südtiroler Biokost

Neumarkt
Egna

Hotel Villnerhof – in den Apfelgärten
Neumarkt/Egna, Via Villa 30
T 0039 0471 81 20 39
www.villnerhof.com
III-IV

Salurn / Salorno

Karte 33

Hostel & Jugendhaus Dr. Josef Noldin
Salurn, Via Dr. J. Noldin Straße 20
T 0039 0471 88 43 56
www.noldinhaus.org
III im historischen Dorfkern

Fragen zu Faedo - Lavis
• Piana Rotaliana-Königsberg, +39 0461 175 25 25 (ital. und engl.)
• Via Claudia Augusta Info, 0043 664 27 63 555

Cadino di Faedo

Karte 33

Affittacamere „La Ferrata"
Località Cadino 1 (Comune di Faedo)
T +39 0461 65 04 09
www.laferrata.com
III vis-à-vis Ristorante Cadino

Mezzocorona

Karte 33

Albergo Caffè Centrale***
Mezzocorona, P.zza San Gottardo 2
T 0039 0461 60 29 41
www.hotelcaffecentrale.com
V Wellness

Hotel Drago Ristorante specialità trentine
Mezzocorona, P.zza S. Gottardo 46
T +39 0461 60 38 24
www.hoteldrago.it
III Sauna - Bar

B&B LA MASERA di Caliari Isabella
Mezzocorona, Corso IV Novembre 71
T 0039 347 747 86 34
isabella.caliari@gmail.com
II-III

San Micchele all'Adige

Karte 33

Hotel Ristorante Bar Cantaleone
San Michele all' Adige, V. Tonale 23
T 0039 0461 650 134
www.cantaleone.it
III

Hotel Garni „La Vigna" *** Wellness
San Michele all' Adige, V. Postal, 49
T +39 0461 650 276
www.garnilavigna.it
V

Bed & Breakfast di Melchiori
San Michele all'Adige, Via Tonale 24
T 0039 0461 650 654, www.visittrentino.info
de/san-michele-all-adige/bed-breakfast/
melchiori-michele_dr331837, III-IV

Lavis

Sartori's Hotel**** Rist. Pizzeria Bar
Lavis, Via Nazionale 33
T +39 0461 246563
www.sartorishotel.com
V-VI Hallenbad - Wellness

Fragen zu Trento
• Trento, Monte Bondone, Valle dei Laghi, +39 0461 216
• Via Claudia Augusta Info, 0043 664 27 63 555

Trento

Centrohotel Albergo Accademia****
Trento centro, Vicolo Colico 4/6
T +39 0461 233600
www.accademiahotel.it
V-VI malerische Terasse

Hotel Sporting Trento*** Ristorante Bar
Trento, Via Roberto da Sanseverino 125
T 0039 0461 39 12 15
www.hotelsportingtrento.com
III-IV

gen zu Pergine Valsugana - Castello Tesino
alsugana – Lagorai, +39 0461 727760
ia Claudia Augusta Info, 0043 664 27 63 555

ergine alsugana

Karte 35

Hotel Ristorante Castel Pergine
Pergine, Via al Castello 10
T 0039 0461 53 11 58
www.castelpergine.it
III-IV Trentiner Küche

Albergo Ristorante La Rotonda***
Pergine, Viale Venezia 37
T +39 0461 531128
www.albergolarotonda.it
IV-V typische trentiner Küche

aldonazzo

Karte 35

Albergo Due Spade
Caldonazzo, Piazza Municipio 2
T 0039 0461 72 31 13
www.albergoduespade.it
IV-V Garten, Pool

evico Terme

Karte 36

Albergo Rist. Vecchia Fattoria
Levico, Via Per Caldonazzo 27
T +39 0461 700242
www.albergovecchiafattoria.it
IV-V

Rad & Wellness Hotel Cristallo ***S
Levico, Via G. De Vettorazzi 2
T +39 0461 706427
www.hotelcristallotrentino.it
V 100 Meter ins Zentrum

Hotel Albergo Acler ***
Levico, Via Monsignor Caproni, 36
T 0039 335 597 71 53
www.acler.it
IV-V

Bike-Hotel Daniela***
Levico Terme, Viale Venezia 3
T +39 0461 70 62 13
www.hoteldaniela.it
III-IV

ncegno Terme

Karte 36

Agritur Montibeller Valsugana
Roncegno, Via Prose 1
T +0461 764355
www.agrimontibeller.it
III-IV

Albergo Ristorante Vittoria
Roncegno, Via S. Giuseppe 1
T 0039 0461 773026, www.visittrentino.info/
de/roncegno-terme/hotel/
vittoria_dr248976, IV-V

Eco-Garni Coronata Haus ***
Roncegno Terme, Loc. Maso Vazzena, 0039 0461 185 1508
www.coronatahaus.it, III-IV

🏠 Das Herrenhaus eines Chardonay-Weingutes wurde
kürzlich zum komfortablen Eco-Garni mit gemütlichen
Zimmern, Suiten und Stuben ausgebaut. Terrasse mit
herrlichem Blick auf das Valsugana Tal. Auto- und Motorrad-
Garage, versperrbarer Fahrrad-Raum, schwedische Sauna,
Weinkeller, ...

Strigno di Castel Ivano

Karte 37

Centro Paese Hotel Nazionale
Via XXIV Maggio 4
T +39 0461 762060
I38059 Strigno
III

Solar-B&B Tomaselli – Agriturismo
Strigno, via Santa Barbara 41, T 0039 366 981 38 15
bebtomaselli.wixsite.com/bebtomasellitrentino II - III

🏠 B&B Tomaselli, direkt an der Via Claudia Augusta, bietet in
Zimmern und Appartements für 1 bis 4 insges. 30 Personen Platz.
Freies W-Lan, versperrbarer Raum für Motor- und Fahr-Räder, kl.
Rad-Reparatur-Shop, Garten, Obstgarten und Heidelbeeren zum
Selberpflücken.

Bieno

Karte 37

B&B Il piccolo principe
38050 Bieno, Vicolo Busarello 10
0039 340 313 42 56, 0039 0461 16 31 113
www.bbilpiccoloprincipebieno.com
III

Pieve Tesino

Karte 38

Panoramahotel Albergo Cima D'Asta
Pieve Tesino, Via Brigata Abruzzi 2
T 0039 0461 59 21 12
www.hotelcimadasta.it
III-IV

Taxus Hostel
Pieve Tesino, Via Fratelli Rizza 18
T 0039 327 913 19 68
www.taxushostel.it
III

Castello Tesino

Karte 38

L'affittacamere "AI VECCHI MOLINI", Castello Tesino
Loc. Molini 17, 0039 348 22 95 364, 0039 0461 75 90 93
www.aimolini.com, III

🏠 Das nagelneu errichtete Haus liegt in einer ruhigen kl. Siedlung,
nahe dem Wildflusspark, 100 Meter von der Route und 700 Meter
vom Dorfzentrum. Zwei Restaurants im näheren Umkreis. Die Zimmer sind hell, gemütlich und komplett ausgestattet. Europäisches
Frühstücksbuffet .

Fragen zu Lamon - Mel
• Ferienregion Dolomiti Prealpi, +39 329 2729005
• Via Claudia Augusta Info, 0043 664 27 63 555

Lamon

Karte 39

B&B Manarin qualitätsgeprüft
32033 Lamon, Via Oltra 92
0039 0439 79 20 54, 0039 328 142 54 03
www.manarin.it
III am Eingang zum Nationalpark

B&B Al Salvanel qualitätsgeprüft
32033 Lamon, Via della Campagna
0039 043996496 +39 3388147698
www.infodolomiti.it/dolomiti.run?24f47b79
III am Eingang zum Nationalpark

Ristorante Albergo Stella D'Oro
32033 Lamon, Via Roma 7
T 0039.0439.709939, 0039.346.3025425
www.stelladoralamon.com
II-III direkt im Zentrum / nel centro

Übernachtung und Camping
Lamon - Mel

B&B Oltra qualitätsgeprüft
32033 Lamon, Via Oltra 46
+39 0439792045 +39 3395935105
www.bnb-oltra.it
III am Eingang zum Nationalp.

Karte 39

Fonzaso

Antico Albergo Ristorante St. Antonio
Fonzaso, Via G. Marconi, 5
T 0039 0439 50 73
www.anticoalbergosantantonio.com
III hist. Gasthof im Ortszentrum

Karte 39

Croce D'Aune di Pedavena

Albergo Ristorante Bar Croce D'Aune
Pedavena, Passo Croce d'Aune 32
T 0039 0439 977 000
www.crocedaune.it
III direkt auf der hist. Passhöhe

Karte 40

Feltre

B&B Casa Ester
Feltre, Via Fosse 10
T +39 339 5729863
www.casaester.it
IV

B&B Villa Norma
Feltre, Viale Dante Aligheri 6
T +39.0439 880140, .347 2883108
www.hotels.com/ho572782/
b-b-villa-norma-feltre-italien/ , IV-V

Hotel Casagrande *** Rist. Palio
Feltre, Via Belluno 47
T +39 0439 840025
www.hotelcasagrande.it
V-VII

Ferienh./casa di vacanze „Oasi della Pace"
32032 Feltre, Via Gal 13
0039 340 412 3069
https://www.facebook.com/kralicamira
II-III für/per 2 - 8 persone

B&B Il Giardino di S. Paolo
Feltre, Via San Paolo 10
0039 328 125 22 40 / 0039 328 125 22 52
www.giardinodisanpaolo.altervista.org
III malerisch, außerhalb der Stadt

Hotel Doriguzzi - on the edge of the historic town centre
32032 Feltre, Viale del Piave 2, T +39 0439 2003
www.hoteldoriguzzi.it, III-IV Radgarage und Verleih

📖 Das Doriguzzi ist ein Hotel mit Tradition am Rand des hist. Zentrums. Die neuen Eigentümer haben alle Zimmer komplett neu eingerichtet. Die Apartements haben Dachfenster mit Blick auf die Stadt. Schattige Terrasse und reiches Frühstücksbuffet.

B&B Villa Veneta storica "San Liberale"
Cart di Feltre, V.le San Liberale 9, 0039.347.967.68.50
www.villasanliberale.it, III-IV

📖 Die Villa aus dem 17. Jh. liegt auf den sonnigen Hügeln von Cart, nahe Feltre, auf denen die Adeligen einst den Sommer verbrachten. Sie ist von einem fast 9 ha großen Park umgeben und bietet 2 stilvoll und hochwertig ausgestattete DoppelZi und 2 Unterkünfte für 4 Personen.

Cesiomaggiore

Karte 40

Casa alle porte delle Dolomiti
Cesiomaggiore, via Masi 8
0039 347 22 820 044
www.airbnb.it/rooms/192969
III

„Campo di Cielo" Bio Agroturismo Vegan
32030 Cesiomaggiore, via Centenere 5
T 0039.0439.390.206/0039.348.49.35.96⁰
www.campodicielo.it
III 500 m vom Meilenstein

Bardies + Mel

Hotel Rist. Pizzeria Al Cavallino Rosso
32026 Bardies/Mel, Via Bardies, 65
T +39 0437 55 20 92
www.hotelcavallinorosso.it
III

B&B El Mighelon & Bruschetteria
32026 Mel, Via Nave 31
0039 437 75 33 59
www.elmighelon.it
III am historischen Fähr-Übergang

Antica Locanda Cappello - in the main-place of Mel
Piazza Papa Luciani, 32026 Mel (BL), T +39 0437 753651
www.anticalocandacappello.it, V

📖 Der komplett renovierte Palazzo aus dem 16. Jh. bietet Gastlichkeit und ganzheitliches Wohlgefühl auf höchstem Niveau: 8 antik ausgestattete Zimmer, traditionelle Kostbarkeiten in besonderem Ambiente, großer Weinkeller, lauschiger Innenhof.

gen zu Follina - Pieve di Soligo
erienregion Altamarca, +39 0423 972372
ia Claudia Augusta Info, 0043 664 27 63 555

ollina

Bed & Breakfast Efisia
Follina, Via Follinetta 15
0039 0438 970 462 0039 333 210 92 15
https://sites.google.com/site/bbefisia
II-III

Albergo B&B Ristorante Da Gildo
Follina, Via Sottoriva 3
T +39 0438 970306
www.albergodagildo.com
III-IV   Rest. mit offenem Kamin

ison di Valmarino

losshotel und Kongresszentrum CastelBrando
on di Valmarino, Via Brandolini 29, T +39 0438 9761
w.castelbrando.it, VI

as Schloss hoch oben, auf einem Felsrücken, über den
secco-Weinbergen wurzelt in 2000 Jahren bewegter Ge-
chte. Heute beherbergt es ein Hotel mit Wellness-Anlage,
taurants und Bar, ein Kongress-Zentrum, diverse Museen
eine Boutique.

eve di Soligo

Hotel Contà**** - Frühstück ab 5:30
Pieve di Soligo, Borgo Stolfi, 25
T +39 0438 98 04 35
www.hotelconta.it
V-VI

n zu Varago - Venezia
ienregion Altamarca, +39 0423 972372
Claudia Augusta Info, 0043 664 27 63 555

rago di
serada sul Piave

Hotel Ristorante Dotto***
Varago di Maserada, Piazza Croce 9
T 0039 0422 87 70 73
www.hoteldotto.it
V

Karte 45

Silea

Residenza Belvedere im Grünen
S.Elena di Silea, Via Belvedere 77
T +39 340 258 5070
www.bebbelvedere.it
V direkt an der Via Claudia

Roncade

Karte 45

Castello Roncade, im Turm des Schlosses
Roncade, Via Roma 141
T 0039 0422 70 87 36
www.castellodironcade.com
V herrl. Schloßgarten, Weinkellerei

Relais Ca' Maffio   Nobles Landhaus mit Pool am Sile-Ufer Roncade
(TV), Via Principe 70, T +39 0422 780 774
www.camaffio.com, VI

Nehmen Sie sich Zeit, auszurasten und dolce vita zu inhalie-
ren. Entdecken Sie den Parco del Sile, Venedig, Treviso, Jesolo, ...
Das mit Stil und moderner Technik ausgestattete Landhaus mit
4 indiv. eingerichteten Zimmern verfügt über 50.000 m² Garten
mit Pool am Sile-Ufer.

Quarto D'Altino

Karte 46

Hotel Ambra*** im Ortszentrum
30020 Quarto D'Altino, Via Adige 3
T 0039 0422 82 33 00
www.hotelambra.com
III-IV   reiches ital. Frütücksbuffet

Marcon

Karte 47/1

Agriturismo Ristorante Praetto
Marcon (VE), Via Praello, 125
+39 0414568051 +39 3494596380
www.agriturismopraetto.it
IV-V - ruhig, nahe Venedig